iHuman
新民説

成为更好的人

我相信中国

张申府 著
张燕妮 选编

GUANGXI NORMAL UNIVERSITY PRESS
广西师范大学出版社
·桂林·

我相信中国

WO XIANGXIN ZHONGGUO

图书在版编目（CIP）数据

我相信中国 / 张申府著；张燕妮选编．—桂林：广西师范大学出版社，2017.8（2017.12 重印）

ISBN 978-7-5495-6876-5

Ⅰ．①我… Ⅱ．①张…②张… Ⅲ．①张申府（1893-1986）—文集 Ⅳ．①C53

中国版本图书馆 CIP 数据核字（2017）第 120572 号

广西师范大学出版社出版发行

（广西桂林市五里店路 9 号　邮政编码：541004

网址：http://www.bbtpress.com）

出版人：张艺兵

全国新华书店经销

长沙鸿发印务实业有限公司印刷

（湖南省长沙县黄花镇黄垅村黄花工业园 3 号　邮政编码：410137）

开本：880 mm × 1 240 mm　1/32

印张：13.875　　字数：400 千字

2017 年 8 月第 1 版　　2017 年 12 月第 2 次印刷

印数：5 001~10 000 册　　定价：70.00 元

出版说明

本书是著名哲学家张申府先生的精选文集，由张燕妮女士选编，收录了先生于1919—1985年间所写的八十多篇文章：先生早期在《新青年》《每周评论》《北平新报》等报刊上发表的代表性作品；新中国成立后回忆周恩来、蔡元培、李大钊、章士钊、罗素等人的文章，以及他的学术生活小传。

这些文章有独特的思想内涵，除此之外，还具有文献价值与思想史意义。因本书收录的文章创作时间跨度大，且最新的据今也有三十多年，为尊重先生且为保存文章的史料性，本书尽可能地呈现文章原貌。

兹就有关事项说明如下：

一、因时代更迭，语言规范不同，文章中一些常用字词的用法发生了变化。为忠实于文章原貌，在结合上下文能理解的字句上，本书不做改动。如“那”（应为哪）、“作事”（应为做事）、“发见”（应为发现）、“偷惰”（应为偷懒）、“实落”（应为落实）等。

二、文中涉及很多外国哲学家、思想家、艺术家，不少译名是民国时期或二十世纪五六十年代的译法。本书保留旧译，但在书后附有《新旧译名对照表》,供读者查阅。

三、作者文末备注的文章创作时间,表达方式不一:有数字表达,也有汉字表达;有年月日俱全的,也有只含年月的。在能理解的前提下,本书保留差异,不强求统一。

四、由于本书所选文章创作时间跨度大,所涉繁杂,虽经校对,不免有错失之处,真诚期待读者与专家不吝指正。

五、本书封面题字为张申府先生亲手所书。题字与书中照片由张燕妮女士提供。本社谨此致谢。

广西师范大学出版社

2017年7月

目 录

作者1906—1908年上小学时留影

我的哲学的中心点——具体相对论

实与理性

作者摄于1911年前后

作者摄于中学时期

论中国化

1938年8月9日摄于汉口

1975年，在家中读书时留影

我们为什么革命

我的教育、职业、活动

1981年6月,与二弟张崇年(右一)、张岱年(左一)在家中合影

1982年,九十寿辰与夫人、女儿合影

序

方克立

《我相信中国》是曾经的中共创始人之一、著名爱国民主人士张申府先生的一本文集，由他的女儿张燕妮同志选编，精选了他各个时期的85篇文章，真实反映了他丰富曲折的人生经历和主要的哲学、政治、社会、文化、人生思想。书名突出了这本书的爱国主义主题，它也是这个大起大落的传奇人物一切思考和言行的出发点，是他给后人留下的最宝贵的精神财富。

张申府先生名崧年，生于1893年，卒于1986年，享年93岁。他是河北省献县小垜庄（现属沧县杜生镇）人，出身于传统书香世家，早年在家乡受过良好的私塾教育。1906年到北京，1908年入读顺天中学堂。1914年考上北京大学哲学系，后转数学系。1917年毕业，留校教预科班的数学和逻辑。在北大与李大钊、陈独秀等人有较多接触和交往，是《新青年》杂志的主要撰稿人之一，后为编委。1918年冬又与陈独秀、李大钊共同创办颇有影响的进步刊物《每周评论》，并参与进步社团少年中国学会和新潮社的活动。在“五四”新文化运动时期，他受李大钊、陈独秀的影响，积极学习、研究和译介马克思主义，很快成为一个共产主义的信仰者，明确表示："对于社会主义自然要绝对的信奉，共产主义是社会主义的精华，对于共产主义自然要更绝对的信奉。"

1920年4月，共产国际远东局代表魏金斯基一行到北京，最先与李大钊和张申府商谈建党问题。同年8月，已经转移到上海的陈独秀在致张申府的信中说，"建党的事情在北京只有守常和你两个人可以谈"，并就党的名称问题与二人商议。李大钊和张申府建议叫"共产党"，并得到魏金斯基同意，陈独秀遂将党的名称定为"中国共产党"。上海的共产党早期组织当月就在陈独秀的主持下于《新青年》编辑部成立。10月，北京的共产主义小组也在北大图书馆李大钊的办公室正式成立，李大钊、张申府、张国焘是三个最早的成员。在此期间，张申府还曾去上海迎接来华讲学的罗素，住在陈独秀家里，两人就建党问题进行了多次详谈，回京后他把上海方面的情况向李大钊做了详细介绍。也就是说，为创建中国共产党，他在"南陈北李"之间还起了奔走串联的桥梁作用。

1920年底，张申府以蔡元培秘书的名义赴法国里昂中法大学任教，并受陈独秀、李大钊委托在留法勤工俭学学生中建立党组织，先后吸收刘清扬、周恩来入党。1922年又在德国与周恩来一起介绍朱德加入中国共产党。他是中共旅欧总支部的主要创建者和领导人。张申府于1923年底回国，过年后去广州，参加了黄埔军校的筹建工作，是中共从事军事工作最早的党员之一。5月被孙中山任命为黄埔军校政治部副主任。后来他又力荐周恩来等十多位优秀共产党员到该校任职和任教。

在中共建党时期，张申府发表了不少阐明共产党的性质和奋斗目标、解释马列主义建党原则的文章。他明确指出："共产党是劳动阶级的代表，是劳动阶级的先驱，是要使人人都得其所的，是不许一人逾其分的。共产党主张的，因此绝不是少数人的利害。"在1922年发表于《少年》第二期的《今日共产党之真谛何在》一文中，他还特别强调"纪律是共产党之魂”,“共产党之所以强在此,共产党之能成功在此,共产党与其他政党之不同,此其重要点之一”。这些文章在建党过程中起了正确的思想导向作用。

1925年1月,中共“四大”在上海召开,在讨论党的纲领时,张申府因不赞成共产国际要求中国共产党人加入国民党的指示,坚持党的独立性原则而与一些代表发生激烈争执。会上和会后,他不顾周恩来、李大钊等人的劝阻而执意退出了亲自参与创建的中国共产党。后来他才意识到,这种“宁折不弯”“合则留,不合则去”的知识分子脾性,使他在人生道路上付出了多么沉重的代价。

张申府虽然负气退党,但他还是心向着党的。在此后二十多年里,他一直遵守对李大钊做出的“在党外帮助党”的承诺,积极支持与配合党领导的民族民主革命运动和爱国统一战线,成为一个著名的爱国民主人士,一个始终与党保持着友谊关系的老朋友。

1931年,张申府被清华大学聘为哲学教授。“九·一八”事变后,他经常利用课堂、讲坛和报刊宣传爱国主义,积极投身于抗日运动。1935年,他发起成立“文化劳动者同盟”,并与姚依林等人一起担任“一二·九”爱国运动的总指挥,掀起了全民族抗日救亡运动的新高潮。1936年2月,他与刘清扬一起被国民党当局逮捕,经冯玉祥保释出狱后,不久清华大学也迫于压力将他解聘。他仍矢志不渝地推动成立北平文化界救国会、平津文化职业者协会和华北各界救国联合会,继续从事爱国救亡运动,发表了大量宣传抗日的文章。“七七”事变后,张申府先后到武汉、重庆等地从事抗日统一战线工作,创办《战时文化》半月刊,积极参加中国共产党发起的“宪政座谈会”。他是中国民主政团同盟(中国民主同盟的前身)的重要领导人之一,积极参加反对国民党独裁统治的民主运动。1946年1月作为民盟的代表出席了在重庆召开的政治协商会议。他所有的这些奋斗经历,都是作为党的朋友,密切配合党的工作,力图对党实现民族民主革命的奋斗目标有所帮助。

张申府虽然退出了共产党，但是他对马克思主义的理论信仰并没有改变，所以在思想文化战线上，他也能够与中国共产党人合作，成为同一个战壕里的战友。最突出的例子就是他积极响应和支持了陈伯达、艾思奇等人发起的新启蒙运动，成为党外参与和推动这个运动的一员主将。新启蒙运动是一场在党的领导下联合一切爱国知识分子，共同反对日本帝国主义的文化侵略和国民党文化专制主义的文化救亡运动和思想解放运动，是党的统一战线政策在思想文化领域的体现。张申府在《什么是新启蒙运动》一文中说：所谓启蒙就是“打破欺蒙，扫除蒙蔽，廓清蒙昧”，“凡是启蒙运动必然反迷信，反武断，反盲从，反权威，反传统。而历史上的启蒙运动尤其在于反封建”。作为哲学家的张先生特别强调新启蒙运动的精神是“实”与“理性”。“在救亡上，尤其特别需要的，就是实，就是切实，就是脚踏实地，就是实干，就是下实力，作实工夫。”他还强调：“这个启蒙运动必是理性运动”，“理性的要义则在对于事物不只从一方面着想，不只作一方面的认识”，反对“笼统幻想，任凭感情冲动”。“理性的极致是辩证与解析。唯物，客观，辩证，解析，便是现代科学法的观点和内容，在这个新启蒙运动中应该特别表现的。”在《五四纪念与新启蒙运动》一文中，张申府还指出，新启蒙运动对于五四新文化运动不仅仅是一种继承，而且更应该是一种扬弃。比如他提出“打倒孔家店，救出孔夫子”的口号，就是对于“五四”新文化运动的一种扬弃，一种超越。以“继承五四、超越五四”的“第二次新文化运动”姿态出现的新启蒙运动，其目的不但是要“破”，而且要“立”，就是要建立中国的新文化。张申府强调它是一个真正“新”的“综合”的文化运动，其“所要造的文化不应该只是毁弃中国传统文化，而接受外来西洋文化，当然更不应该是固守中国文化，而拒斥西洋文化；乃应该是各种现有文化的一种辩证的或有机的综合”。这种辩证综合的新文化，“庶几可以接受那因自然科学的发达与辩证唯物论的开展而产生的一种最新潮流，就是科学与社会的结合”。在这里，人们已不难看到从中透露出来的社会主义新文化的曙光。

出入于学术与政治之间的张申府先生,他投身于社会政治运动是有着明确的理论与科学思想作为指导的;另一方面他的学术研究又是为改造中国的现实目的和需要服务的。他是那个时代思想视野最宽阔的中国人之一。他在"五四"时期就接受了马克思主义,此后对辩证唯物论的真理性始终坚信不疑;同时他又终生保持着对罗素的敬意和研究兴趣,认为西方的逻辑与科学法对改造中国人笼统模糊的思维方式非常有益;而对于本民族的传统文化,他也有着相当深厚的根基和生命根处的深情。这三者在一些人看来是互相抵牾、互不相容的思想体系,而在张申府看来,它们的思想精华是相通互补的,完全可以熔为一炉,创造出一个更高形态的新文化。他在1932年10月就提出了"百提(罗素)、伊里奇(列宁)、仲尼(孔子),三流合一"的思想,在写于1941—1942年间的《家常话》中,他又说:"我始终相信,孔子、列宁、罗素是可合而一之的。我也始终希望,合孔子、列宁、罗素而一之。""三者之间,不但并无敌对冲突;三者之间,而且正待相补相充。""合孔子、罗素、列宁而一之的新体系定是新世界中的新中国的新指标、新象征。"在他看来,孔子、罗素、列宁分别是中、西、马三种文化传统的代表。在现代中国,中、西、马"三流合一"何以可能呢?他是用相反相成的辩证法原理来加以说明的。比如他把逻辑解析方法看作是对唯物辩证法的一种补充,二者的"合一"就形成了一种"解析的辩证唯物论"的新哲学形态;他从辩证唯物论的理论视角出发,把中国传统哲学的精髓概括为"实""活""中"三个字,认为"辩证唯物本是中国真正传统的见解";他对"仁"与"科学法"的论述,则体现了中西哲学互补的精神。众所周知,如何处理中、西、马三"学"(三种文化资源、三大知识体系)的关系,是"五四"后近百年来中国文化发展道路之争的关键问题。在人们往往只看到三者之间的分歧和对立、"道不同不相为谋"这一面的时候,张申府先生却看到了"三流合一"的可能性,他是第一个主张将中、西、马三者的思想精华辩证综合、熔为一炉的思想家,并且坚信中国未来的新文化必定是中、西、马"三流合一"、综合创新的产物。"五四"以来近百年的历史实践证明，“全盘西化”“复兴儒学”“中体西用”“西体中用”等文化道路在中国都行不通，只有在中国共产党的领导下，建设“马魂、中体、西用”有机统一的新民主主义文化和中国特色社会主义文化，才在现当代中国具有历史的必然性和现实可行性。实际上这就是张申府先生当年倡导的中、西、马“三流合一”、综合创新的文化发展道路。

极富前瞻性地提出“三流合一”的思想是张申府先生对中国现代思想史的最大贡献。这一思想后来又被他的胞弟、著名哲学家张岱年先生发展为系统、成熟的马克思主义“综合创新”文化观，成为在当今中国得到最广泛认同的一种文化理论。在“相反而相成，矛盾之谐和”的辩证法思想指导下，张申府在哲学上还有许多富有个性特征的新思考、新创获、新表述。除了“解析的辩证唯物论”被孙道昇当作新唯物论中的重要一派，肯定这种“具有批判的分析的精神”的哲学是最值得注意、最有发展前途的之外，他试图唯物辩证地解决主客关系问题的“大客观”思想，欲达辩证解析之极致的“具体相对论”的真理论，以“实”“活”“中”“仁”“生”“易”“通”为核心范畴的中国哲学精髓论，以及对马克思主义哲学中国化、具体化、大众化的探索等，都是可以而且应该载入20世纪中国哲学史册的。

1948年10月在《观察》杂志上发表不合时宜的《呼吁和平》一文，是张申府人生道路上的第二次重大转折。他再次为自己不识大局、自以为是、率性而为的知识分子脾性付出了沉重的代价，其后果是他从此淡出了中国的政治舞台，成为一个早年轰轰烈烈、蜚声士林，晚年孤寂遗世、默默无闻的人。

半个多世纪以来，在中国革命史、中共党史和中国现代民主政治史著作中都很少见到张申府的身影，连他为中共建党所做出的突出贡献亦语焉不详。他为中国现当代文化发展指出了正确方向的“三流合一”思想，不但没有受到应有的重视，甚至被有些人指责为模糊思想阵线的折中主义。张申府先生在新启蒙运动中呼唤的“实”与“理性”精神，在今天仍然值得大力提倡。尊重历史，实事求是，理性地总结过去，才能满怀信心地开创未来。所幸的是，以2011年河北师范大学成立“张申府张岱年研究中心”、2013年6月为纪念张申府先生诞辰120周年召开的“张申府与20世纪中国”学术研讨会为契机，上述情况正逐渐得以改变。张先生不平凡的一生，他在哲学、政治、社会、文化和人生方面留下的丰富精神遗产，已经引起越来越多学界人士的关注和研究兴趣，广大干部、群众和青年也需要更多地了解这位先贤。《我相信中国》一书的出版正当其时，正好满足了当今中国社会的这种需要。

十年前，河北人民出版社出版了张燕妮同志编辑的《张申府文集》四卷本，至今它仍是人们了解和研究张申府生平与学术思想的最基本的资料。近年来随着研究的深入，张先生发表于解放前各报刊而未被收入文集的文字陆续被发现，包括一些“零金碎玉”式的短论，有的也有重要的文献价值和思想史意义。比如今天人们十分重视的“三流合一”思想，就是最早出现于1932年10月22日他主编的《大公报·世界思潮》副刊的一则“编余”中。在2013年召开的“张申府与20世纪中国”学术研讨会上，不少学者都认为有编辑出版搜罗齐全、校勘精审的《张申府全集》之必要，为中国现代政治史和思想史保存一份完整的学术资料。在社会主义文化大发展大繁荣中，我们还有许多工作可以做。就张申府这个历史人物来说，在已有四卷本文集的基础上，选编出版更精要的普及本《我相信中国》，同时推动全集的编辑工作早日提上日程，这两项工作都是非常有必要的，能共同把对他的研究和历史定位推向一个新阶段。

2015年5月10日

今日共产党之真谛何在

『共产党是劳动阶级的一部分，是其最进步，最有知识，因此最富于革命性的那一部分。』

然此是共产党的界说，还非其真谛。若其真谛，还别有在。在什么？两言以蔽之，曰：纪律。有纪律，有共产党；无纪律，无共产党。共产党之所以强在此，共产党之能成功在此。

一九二二年九月

革　新

苟日新，日日新，又日新。苟日改，日日改，又日改。一方面因往传而新，一方面因现境而新。一方面因往传而改，一方面因现境而改。无论讲学，无论作事，都要能够这样，才有真成就，才有真进步。

（原载1919年1月26日《每周评论》第六号）

1919年1月，《每周评论》第六号第三版刊登《革新》《兴三利》

兴三利

每週評論

1918年，张申府与李大钊创办的《每周评论》，图为该报第一期

同社只眼[①]主张除三害，痛快得很。吾愿同时也能兴三利。那三利呢？开首，多多培养进取、有为、肯牺牲、负责任的少年，专门而博闻的学者。其次，实行科学教育，使人人对于事物都抱着遵守科学法的态度，都是批疑之胆大而容受之心虚。最后第三，创办种种真正绝对的民本事业，成立种种真正绝对的民本制度，务令人世的确是人的人世，不再是帝王军阀的人世，不再是官僚政客的人世，不再是资本家财主的人世。

（原载1919年1月26日《每周评论》第六号）

①只眼是陈独秀的笔名。——编者

“危险思想”

“危险思想！”“过激思想！”简直都是无知识的盲话，无脑筋的妄语！

什么是思想？思想有不危险的么？过激两字更不通！什么是激？怎么样便成过？必如何才是不?思想也有不激的么?

凡思想都是捣乱的，革命的。凡思想都是破坏的，可怕的。不论什么特权特典，什么固定的制度，什么舒服的习惯，思想对于他们都是一无情恩。

凡思想都是无政府无法律的。他对什么权势典章既从没有关过心，老人们屡试很有效的智术也岂能在他的意。

死亡、痛苦、绝望、贫病、命运，固然都是可畏的。但是思想能思想他，思想的能力更伟大。地狱的洞里，思想可以走进去循察，毫无恐惧。

思想看人不过一个软弱的微尘，围在深渊不可测的静寂里。但人却自负傲然，仿佛宇宙之主似的屹然不可动移。世界实在没有比思想更伟大的东西。什么都可阻障，思想不可阻障。什么都可拘束，思想不可拘束。他实世之光，他实人之头一个荣辉。

劳动者若能自由思想，财产足令富人不安。当兵的若能自由思想，战争足令军律破毁。少年男女若能自由思想,性欲足令“道德”扫地。一国的人若能自由思想,人的本性、政治的组织足令政治法律一切失其效力。你们怕思想比怕地球上什么东西都利害,以至怕死怕覆败也没有怕思想怕得很,这也是你们合该。但是思想本来全都如此。你们怎么能分别那个危险,那个不危险?你们怎么会挑出那个过激,那个激?那个不激?

凡使人伟大的都是由于企图保持善,那里有由争着躲避恶?思想那样的能力也岂是胆怯的人能抵抗的?防民之口甚于防川。倒人之脑岂不甚于倒海?“三军来侵犹可拒,思想来侵不可拒。”虞哥的话更是含着真理。你们历来的教育方法,那个不是压制思想的,也曾收过什么效?

且,就是你们怕思想,咒骂他,诡谋抵拒他,也岂能缺了他?你们怎么会不再茹毛饮血?你们怎么会不再穴居野处?你们怎么会不再摘拾树叶蔽身?你们怎么会逃了虎狼毒蛇之害?你们怎么会有了书契记载?优雅崇闳峻洌的美术,谨严精密雄伟有条有理有致的科学,是从什么地方出来?相隔几百十万千里的人可以对面语,可以几点钟内通消息!周匝七万多里的地球,走一圈不过用四十几日,这是谁的功劳?你们试想想?假使世界一天没思想,世界应当怎么样?其实就在你们“想”抵拒思想,你们怎么能说不是先已思想?“造作之谓思,思非动变不形。”你们若是反对思想,是不是只要因循苟且,全身充满惰性与钝感?宁可世界文明尽成墟,你们不可不安宁?

但是,作“一个经济学者之再思”的说过,“将来能生存的人是去思去想的人”。

（原载1919年5月《新青年》第六卷第五号,署名赤）

自由与秩序

政治家重秩序，革新家重自由，二者之不能相容，实根于此。就是一般人也不免把秩序看得太重了，以为他是最应培根的东西，其实这纯粹是谬论。秩序实是极易致的，最难得、最难保时的东西乃是自由。秩序当为自由而设，妨碍自由的秩序是绝对要不得的。秩序与法律相依附(就往今说)；自由以自然为止归(永久如此)。越高的理想必是越近于自然的。违背自然的制度总不会有好结果。待遇一个人、一个群、一个种族、一个阶级，如使自发自展，见助而不见阻，那个人、群、种族、阶级便是走在正道。这条新则的势子已至是流行如火的了。凡自然都是帮忙这种待遇的，自然之中，自有法律。自然之中，自有秩序。人如从他以外，另有造他，矫揉扭捏，就不必有意为非作歹，也必弄得迷了轨道，致有像现在世界这样子的种种非自然的不相容。

以前人讲自由，常说什么自由于法律之中。天性少人性多的人遂就把法律为利器，一切压抑专暴之弊都从此起。须知现在世界的法律本是少数人居着强者、享乐者、统治者的地位，本着私意设的。这种东西，岂可容他约束人人应有的自由？自由本是政治营生中最伟大最宝贵的东西，合乎自然的自由——就是真正的自由——绝没有什么太过不太过的说法。就令有可以过的,得还没有得到,就怕太过了,这种念头也岂妥当?

现在好像很有人把自由看得很轻,至于有不屑一谈的情景,以为借着自由,可以行恶。但这并不是自由的坏处。真正的自由总是纯洁无垢的。美的东西、伟大的东西,也免不了为人假借为人利用,如是暂时的那便怪不得他自己。绝世美人常常受恶暴糟蹋了,岂能说是美人自身之过?况且就是他们所说行的恶,也实模糊得很,不见得就是真实的、真不合自然的,未必不是居旧看新,看不惯便说是恶。

吾们期望自由,第一便要先由自己自由自己。吾们的心、吾们的精神,不但要伟大,自由更要紧。一切心里的锢蔽束缚、思想上的网罗,都须尽先解除。旧有人造的恶性,可以消灭的消灭,不然也须完全转到他途上去。必先有了内部的自由,乃有外面的自由可言。权势不能束缚吾们、传说不能束缚吾们、古人不能束缚吾们、今人也不能束缚吾们。习惯、罔信、成见、偏执,都是应当极力排斥的。吾们只求的是真,吾们只认得的是实。"刚亦不吐,柔亦不茹"。大至于仅约略可想象不可测度的全宇宙,小至于几万倍的显微镜下看清楚的微尘,吾们要一律看待。代加德的"方法之疑"(Methodical doubt)是吾们的方法。孔仲尼之四绝——毋意、毋必、毋固、毋我,"意"是本私意猜度、预先揣测的意思,与"不億不信""億则屡中"之"億"同。"億"不可解作"想象"。预测与想象的分别是一个有成见有欲望,一个无有。就是:预测本着欲望猜未来怎样,想象只坦然求未来可能的真相。"必""固"就是韩非所谓"无参验而必之""弗能必而据之"的意思。"毋我"的意思不是要不认我的存在,只要毋事事以我为主,毋把我当物物的标准。认得我存在,便要同时也认得外界种种个体与我有同样的存在。重要也是相等的。既不可以我为主、强非我与之合,也不可以非我为优,屈我与为一。但当并立而齐合,不然则脱。——这便是"毋我"的意思——是吾们的精神。吾们总要把心、把思想放开,要晓得、要觉到除了现实的以外还有种种色色的"可能"。——研究数学原理方面的最晓得这个,研究新物理的次之,一般哲学家又次之。现代最新的逻辑(即数理逻辑。去今二百年前第一流数学家、哲学家、德人来本之发其绪,近今意大利土林大学数学教授帕诺、德耶那大学数学教授佛芮格各独立其形,而今之第一伟大的数理哲学家英人罗素所大成)是给思想以翼的,就是大吾们的抽象想象力,而具备无穷不期望的可能的器。世界不止这一个世界。人类也不止这一个人类。“尼采的超人是见到此地的。”必不可一听人说差样的东西,就拒绝,就恐怖,就怕闹毛病。拿旧的恐怖抵挡新的希望,拿往或今的毛病猜疑未来的计划,是万万无当的。一听人说废除婚姻,就说要淫乱;一听人说把世界一切旧有的组织制度通换新的,就说不成、就说要骚扰,这都是不思索,不能自由思索,没有受过想象力的教育,被旧的固定的东西缚住脑筋不活动之所致:只知道三个上加四是七,不知四个上加三也是七——本来就是怕骚扰的念头已经差不多错到极点。

吾们如有上边那样科学法的态度,有了那样思想和精神的自由,自由绝不会弄出恶来。须知科学法乃是西洋文明在世界上最大的贡献。新近刚过四百年祭日、有史以来最博学多艺、思想观察极自由、亲自然而顺实的李翁柰始器重之,厥后百年伽离略乃大用之,实立近世科学之基。这个方法,质实说来,本不过实事求是,弃绝习传,说他非西土所专有固无不可。但是用他奏出很大的功验,确是在彼。现在他们把他越发看重,许多地方都要用他,还有好些大的果效放在眼前。吾们今要改革思想,期图自由,变风易俗,实在也缺他不可。科学法就是实法,原来没甚稀奇的。

自然自也不是能束缚吾们的。前说期合于自然,只是顺从本然,不是自加网罗。此也可说就是“天行健,君子以自强不息”的意思。因为吾们不应因为自己是人就把人看得特别高贵,所以人间法绝不可违反自然律,所以如果自然行健,人便该自强不息。种种所谓自然恶自是要祛除的,但是所谓自然恶,如病与夭折,细考起来,多半是人造的,并非自然如此。至于说以科学的力量战胜自然,乃比方话,那里有所谓可战胜的自然,不过开发自己罢了。

吾们所谓“自然”本有两义：或说一种方法样式，或谓一个物件，就是统括一切个体的一个代名。这两个意思不分别说时，每每要惹出纠纷来。在第一义，期合自然只是不加矫揉造作，不像中国女子把她好好的脚裹得不方不圆。所以期合自然不但不是自加网罗，实与他相反。第二义的自然，存在不存在是不必要的假设，吾们确知真实存在的只不过个体。照“奥开亩剃”（Occam's razor）：“实体不必须勿多积。”就是说，不必须的假设不要堆累许多（此也叫“节省律”）。那么，实体自然的假设是不必设的。所以在这个意思，期合自然不过是破障求通，不拘于偏。于他之下，一切平等。现在但认一个他作范围，等到把他外一切范围限制齐销除了，他的范围自也不存。那便是不求大自在而大自在自见——也必如此才能见。所以自然也不是束缚吾们的，所以自然法就是无法，无法而无不法。

有人道法律秩序所以为安宁为幸福。不用说所为是少数的安宁幸福是要不得的，就令真能为到最大多数人的最大幸福，一样不合。吾们应当标为人生最高鹄的是自由，不是幸福。不自由无幸福。庄子曳尾涂中的话的意思，不是许多人要表同情的么？现在世界的坏，岂纯是因为贫寒。许多受难者之所要求，与其说为幸福，不如为解放、为自由较为得真。使人自由实比使人幸福无穷的更重要，这就是不要你百座楼台十床美，但要你点石成金的那条指的意思。吾们应当极力自由去想象人人自由，人人的事事合乎自然的自由的时代的境况——去开发，去创造！绝不可徒抱着幸福的大腿，而况安宁乃是苟且、偷惰、因循、敷衍、呆板、停滞、衰落的引子！

人为的秩序的功果，有史五千年来，吾们算看着了。

自由！自由！个个的自由！没有自由没长进！没有自由久沉沦。

（原载1919年7月13日、7月27日《每周评论》第三十、三十二号）

知识阶级

俄罗斯之有今日，首先在世界上树出新组织，他的社会中有思想有知识的人，实在有很大的功。现在一般中国人之无知识是不容讳言的。要想顺着世界大道——改造——走，自必也大有赖于此样人。知识阶级是什么呢？照俄人所自解的，他就是自觉的国民。不是单单认识文字、受过教育的，乃是批评的思索家，对于现代社会总是反抗的，所希望的是解放与革命，行其所信无他顾，牺牲一切唯急于救其国人，常有自由奔放、独立不羁的态度。他更有四种标识：一、有一定的社会团结；二、有继承性质、前仆后继；三、不晓得自己阶级；四、不分别社会阶级。此后二者，一个关系事业的，一个关系组织的，意思通是它与所谓士农工商治者被治者等等社会阶级没相干。所以这样子看起来，知识阶级实不应叫它一种阶级，大不同绅士阀，与有产者更相反，实类乎此士之所谓先觉。

（原载1919年7月20日《每周评论》第三十一号）

就来的三自由

信仰自由、思想言论自由、集会结社自由,不论实现没实现,完全实现没完全实现,许多民主"国"总都把它们订入什么"宪法"了。

但是合理的自由:合乎自然的自由就止于此么?

吾以为除此以外,还有三种自由,更加重要。但令我们肯去找它们,它们就会来。自由总是我们的好朋友;我们不要它的时候,它也有时会来;但是我们去找它,关系乃觉亲切。我们要找的三自由是什么?第一,就是教育自由。第二,工作自由。第三,男女关系自由。

教育自由是人人得自由受教育,概无限制。自幼稚园以至大学院,概不收费,完全破除现在的考试制度。考试制度是产生生理上、心理上,种种恶病的;是与我们的理想最不相宜的。于教育事件上,这种制度在应最先破除之列。教育是改造观念的主要方法,改造观念是改造世界的下手处,所以我们对于教育不可不注意。布尔什维克对于教育非常注重,对于儿童非常尊敬;这点精神,便是他们能够长久之兆。但是我们若要改造教育,第一便要人人有受教育的自由。教育自由是人欲发展天才培养能力所必须。教育自由是使个个人都得圆满发展的路。欲造一个十分健壮无一点病的世界必由于此。

工作自由是不问人做工不做工，但有工作的志愿(这个条件，其实也不必需)，都不得缺他的衣食居，就是人人得有他必需的生活资，如同吸空气或在乡下饮水一样。工作是一件事，生活资是又一件事。我们工作应当为工作而工作不可为金钱而工作。工作与金钱是不同品的，是无共同的单位的。若问这个工作值多少钱？便是无理的话；那便一钱不为少万钱不算多，因为它俩本来不可并比。但是欲使人人都为工作而工作便非工作自由不可。就是，工作自由是使人真高兴工作，使人真有工作的趣味、美感与精神，使人工作真实的工作，做出真有价值的工作品，必不缺的条件。这是就结果而言，至于当事而论，工作自由之下，工作什么，工作的好坏，当然是提不到的。谁能说一个工作不必需？谁能断一个工作结果要不得？惟自己能知自己的工作必需不必需，惟自己能断自己的工作结果要得要不得。那么，工作什么，怎样工作，又怎可不也是自由的？现在人喜说劳工神圣，工作听人命，哪里来的劳工神圣？若要劳工神圣，也必须工作自由(“劳工神圣”自身对不对，是不是扭捏的话，是另一问题)。这个自由也可叫作保身的衣食的自由，或更简叫保养身体的自由。照此例，教育自由便也可叫享受心神的粮食的自由，或更简叫培养心神的自由。

男女关系自由，根本就是要把结果比卖淫还坏，“常常是除了更难逃脱外，与卖淫难得分别”(如罗素说)的一种制度打破。废掉男女的有意分别而扩张之，这个自由便是人间关系的自由。人间关系是要表里如一的。人间关系只有根于互相的自由的才有价值。人间关系要只以情感为缩结；情感已绝，便无值得保存之物存留。情感是要自由的，是不得勉强的，所以人间关系也必要自由。又因情感是要自由的，人以他成关系，人生乃能无不自由，而人爱情中一切创造性的东西也可得越发自由发展之地。我们要使人有关系的自由，根本固为破除那种受买卖主义最坏的影响的最难脱离的卖淫制度——嫁娶——也就是为的交际自由，离合自由、爱情解放——与爱情以机会，等等；总而言之，就是扯碎圈套，毁掉把人分隔的东西,达到圆满自然,人人都是好相识,相视而笑莫逆于心的,美的状态。男女关系的自由也可说就是为发展本能的爱好,发展两个赤子在一起可以有的情操,以达于精神之爱,以达于高闳纯洁,深邃闲寂,恳至殷切,长久永恒,与无穷相联结的爱,爱情尊敬相缔合,本能精神共愉快:人人互相尊敬其生活之精神,成群侣而于个人自由无挂碍,得本能之联合而于心和精神之生不凌害。这些事都是优游自然的世界,发达最好的冲动的世界必需的要质。为此,这个关系自由也可叫做一种本能、思想、精神、发展调和的自由;或简叫发展且高尚本能的自由。

这些个自由也要保障么?

不必不必。不但不必,并且不可。

凡是真正的自由,自然的自由都是不要保障的。有保障时候的自由,必定不稳。

有的人对于这三种自由曾不能无疑。以为废去考试,学生便要不用功;工作自由,人可以全不做工;男女关系自由,会至于淫乱。这纯是推旧的弊于新的理想,犯了只恐怕而不希望的毛病,自己先表出得为恶时便为恶并猜虞人为恶的意思,深中了习于锢蔽,习于束缚,只认得习惯,不认得创造的毒。就令我们也信难得一种制度有十利无一弊。但是两害相权取其轻,两利相权取其重。比较两个制度总要拿它们究竟的纯利来比较。疑者试把现状与我们的理想(其实可算对于自然的发见),从逻辑的、心理的(历史的),两种本源上,细细循察一下子,细细地解析一番,并设身处地地体验一番,总可由自己发出个谁善谁恶来。

上面说的自由是三种,但是更主脑的自由数目还简单,我们时时在心的中心自由其实不过一个。一个是那个?一个便是自由去创造!

放创性自由(Freedom of Creation, Liberation of Creativeness,即Liberalism of Creativeness),必有创造的自由,乃有创造的愉快,创造的欢乐(Joy of Creation, Delight of Creation);无上无穷的愉快欢乐。

(原载1920年1月4日《北京大学学生周刊》第一号)

打破现状才有进步

人不论作什么，若以现状为足（就是心想照现在的样子就够了），必不会有进步。

但若虽不满于现状，却拿他当天命，当定数，以为是没有法子办的，是无可如何的，忍一辈子算了事，绝不肯自己弄个法子把他改变，另造一个新的世界——照这样子也是必没有进步的。

大家要晓得，人的社会本是由人作成的。人本要他怎么样，他就可以怎么样。所怕的只是大家不肯去想，不肯去做。常言道，“天下无难事，只怕有心人”。大家如果肯去想，能够想出一个比现在好的世界来，更奋力以创造之，他没有不发见的。

吾这个话，对于农工劳动，尤其是对的。为什么呢？人生在世，必缺不了衣食与居住。但是若不种田纺棉，那里来得衣食？若不盖房筑屋，人向那里住居？种田纺棉盖房筑室的是什么人？不是农工劳动么？那个财主花百十万银盖的高楼大厦少了瓦匠能成功？那个赛过邓通的阔老缺了胼手胝足的农夫不饿死？人的世界实在由农工养活着。吾刚才说的衣食居住，不过举几个大端，此外细看看那一样好的、必需的事情，没有劳动能存在?(学问艺术劳心居多)人的世界一天没劳动,一天就会消灭。既然如此,当然劳动愿意人世怎么样,就应怎么样。

(原载1920年9月19日《劳动界》第六册)

给少年中国学会的信

吾的根本主张是废国，灭产，绝婚姻。感受资本制度的恶果，痛恨几于不可终日。对于社会主义自然要绝对的信奉。共产主义是社会主义的精华，对于共产主义自然要更绝对的信奉。凡对于社会，曾作过一度考虑的人，无不晓得社会主义的对面便是资本主义。社会主义资本主义之间，更没有第三者。更进一层的切实言之，现在摆在眼前的，只有共产主义与资本帝国主义两条路。今日的问题只是共产主义与资本帝国主义之争。一个人不是自觉的或不自觉的党了这边，便自觉的或不自觉的党了那边。无所谓温和派，无所谓超然党。列宁的国有资本主义只能说是达到社会主义共产主义的一个方法，一个暂时的手段；没有社会主义共产主义信仰的人完全谈不到那个。吾绝对相信救治今日的病恶，必须实行社会主义（共产主义）。吾绝对相信如要把现状改换，只有换改一个社会主义（共产主义）的社会。不过有人说：心以为好而想创造的政治制度"决不是社会主义的"。那必是对于社会主义真意，完全未懂，不然，便更不可说！

吾现在很觉着，对于少年中国学会，有许多地方不能同意。吾不是本科学的精神，吾不是不为社会的活动。自然以生地的关系，吾也很想创造一个少年的地方叫作少年的中国,作为少年世界的一部分。只是吾想创造的少年中国,决不是泛泛的少年中国,绝不是像少年意大利一类的少年的中国。吾想创造的少年中国,乃是无产阶级的少年的中国,乃是有充分的少年精神(进取,切实求是,赤裸裸,随顺自然,活泼泼地无丝毫之束缚)的,以劳农为主的少年中国。不把这些形容词撷要标出来,吾已万分不能忍受。如再说"所谓少年中国……决不是社会主义的少年中国",吾更万万分不能忍受。倘或再进而简直把宗旨(本科学的精神为社会的活动以创造少年中国)抛开,(新近规约的修正案在宗旨上加了民治一层,越使我惊异。吾现在只懂得"工人治"Ergatocracy,很不晓得什么"民治"Democracy),而但拿学会的一个学字来遮掩……

既然如此,又自愧活动力不足,吾只好自己退会。即望把此信完全公布,作吾退会之声明。此致少年中国学会。

九月二十日

(原载《少年中国学会会务报告》,1920年9月出版)

英法共产党

——中国改造

独秀先生：

……新近伦敦有一个劳动出版公司，所出有一种通俗的小丛书，其中有一本名《共产主义》，听说很好，是保罗夫妇(Eden & Cedan Paul，这两人很不错，很著作翻译了些书，都是英国共产党党员)所作。(中略)留法勤工俭学的学生中相信马克思的很有，但未必是真懂得、真感着非革命不可，真肯以生命来换。许多人说马克思主义是一种宗教，其实在最细微的地方，没有点迷信，什么事也作不成。人不可以“太”明白了。吾又感着人非到被社会逼得走投无路非反攻不可的时候，也作不出什么事业来。法国的共产党是由旧有的社会党变成的。去年十二月法国社会党在都尔会议，提议加入第三世界工人会即国际共产党(The Communist International)，经大多数通过(共有十二万人)。于是此党名称仍叫“社会党”(但注为S.F.I.C，即共产主义的世界工人会法兰西部)，实际上已成共产党了。不赞成的右中两派少数人(共五万)出党，另组一社会党，称为劳动世界工人会法兰西部(S.F.I.O)，自以为社会党正宗，彼此攻击甚烈。法国共产党因袭旧来的底子，党费甚富；机关报：日刊有五种(均直标名为共产党报，其中以

*L'Humanite*最著名，销行最广）。月刊周刊有四十余种。但虽如此，势力仍远敌不过国民总会（Bloc National即政府党）。惟与英国共产党（此党之基本原叫不列颠社会党）比要算好多了。英国共产党新近因译刊共产世界工人会第二次会议议决的案文，被政府搜查一空，捕去两个重要党员。在法国的出版物便自由多了。英党正式的机关报，只有一个周刊，从五月起加了一个月刊（*The Communist Review*）。此外英文共产主义的杂志有*The Worker's Drandnought*（周刊，Miss Pankhurst所主持），及*The Plebs*（月刊，Plebs League的机关报，主张独立的劳动教育的）等算最好的。法党最重要的人物为M.Cachin及Frossard。法党最引重的有三个很有名的文学家，即Anatole France（安那佛郎西）、Henri Barbusse（巴比斯）、Séverine（塞威利娜女士）。佛郎西七十多岁了（生于一八四四），称世界生存的最大的文学家而加入此党。巴比斯倡光明（Clarté）运动，很有势力。他的光明团与其机关报《光明》（周刊一张）都是信共产主义的。英党最重的人物为Mc Manus（马克马那），有人说他为英国唯一的信流血革命的……法国的新心理学自成一派，以耶讷Pierse Janet为领袖，此派也因精神病的研究而成立，说与傅洛德之"心解"相近而不同。吾所以想研究心理学，一方因其对于哲学的关系；一方也因其为解决社会问题所必须。现在百人中至少有九十九个是精神病患者，人心不改造，社会自无希望。法国图书馆里英文书少的利害。世界第一的巴黎国立图书馆（Bibliothéque Nationale）里，英文新书简直不备，新杂志亦寥若晨星。法国图书馆很像中国旧日的藏书楼，陈腐得很；别的机关现在用女子很多，图书馆则无，多用些很疲倦样子的老头子……巴黎没有别的好处，只有一个美。美之表现为雕刻绘画与大的公共建筑物（如博物院、大学、全灵堂等；若寻常的楼房只有与人卫生不宜，更说不到美）。吾到法后，感着欧洲一时是无望的。生于东方的人，不能不仍希望东方。最好的希望是中俄之联合。中国如能整顿好了，是同美国一样可以无仰给于外的。吾现在最简单的所信是：本世界见地改造各个地方：不要为一地方好而改造那个地方，要为世界好而改造各个

地方。就令一切地方各单独像是好了,世界全个仍可以不好;世界全个不好,各个地方其实不能好。吾觉着中国改造的程序应是:革命,开明专制(美其名曰劳农专政——以今日中国之一般知识阶级而言代议政治,讲选举,纯粹是欺人之谈。政治上事切忌客气。政治尤不可专模仿人。世界趋势固要晓得,但勉随趋势而忘了自己实况,必无好结果。能认事实是列宁一大长处),实行极端的强迫教育,以岁入之半办教育,其次重要的为改良农业,整理森林河渠,兴发工业交通,尤以旧有的工业为要。这种话在现在只算是一个梦,但与普通的梦一样,却有应了的希望。……现代西洋哲学家最懂得科学方法最能用他的,要数罗素第一,杜威也知重之,便差远了。柏格森口口声声说他哲学怎样与科学有关,其实纯是欺人之谈,现在人已渐渐晓得了(新近 *New Republic* 周刊有一篇文说此,很好)。柏格森现在法国是后古派的健将,他又对于天主教要人说他的学说与天主教义相近,此很像倭铿(Eucken)是宗教思想的大代表。他两个同是西洋近代思想界的反动派(柏格森哲学可说是孔德以前的哲学,与法人重理性的心习是不相合的)。中国再不可找这两个人去讲演,以中国人好空悬笼统的脑筋,岂可再经他们直觉不要解析的虚无缥渺的古老方法之熏染?……

张崧年寄于巴黎六月十二日

(原载1921年7月1日《新青年》第九卷第三号)

“研究问题”

衰老的民族，惰性非常充足。

因为偷惰的缘故，于是只道听途说的瞎谈主义，绝不把实际的问题，一加研究。这很像只知背方书，而不临床！

一个人出来说，这样子不行。于是许多人也渐渐的口说问题，笔写问题。

可是问题从何而来？问题发生于事实。有了事实的不相容，有了事实的搁浅，于是成立问题。解决问题只是求去掉事实的不相容，使其归于和谐，进行遂顺。所以解决问题必须明白事实，必须按切事实。没有现成主义作指导，解决问题必至事倍而功半；自然，现成主义，也可以为解决问题之妨碍。自然，人也不可以为事实所拘，矫枉过正。

然而现在之讨论问题的怎么样？不察事实，不管事实之有无，捕风捉影，设立问题。问题之设立竟可以与事实无关！问题之解决如何会能与事实有涉？

这样子的清谈问题，与空谈主义，究竟何异？

（原载1922年7月1日《新青年》第九卷第六号）

共产主义之界说

一切生产器具大家共有,一切生产结果大家共有;公共生产,公共消费。不牺牲个人于公众,不牺牲公众于个人。全体享乐,各个享乐。社会良善组织,人人圆满发达。普通说起来,这就是所谓共产主义。但这样说法,究嫌太泛。若求严明,须看共产主义今日实际的意思。

共产主义在今日,实指一种最有组织的"推翻现在的社会品质而代以一个较好的"计划。在这个计划底下,有五个主要的坚强信念:

第一,资本制度,在世界文明上,就令可算一个必经之阶,绝不能为真文明之基础。

第二,资本制度现在已处在一种极不安的状态:资本主义已不能管他自己的事;就说大混乱还未开始,实已迫在眉睫。

第三,只由无产阶级的专政,建立了共产主义,社会的安定才能重得,秩序与进步才能再望。

第四,这个变更,必须是革命性质的,必须以非宪的手段抓住权力;必须以强力扑灭反革命。

第五,资本主义的推翻必须是全世界的;地方的革命不济事:非实现世界革命的计略,共产主义不能成就。

简括言之:阶级战争,世界革命,无产阶级专政,全权属于“苏维埃”(农工评议会):一切共有的共产主义舍此不立。

除这以外,固然还有许多含意,但这五条实当代共产主义最关要害的特性,且是凡今自讲共产主义者无不同意之点。这五条很可指出共产主义革命一个重要特色,与以前一切变更社会结构的革命不同的,便是他的完全有意识性,便是他是人的自觉的企图,一种正在进行所及深远的社会变迁,出自人心之创造的革命力的,世界史中第一次于共产主义见之。

(原载1922年7月1日《新青年》第九卷第六号)

切实试行!!!

杜威实在没有多少好处。有之,只一点,胡适之很晓得,便是他的实验方法,便是他的日常主义。科学上用这个方法,日常生活上用这个方法,社会、政治上也要用这个方法。

罗素的好处,吾们能知道,他是最重科学方法的。他广大,深微,而切实。他倡哲学里的科学法,开哲学的新纪元。他是晓得哲学之真意思的。他是晓得哲学之真价值的。吾们相信,哲学如果长存在,意思绝难出了罗素所说的意思,价值绝难多过罗素所说的价值。

但罗素的好处,还不止此。他还有他的真理说。他说真理是与事实相应的说话。吾们尝说,真理就是实话。真理不过实话之雅名。实话以外,更无什么高不可攀的真理。吾们这个说法,小部分由于自家的体验,大部分根本罗素所说。

柏格森的哲学殊多欺人之点,然而他能重行,也是不可磨灭之处。

吾们现在要把杜威、罗素、柏格森三家之说合在一炉。吾们因此主张“切实试行”。这四个字要平等重看,半个轻忽不得。吾们不论主张什么东西,都要实地试试看。不论作一种什么事业,都要敢于承认事实,敢于说实话，敢于自己批评自己，勇于更改作过的错误。

吾们经营一件事，不能总说要预备。预备与实行不能划为截然的两件事。

孔子说，未有学养子而后嫁者。

特洛斯基说，学骑马要骑在马上学。

卢森堡说，群众必须以用权，学怎样用权。

孔子说，学而不思则罔，思而不学则殆。

吾们今以为不但学、思相依，学、思、行也相待，三者缺一，余不立。吾们看学、思、行，如同相对论者论空、时、物，相联同存，相离同与我无与，同与世无与。凡吾们所实见，都是三者联着出现。

不诚无物，不行也无物。

一个思想，一个学说，不体验，怎能知其真妄？

一个主张，一个方法，不行，怎能知其可行不可行？

凡是思想、学说、主张、方法，都要起于事实，更要归于事实。

不论什么思想、学说、主张、方法，未试未行之前，不论作者自己觉着怎样周到，怎样美备，怎样圆满，都是靠不住的。学说在未有充分的印证之前，都只叫作假设。"闭门造车，出门合辙"，其实殊不见得，如果前无畴范，如果前无法模，如果前无数度，如果前未就辙量过。

凡是新思想，凡是新学说，凡是新主张，凡是新方法，必有待于体验，必有待于尝试，必有待于行。不行，不知道合实不合实。不行，不知道可行不可行。不行，不知道何处不妥。不行，不知道那儿应改。不行，不知道有什么难处。"经一蹶者，长一智"。岂但如此，智几几乎都是由蹶来的。

试验可以发新理论，实行可以得万想不到的巧方法。

吾们如果不愿作寄生虫，吾们如果不肯拿思想、主张当游戏，吾们如不肯拿知识、学术当玩具；吾们有所知、有所思、有所主张，总是愿意把他实现的。既然自己如此愿，就要自己如此行。

越是一个主张，行出去，一时行者要受现状的痛苦的，要受现状的生活的压迫的，越非由主张者自己作前驱不可，越非由主张者自己先试行不可。主张者如果有痛苦，痛苦当然不能归别人。

吾们是庶人，吾们不是绅士，吾们不是大夫。吾们不会美名归己，过错待人。吾们更不怕失掉什么。吾们何所失？吾们只有失网罗！吾们只有失偶像，吾们只有失旧制度、旧风习、旧道德！吾们怕失地位么？吾们的地位已在最低层！吾们怕失产业么？吾们原是无产者！吾们怕失生命么？吾们的生命无时无刻不在被迫害之中！看！社会所以对付吾们还有什么？戕残吾们的生命罢了！困难吾们的生命罢了！夺去吾们的饭碗罢了！吾们怕什么？吾们失什么？

不知则已，知则必行！不思则已，思则必行！不主张则已，主张则必行！

不论什么好东西，没有徒徒空想能成功的。岂但徒徒空想不能成功；源起，也没有源起于空想的。不论什么好思想，都是生活迫出来的。不与实际接近，如何能说实话？不与社会奋斗，能把社会怎着？没在工厂生活过，说工人应怎样怎样组织，终究要隔一层膜。不是无产阶级的人必不能评论无产阶级举动的是非。

更有一个必要的常识，罗素说过。他说，对于一个东西，总是越离近，越认识的真切；越解析，越晓得清楚。

吾们也说，一个主张，必越切实的试行，才越觉着有活趣。

（原载1922年7月1日《新青年》第九卷第六号）

巴黎通信

仲甫先生：

《新青年》三号昨早已收。以后愿多寄一二册。

昨天巴黎报已载日本原敬打死了。这真是一个好消息！唉！制度迫得吾们对于人死乐，只这一点也非革命不可！

俄共产党机关报*Pranda*，此间偶一见之。Pranda就是“实话”的意思。一个亡命法国的俄国小中产阶级的人说，“许多报都谦虚着取了‘实话’Pranda之名：莫斯科《实话》，彼得格勒《实话》，诸如此类诸如此类；布尔什维克们的创造力不足改变他们报的名称。”(N.A.Bandau-Aldauov, Deuo Revolŭtion, P.113)呜呼！原来在实话以外，造花样的人是有充分的创造能力的！

近来读了些列宁、特洛斯基自家的著作，益感动。

列宁说：“无产阶级专政，就是，为扫清压制者，被压者之先锋组织为治者阶级。”

又说：“养成些有经验有影响的党的领袖是一件很烦难的事，但无此，无产阶级专政与‘其意志之一致’只是空话。”

特洛斯基说:“吾们记取,当社会革命时期,有产阶级的民主政治不能施用,与当帝国主义的战争时期,国际法不能施用同。”

又说:“马克思之真实教义只是行,进攻,革命精力之发展,把阶级的打击引到他逻辑的结论——这些之理论有公式。”

特洛斯基文才甚美。他现在的名著是答柯兹基的《恐怖主义与共产主义》(*Terrorisme et Communisme*)。新出英译,表面被出版者改题为 *The Defence of Terrorism*,译文较法译为好。

列宁的《国家与革命》最富学理的价值。法译今年才出,较英译(一九一九出)为好。他去年又作了一本书,法译名《共产主义之孩子病》(*La Maldie Infantile du Comunisme*)、英译名《左派共产主义——一个孩子病》(*Left-Wing Communisme ,an Infantile Disorder*),在战略上很重要。

一方须以剑锋与人战,一方又须以笔锋战,真难为他们。

伦敦劳动出版公司(上次说过的)七月中新出的《劳动月刊》(*The Labor monthly*)为最要看的杂志。最近诸方面的消息多可从此得着。已很登了些重要文章(如列宁、特洛斯基的近作),有很公道的批评。这个杂志是伦敦“劳动研究部”里一部分人等所组织。“劳动研究部”设于一九一二年,本名“费边研究部”,是一个联合团体,由849个劳动团体组成,专研究关系劳动的问题,供给教知,发行书册。由这个杂志可见英伦主张社会改造者已渐趋于左,行会社会主义者许多已归依共产主义,好像寇尔(Cole)近在一个日本杂志上也这样说过。吾现在对于日本消息茫然,望在《新青年》上时常载些。日本,无论如何,是与我们很有关系的。

现在资本阶级的举动最可注意的,当然是华盛顿会议。《劳动月刊》说,今年可叫会议之年。共产主义者的会议(七月莫斯科共产国际党第三次会议与“赤工联国际会”成立会议)去,资本主义者的会议来。华盛顿会议出生于日美之争,而中国为其处置物。罢兵,罢兵,纯粹是欺人之谈。英国对于日美,是两个都舍不得,《劳动月刊》如此说。又说,就令他们分中国这个赃分得暂时可以合洽,终究还是破裂。资本帝国主义者的性质,本来如此。

现在最可伤的是俄国的饥馑，有两三千万人待毙：两月以前，英美政府，救助救助，嚷了个不得了，鲁易乔治最痛切（法政府简直在无救的意思），但是后来左考查、右研究，直到现在，一粒未出。而坎拿大、美国、阿尔然丁（南美）各处收成好的，多的米麦棒子糟蹋了！大西洋的船都没有主顾空停着！吾们对于这种情形，还有别的办法?!

适之现在上海么？"干！干！干！"现在怎么干法？文法研究，颇有趣味。他素喜提倡归纳法，自己也喜用归纳法，但却要大大注意一件事，便是Hasty Genrvalization（忙通）。忽了忙通，笑话百出。又科学上的则律，很重Under Certain Condition（在某种情形下或某种条件下）一个仂语。忽了这个，也可成大错。此即是重因，还要重缘（缘即Condition）。适之第二举例所得大通则，就欠说了一句关于缘的话。"开明专制"不宜过说。正式

1922年，在德国柏林与蒋梦麟（坐右三）、傅斯年（立右四）等合影（坐右二为张申府）

的提倡总还是“劳农专政”“无产阶级专政”。虽是吾们所谓“开明专制”与“无产阶级专政”同一意思,但可惭,狙公之术还不能不用。不然,徒惹反感,无利实际。诚然,今日的共产主义者大都晓得无产阶级专政并非无产阶级群众全体的专政,只是少数先锋少数前驱的专政,只是少数有充分阶级自觉的无产者的专政。事实不可不如此,无愤如何。列宁自己也如此说:(前引语)见构为从来无比的诚实人,这也可算理由之一。(Lenine, Cest le garŝ lo plus honnete Ilnapa: encore eŭ soil par eil sur laterre)“列宁实是唯一的最诚实的小伙,在地球上他还未有过对儿”。塥威人语,见高尔基的《列宁论》(Gorki, *Vladimir Jliitch Lenine*.P.16.)。“开明专制”近于吾们一时的话,深想起来,意思实极含糊。吾们说实话,又要说的极明了。一个名词不加解释,总是可以使人误会的,也无取更论。吾们的中心意思,何尝有一点不为大家?自然,说大家,自己也在其中:人如不为自己,什么事也可不作;而且必是先为自己。吾们如不是利己主义者只在吾们主张的结果可以普及大家。吾们现在只是想以吾们侥幸得的一点的觉觉未得机会觉的伴侣,使吾们,吾们自己与别人,都得更能圆满觉的境遇。所以吾们极端注重教育(注重教育也是吾们所谓专制与人不同之点)。但为办合于吾们因实地感受而相信的主义的教育,必不能不革命。因此吾们主张革命必须先于教育。罗素以前很反对这个话,现在也服了。新近曾同一个人说:“吾们现在最要紧的是大家都感着非有此一事——革命——不可。无此一事,吾们都无活路。不是吾们无活路,凡好人都无活路。不是凡好人无活路,凡应当有活路的人都无活路。”最应当有活路的人就是劳农。劳农是社会的基础,没有他们,别人都不能活。但是现在怎样?别人都活得过分了,劳农自己却迫得绝了路!

张崧年

(原载1922年7月1日《新青年》第九卷第六号)

中国共产党与其目前政策

顷见《先驱》第九号，是中国共产党已在国内露出眉目来了！我们不但无量欢喜，我们更要即向大众呼吁：凡是有良心，有诚意，明白事理，舍私谋公，而不想过分出风头的共产主义者，都应立地聚集于彼，以厚共产革命的势力，以速共产革命的成功。我们又看见他的目前政策：他是要与国民党等革命民主派及各革命的社会主义团体，结成联合战线（统一前敌），以完成民主战争，建立真面目的民主政治。这种办法，乍看诚不能不诧异，然平心静气就中国现势一想，便不能不见其出于不得已，他这种办法，与现在德国共产党赞助民主派，共同抵抗反动党，用意实无大异，凡是明白事理之人，如何能不谅其苦衷？

但我们也不能不明白告诉大家，而请大家切记：那种办法究竟不是共产党的终极目的，那种办法究竟不是一种手段，而且也不是像无产阶级专政一样的，共产革命的普遍必然手段。只不过处像现在中国情势之下，不得不取的一种特殊手段。采取这种手段的时候，必须牢牢记住：自己的正手段，乃是劳动会议式的无产阶级专政，自己的本目的乃是生产共有，分配共管，无阶级、无国、无家、无政府的共产社会。更要不忘为一种行动，

1923年，在德国柏林和刘清扬（左二）、周恩来（左三）、赵光宸（左四）合影

1922年，本文发表于旅欧中国共产主义青年团机关刊物《少年》

与终极目的不同的党派,结成统一前敌时,必须保持住自己组织的独立!必须得机即把自己的终极目的向大众标示!

(原载1922年9月《少年》第二号,署名R)

今日共产党之真谛何在

结党营私,原非好事。今日劳动阶级之所以有此,共产主义者之所以组织此,实因缺此,别无他法,可以代之达其目的,但承认自觉了的劳动界之主张为是,为应该,便不能不承认共产党之成立为是,为应该。因为共产党所逐的利,营的私,并非共产党人一己的利一己的私,乃是适于全劳动界的利、的私。

就一般而论,凡有一种共同的利益,为得这种利益,便不能不有组织。如果这种利益是关系政治的,或非借政治不能达的,便不能不组织政党。但共产党之所以组织,犹不止此。近世以来,劳动运动之势力,已蓬勃的非到全世界社会改造,不能收拾。然劳动界的人,固未同样的觉悟,也非有同样的本领,虽有共同的利益,却非同样的知道怎样去达。在这时候,试问,若无作率导的团体,运动怎能成功?寻常战争,不能无先锋;阶级战争又怎能缺了先锋?劳动阶级的这种先锋便是共产党,有了这个机关,乃有了指路的。有了这个机关,本阶级较进步的分子乃可领着全体群众,鼓舞而进。

共产国际第二次大会,决议说的好:“当一八七一年巴黎市政府时,法兰西无产阶级第一次英武的举事，当时若有个强固的共产党，无论怎样小，成功也应多的多，许多错误与缺欠，也应免得了。”

最近俄国十月的革命，为什么成功，德国正月的革命为什么失败，主要的原因还不是一有坚强的共产党，一无坚强的共产党？

共产党既如此其重要，那么，其真谛何在？第二次大会决议又说：“共产党是劳动阶级的一部分，是其最进步，最有知识，因此最富于革命性的那一部分。”“共产党是合最好的，最有知识，最牺牲自己，最远见的劳动者而成。”

然此是共产党的界说，还非其真谛。若其真谛，还别有在。在什么？两言以蔽之，曰：纪律。有纪律，有共产党；无纪律，无共产党。共产党之所以强在此，共产党之能成功在此。共产党与其他政党之不同，此其重要点之一，第二次大会也说“无严严的纪律，劳动者之胜利实不可能”。游过俄的，如兰萨慕（A.Ransome），如罗素，如布来尔斯佛（Brailsford），不论对于俄国别的地方，怎样的不满意，对于他的共产党，却无不称赞不优；无不认共产党如倒，俄国立即不能维持，俄党的数目，就俄国人口而论，本不算多，为什么小小的一个党就有这样的势力？

俄国共产党对于党员之加入，限制本是非常之严，然而还按时有所谓廓清，凡是有点不可靠，有点不配的党员，都被驱逐。“稍微有点懈怠，稍微有点不热心，行为稍微有点与社会主义（共产主义）的伦理不合，都是可以致驱逐的。”酒不准饮，牌不准斗，跳舞既受呵斥，吸烟也要监视，逐利谋私尤是必不可恕之罪（参看Brailsford，*Russian Workers' Republic*，论共产党章），这种种又是因为什么？没有别的，仍是因为纪律，有这种纪律才有那样力量，有这种纪律，才能坚苦卓绝，未成功时，既饱尝监禁流放之味；成功以后，又把天灾人祸战胜。

不要小看这种纪律，并不是容易的事情，俄党之有此，实因其历史。若寻常出身小有产阶级而未改其心习的人，非但不能以此自律，亦且不敢以此律人。这种的人，本来不配组织共产党。就令一旦组织，也只徒冒其名。他本不求实际,又何能以实际问之?然而共产党乃是最实际的党,他的种种计划作为都是因实际为实际而起,不能以实际问之的党算不了共产党。

没有纪律,不能坚固,不能精神贯一。一个共产党形体不坚固,精神不贯一,又岂有能成功之理?俄共产党之有今日,本始于1903年,社会民主党之分裂成多数少数两派,这个分裂,本是列宁有意为之。这种分裂正是谋贯一。一个组织,精神不贯一,万万不能强有力,数目虽多,只同散沙。若不是各国社会党的分裂,今日怎能有这样坚强的共产国际?

真正的共产党是一点不苟且的,是一点不姑息的。不但显然不忠,或违犯纪律的党员,为其所不容;便是一个党员,居重要职位,而作事不得法,或见解不当,也必逐无疑。去年德共产党之驱逐雷维(Paul Levi)便是一个显例,这是为的什么,这其实也是为的纪律。

今日世界实只有一个共产党,便是国际共产党(共产国际即第三国际),他的决议凡是共产主义团体都须遵守。各国各只准有一个的各国共产党都不过是他的支部,各国各只准有一个的各国少年共产党又是此支部的支部。横之,此各国的少年共产团又联合成少年国际,作为共产国际的一部分,与妇女国际书记部同其作用。如此互相联贯,而谋成功之便利,共产国际所不承认的人,各国共产党必不能容之,共产党所不承认的人,少年共产团必不能容之,这也无非为的纪律(参看第二次大会决议共产国际组织法)。

总而言之,纪律是共产党之魂。失此,共产党是不能活的;不懂得这个的人,不配加入共产党,更不配组织共产党!

(原载1922年9月《少年》第二号,署名R)

胡适等之政治主张与我们

胡适、蔡元培也公然发表政治主张了！

饿死事小，失节事大，本是最违反人性的话（也是圣人故意矫正人性的话），一个人的生活或其所赖以生活的事业或其生活欲，如屡受不可堪的压迫，但令其人不肯听天由命，没有不想把支配生活的政治或经济，或其他，来自己处置的。近年中国的教育是不是已被压迫到几乎不能继续的程度？所以至此，最显著的因缘当然在政治，那么，靠教育吃饭的人，逢政治表面略有可为之机，公然出面发表政治主张，又何足怪？

所以胡适等现在之想参预政治原是当然之事。在这一层，他们的活动实无可非议，所可非议的，不在其来主张，乃在其所主张，不在其活动，乃在活动的方向。

他们的主张与活动方向，总而言之，不外趁机、改良，无根本不可变的主张，而随机会迁化，不察病原，早晨头疼，早晨医头，晚上脚痒，晚上又来治脚，这个，我们实不屑细论，我们今当简单告大家以四事。

第一，一个人或一阶级的政治主张，总是为其人、其阶级自身的生活利害而发。胡适等是知识阶级的人，即靠知识生活的人，倘其主张能成功,他们的生活与事业固然应能得安了。大学校长、大学教员,固然可以因此越发作得稳了。以医学博士为职业的人固然可以从此更能显扬其职业了。可是至于一般小民,至于农工,生活如何,则犹难必,不但不能必其利,至少一部分必且要适得其反。根本原因即在士绅与农工生活方法不同。知识阶级历来是资本阶级(靠资本生活的)的附庸,必不敢过于得罪资本阶级,利害如何能与农工小民相容,晓得这个,职业非大学校长、大学教员、医学博士的人,如也要生活得安,还非出来自作主张不可。你们如但能助人呐喊,你们必落得百劫不复!

第二,胡适的根本主张不外好政府。大家想想,他这所谓好政府,是不是能更好于美、英、法、日、德的政府?便令其理想,不止于此,然充其办法条件所及,所得的是否能愈于此?这当不难一言而决:便令胡适与其朋友的好政府真能得到,必不过与今日美英等政府是一丘之貉。这等政府,不但现状,便其趋向,便其可能,大家当已明见了。在这等政府之下,劳动阶级(靠自家劳动生活的)养活人而治于人的人,还不是同样的生活不能得安。我们究何取于此?我们究何取为"打这个不必要尖"而驰人前进之心?

第三,他们主张好政府,他们主张优秀分子结合抵抗恶势力。一个日报曾问以优秀分子怎样才敢结合。自我们看来,今日中国政治之坏,并不在有优秀分子不能结合,而实在并无几个优秀分子,并无几个好人(为慎重,说无几个,事实也许并一个也无),就令有几个像煞的优秀分子,似乎的好人,能力也都欠缺的利害。如果真有好而能的人,政治绝不会糟到这个地步。既然如此,主张好政府而唯现成的优秀分子是赖,究何异于空中筑楼阁?

第四,他们的主张如此了,我们自己怎么样?我们的主张,自信比他们的,切实的多。我们并不立时主张什么好政府。我们主张即刻要有的只是一个共产党,公开的共产党,强有力的共产党,极有训练的共产党,万众一心的共产党。他们要求好政府,他们并不能实现好政府。我们见共产党之必要，我们自己就可组织共产党。有人必说："无好政府，不容共产党之发生。"是的！美国政府，自美国留学生看来，总还不得去罢？然而竟不容许共产党。俄"沙"也未尝容许过共产党，然而强有力的共产党竟能成立，因之而有一九一七年十一月的空前革命，又赖其力，维持至今，根基日固，共产党是劳动阶级的代表，是劳动阶级的先驱，是要使人人都得其所的，是不许一人逾其分的。共产党主张的，因此绝不是少数人的利害。共产党的人必须是劳动阶级或同化于劳动阶级的；必须有死也不改的信仰；必须了然于同阶级人彼此利害的共同，且认除此共同的利害，别无利害；必须对于现世的恶，誓死不相容。这样的人，中国是有的，必须由这样的人，当仁不让，造成强固的共产党，中国事乃有可为。

（原载1922年10月《少年》第三期，署名R）

我的哲学的中心点——具体相对论

不论对于一句话，对于一个道理，或一种理论，都不可以孤立来看，更不可以抽象来说，也不可以笼统模糊含混着就算了然，就断定其是非。

我总相信：『哲学之要在天人体用，条贯疏通，因此术（道）在辩证，而法（方）在解析，以通为旨，而以用为归。』

一九四五年十月

纯客观法

现在觉着:我所谓“纯客观法”的,已可以把屡屡拉杂想及的拿一句话程式(formulate)出来。就是:

“纯客观法”,跳出主客,主亦为客:是为纯客;纯客所证:厥为事情。

要解释这句颇觉有些古奥之嫌的话的意思,让我先画一个图,然后就着这个图来解释,也就是解释这个图。上面那个程式,上面那个辞,意思也就一部分见于这个图。

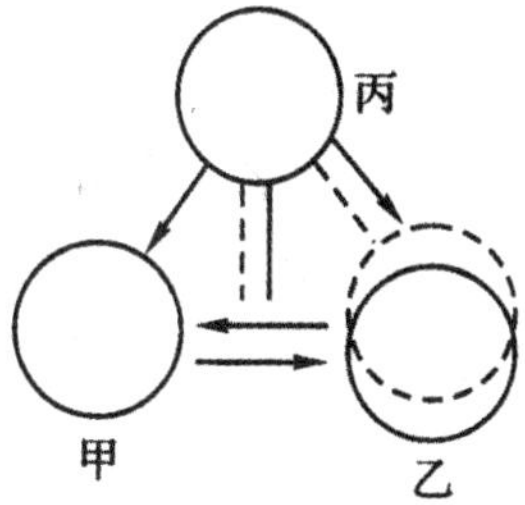

→示对待关系与方向

Ⅰ Ⅱ示先后（从乙到甲是Ⅰ / 从甲到乙是Ⅱ）

乙处之虚圈示逐渐跳出之状

当然,第一层应该解释什么是主与客。但关于这个,我的意思还是那一套,用不着再费大力气来敷说。简单言之,还是,主观就是我见,是私的

(private),是自内的;客观则是公的(public),共的(common),是自外的,也可说就是“外观”(viewed from without)。但到了纯客观,便内的也看成外的了。(夹注几句:最近法国哲学会,出了一部哲学字典 *Vocabulaire technique et critique de la Philosophie*,其中解说主客颇详。这是新出的一部极重要的哲学书,是在哲学里作“有循于旧名,有作于新名”的工夫的。体裁与Baldwin的汇典,与Eisler的引经据典,都不同。经营二十余年之久,得有全欧哲学界的赞助。罗素也有几条的贡献。)

主客本是对待的,相对的,依它的,也还可说是相反相成的。图中甲之为客,即由对于乙之主。甲乙间的关系是相互的,故以⇆号示之。我所谓跳出主客的,就是要跳出这个甲乙对待的关系,而跳出这个主客的关系,先要跳出乙的主观地位。丙圈便表示跳到的地位,→表示跳出的关系与方向。因为这都是假设的,因为这都是方法而非所论的东西,故均以虚线示之。

跳到丙那儿,再看甲乙对待的关系,再看到甲与乙,岂不都是自外看(viewed from without)? 甲与乙,岂不都已成了客观的(objective)? 这便是所谓“主亦为客”的意思。可是如从丙外看,先看到的乃是那桩对待的事情(event),说为“对待”已是不得已而为之辞,至于甲乙那两个东西(objects),更是虚妄分别出来的(在逻辑上,则为“逻辑的构作”,或名“逻辑的虚构”)。所以前辞,最后说:“纯客所证:厥为事情。”

这已由方法说到物实了,故由纯客观法所得的元学应是:一切皆成自事情。

于此,有两个问题,立刻可以产生。第一说:这不过换乙之主观为丙之主观而已。我以为不然。理由有三:一、主观我见,本还有一个意思,就是以虚为实,以幻为真,不过“我”所见的如此,而乃以为本来实在如此。客观则是以实为实,怎么样子的还它怎么样子。也就是罗素所说的,“虚心、切实、如实地对付事实”。我所谓“纯客观法”本是要绝对地如实的,怎么肯脱了一我，又造出一我来？二、主客相对，只有两个，不能有第三。三、丙本是假设的一个见地（standpoint），岂同乙之实在？初非同一类型（type），岂容同一看待？而且就令跳到外边，仍不免带去主观的毛病，正亦不妨再跳。跳跳不已，也不过还是一套"正负错综，相反相成"。照原来方法的意思，总之，一跳就是一进。

第二问题，应是：这样跳法，可能不可能？当然，我既主张这样方法，一定相信其可能的。但这也不仅仅是一个愿望，也有事实的根据在。我本自信，这个方法是合于科学的精神，合于科学的趋势的，相对论的物理学，与行为论的心理学，都趋于这个方法。

如果承认相对论与行为论站得住，便无从怀疑这个纯客观法站不住。本来，活动先有，方法后成，活动既成，何难于方法？

于是又有一个随带的问题，便是：这方法可以不可以普应遍行？我也是以为可以的，但这自也不可以空言决断。究竟可以不可以，应该试一试看。譬如炸弹炸不炸，应该炸一炸看。卖药的一定说他的药灵验，究竟灵验不灵验，也是要吃了看。吃的要得法，自也是必要的。

"纯客观法"这个名字，诚然不无可议。我所以要用它，已经声明，不无成见，也因想不出一个更妥的来，所以只有仍之。别求一个，我所得的，只有"实法"二字。一则嫌其太著实，再则翻成英文仍是Realism一字，意义便更多歧了。

简单释名，便止于此。本来还可从多方面说，如云"知主观之所缘，则主观亦为客观。知虚幻之所以为虚幻，则虚幻亦为真实"之类，此姑不悉论。

（原载1927年1月31日《晨报副镌》）

客观与唯物

大客观之为说，原在“跳出主客，主亦为客”。从客观出发，扩大客观的范围，把主观也容纳于其中。不以主观为观点，更不僭以主观当客观，但也不抹杀主观的地位。这便是所以叫作大客观。

客观的本义，本在如实而观，不以情欲好恶而谓黑为白。客观者是承认有公共世界，承认实在是不依附于人的。辩证法唯物论的根本义便也在此。辩证唯物论乃是一整个的哲学系统：既有它的方法态度，也有它的元学，知识论，更有它的人生观，人生哲学。它的最根本义则在认有不依附人的客观实在。

但是平常的客观主义却也常是一种边执，且常不免于二病：或则默许现状，成了现状的说客；或则流于宿命，自居于客，客观便又只成了旁观。

大客观是不如此的。大客观乃要如实认识事实；但更要加以价值判断。客观地根据事实，而建设主观的理想，而更尽人力以求价值理想的实现。价值是不能离开主观的。什么是价值？价值就是“值”，即，恰逢，正当之义。但必人认识了或感到了或规定了，乃成了人的价值。不过于此所谓主观是社会的或阶级的,却不必是个人的。

大客观绝不轻忽人的努力,绝不忽略人的影响。客观所重本在于实。人的实践,也是大客观所极重视。大客观并不仅注意事实的现状,实更注意现状的所由然,与所包孕的可能。但却认,要实现将来的可能,必不可不体认目前的现实。必须能随顺现实,乃能变革现实。必须不离现实,也不局于现实,即能扬弃现实,乃有理想的实现。

前几年有一个当时名重一时的辩证唯物论家(即迭薄林),尝说:"辩证唯物论的方法即为客观主义与主观主义的会通综合。辩证唯物论的方法把这种主观客观的对立,科学地使归于谐和,使归于辩证的谐和。"又说:"辩证唯物论既摈斥脱离客观实在而基于思想与情感的唯心主观主义,也同样摈斥元学的客观主义。而以一种正当把握了的有定论或客观主义来对抗之。这样的有定论或客观主义不但不排除人的作为,且要收为必须不可缺的成分。"

大客观,可说也就是这个意思。平常客观只是科学的方法态度,大客观乃更是辩证唯物论的方法态度。如不怕误会,简直也可说,大客观乃既要客观,更进而要唯心,创造的唯心。但客观而唯心虽是需要的,唯心而客观便决绝不可。因为唯心论没有不是主观的,所谓"客观唯心论",实属不辞。当然,可与客观会通的主观,与客观以后的唯心,也是说的主观与唯心的一种意义。

平常客观之与唯物论之不同,列宁本早在一八九四年已明辨之,极深切著明之至。他说:"客观主义者谈既定历史过程的必然;唯物论者乃精密地考定既定社会经济的构成及由之而产生的敌对关系。客观主义者,在证明一系列既定事实的必然时,常常冒坠落于这些事实的辩解者观点的危险;唯物论者乃揭开阶级的对立,藉以确定自己的观点。客观主义者谈些什么'没办法的历史趋向';唯物论者乃谈那'主宰'既定经济制度阶级,由此主宰而引起别的阶级某某种型式的对抗者。这样子,所以,一方面,唯物论者实比客观主义者一贯,并显出一种更深,更完全的客观主义。唯物论者并不自限于仅仅指出过程的必然；更且揭明，是那种社会的与经济的构成，给这个过程以内容，是那个阶级规定这项必然。……另一方面，唯物论可说是包有党的成分在里边的，因凡它估定事情时，总觉得不得不直接而公开地站在某一社会群的观点。"（列宁全集，第二卷。亦见列宁小丛书：《论历史唯物论》。卓尔兰德 Kurt Sauerland 在他去年夏季在柏林出的《辩证唯物论》*Der Dialektische Materialismus* 卷一中，对此并有详释。）

这样的唯物论者便是真能大客观的。大客观就是一种一贯的而且更深更完全的客观主义。且如卓尔兰德说："唯物论者客观如实地解析，乃为的能够正当地行动。""唯物论者看见对立的斗争，唯物论者知道人的实践是客观实在的一部分，知道承认客观实在并不是自属于它下的意思，而是说，'行'是客观实在的，历史的'必然'的一部分。"大客观也就正如此。

本来，马克思一八四五年所写的所谓《佛耶巳赫论纲》，乃以标示"实践"（Praxis），尤其革命的实践，为其最特出之一义，此实已立了上意的初基了。大客观既要跳出主客，本要超然，不偏不胶执。超然观乃能得如实观。但也缘必须说出现状，乃能改革现状。大客观的不偏的超然观固绝不同乎所谓壁上观。大客观实在于根本客观而行革命的实践。

唯物辩证法是以"活"为其内在的本质的。如是，大客观也未尝不可说就是这个活的体现。又如认哲学最后的目的在于"通"，大客观也就是最适切的达到通的路子。而"澄心观理""实事求是"可说是大客观的两个条目。

按："澄心观理""实事求是"两句格言是使编者相信大客观的最早的影响。早在十几岁时，编者在北京，在家族里，先后看见标示的这两句话，便受了很深的制约，久而不忘，且越久越加重视之。对于罗素，在他的逻辑解析之外，更重他常说的"伦理的中立"与"壮健强直之感"，也是相联关的。

（原载1933年11月16日《大公报》）

现代哲学的主潮

现代世界哲学的主要潮流有二：

一为解析，详说逻辑解析。

二为唯物，详说辩证唯物。

解析的目的在把思想，把言辞，弄清楚，藉以见出客观的实在。

唯物在承认有客观的实在，而由科学的方法，革命的实践，本着活的态度，以渐渐表现之。

逻辑解析不免要有所分，照例是根据原子论的观点的；而辩证唯物则侧重于全，于变，于事象的相关关联。

以此方法的偏重，解析与唯物似乎是相反的。

但相反者常相成。解析与唯物虽有的地方似相反，相通之处也不在少。

解析是要根据科学的，是反对承认不变的本体的玄学的。

唯物也正如此。此二者相通之点。

不但相通，也且相补。

解析末流之弊是割裂破碎。

上世纪30年代，作者在清华大学任教时留影

辩证唯物之弊则是笼统漠忽。

因此，解析与唯物，实正相补。

解析而辩证唯物，可以不至于茫无归宿。

辩证唯物而兼解析，也庶几免掉粗略或神秘。

两派所重，本同在方法。

解析的第一步工夫固在言辞文字上，但也是要切实如实的。唯物则尤要脚踏实地，实事求是。这又是二者相同的地方。

解析之极致可使一切学问统于一，统一于物理。

这一点至少也是唯物之所从同。

以此种种，最近世界哲学界里两个最有生气的主潮是可以合于一的。而且合一，乃始两益；而且合一，乃合辩证之理。

在理想上，将来的世界哲学实应是一种解析的辩证唯物论。

这并不是说各式各样的唯心论现在已经没有了，只是那不过只是些过去的孽遗罢了。

现代的逻辑解析，实开始于德国数理哲家佛勒格Frege，其时为一八八〇左右。过二十年到罗素，乃始大成，乃大昌行。

现在英国的剑桥派，以及创始于奥都维也纳，而散布于奥、捷克、美、荷兰等地的维也纳派，及其在波兰、土耳其、法等地的同调者，均是现在解析法的显扬者，实践者。

今年九月初在捷克都城波拉哈开的第八届国际哲学大会，显然以解析派为最活泼有生气，最有希望，最有贡献，最有成绩。

代表英国哲学界的亚里士多德学会与心社，今年夏间的联席会，也以解析为一个最热烈最有物的讨论的题目。

英国去年冬创刊的《解析》*Analysis*，美国今年正月创刊的《科学的哲学》*Philosophy of Science*，以及在德国已经出了四年的《知识》*Erkenntnis*，三种杂志便是今日最有内容的解析的具体机关。

预备明年在巴黎举行的"国际学问统一大会"，届时解析派当必会在哲学上更放一异彩。

罗素在一九一四所说由逻辑解析法会在哲学上引进与伽离略在物理上引进的一样的进步，确实已在开始实现了。

辩证唯物本由马克思与恩格斯成立于一八四四至一八四五。至本世纪初得了列宁的努力，益大恢宏，益成了改变世界的利器。

现在所谓辩证唯物是已成了一个国家的国家哲学了。

但可注意的并不在它讲究于起源的德，发展的俄，而在它这两年来在英在美，也日见显扬，日见信受。而且多出于科学家，以及剑桥派人之手。由伦敦国立工学院数学教授莱维博士 H.Levy，D.Sc. 的著作最可以见之。

现代科学如有危机，大概是非随顺辩证唯物救济不了的。

同重一般数理逻辑化、型式论、直觉论，三派，对于数学基础的根本问题，虽经多年的努力，却迄今未能解决。现在，就在这上头，也已有算家表示希望于辩证唯物了。

辩证唯物，越来越要见重，直可以断言。

许多哲学问题，非有逻辑解析，或辩证唯物，或二者的结合，不得解决，也同样可以断言。

总结：解析与唯物，这是两方方兴的趋势。两势会归，必然于人类思想的改造，世界状态的变更，均大有所成就，夫岂止于解决些哲学的问题而已？

（原载1934年12月17日《清华周刊》第四十二卷第八期）

读书:怎样读?读什么?

现在的中国,虽然还有许多难满人意的地方,虽然进步的还很慢,但是其在那里进步,却是不可掩盖的事实,且是许多知识分子已能承认的事实。

我以为,现在中国进步的显例便是新书出版的日多,与读者的日众,以及读书要求的热烈。

但看商务印书馆正在出版的万有文库第二集的广告,其中虽也有简直胡闹的错误,如把三百年前李之藻所译的《名理探》,认其原著者即亚里士多德,且写其原书名为*Logica*之类。但单看其所译世界名著中科学部分,及自然科学小丛书部分,简直把许多近年所出有英文本子比较著名的通俗科学书都译出来了,真令人不能不感觉惊异。还有,这两年来,辛垦书店所出的哲学丛书,不管翻译的怎么欠精审,但总不失为一件值得重视的事,特别是其翻译了许多法国十八世纪狄岱麓、霍尔巴赫、德拉迈特等人的古典。大家总觉着,许多西洋哲学经典都有译本。但截至现在,无论如何总可说,额拉吉来图、德谟颉利图、柏拉图、亚里士多德、代嘉德(笛卡儿)、斯辟诺萨、来本之、倍根、霍布士、洛克、柏克雷、休谟、康德、黑格尔、孔德,至少其一部分著作,确是已译出来或就译出的了。这也是不能不使人喜欢的。

以上说的是书,至读书人的日多及读书要求的热烈,但到北平图书馆去看看,便不难得到显证。北平图书馆的阅览室实在已嫌小了,总是挤得满满地,座无虚席。这种情形,几年前或十几年前有么? 这实在也是不能不令人感觉喜欢的。现在整个世界固然在那里闹恐慌,但无形之中中国却在那里开展。中国的大难固然当前,但是后望却是无穷的。

实在,读书是一件最比较利多而害少的事。社会既应有个读书的空气,人实在也都应养成了读书的习惯。从小就有个读书的嗜好,尤其要有爱读新书的嗜好。必这样子,人乃能日进不息,社会自然也会跟着日进不停。自从能读以至老死,人实在都应离开了书本就感觉不很舒服。人不但在读书时,应当读书,作事时也应当读书。闲时固然应当读书,忙时又何尝不应读书? 吃饭时,坐车时,搭船时,拉屎时,实在都不应离开了书。

上世纪30年代在清华大学任教时留影

“开卷有益”“书中自有颜如玉，书中自有黄金屋”，在这些话里，古人是不我欺的，只是有了两层不可不同时记住，便是“学而不思则罔，思而不学则殆”；与知行的统一。记住且体行了这两层，庶几虽然总是读书，而不至于变成书呆子；虽然有时胡思乱想，而不至于想入非非。

但是人不论作什么，总该有个自觉而且可告人的目的。读书的目的究竟是什么呢？这，我有一个至极斩截的说法，便是，读书乃是为的学本领。至少，在这个时代是应当如此的。平常都说，读书是为的得知识。我说不对。至少，那种说法不免太静了，不免太为了知而忽略了行。现在要紧的乃是行，而不仅仅是知；是实践，而不仅仅是理论。读书，无论如何不能只得些知识就算了。知识只是手段，而不是目的。如说知识，至少也应说是实践的知识。读书如果只是为的知识，那就太近于无用，或只能被用而不能自用了。一个人如果只是知道些数学公式，一个人如果只是充满了一脑袋化学等式，而不能用之，而不能使与生活发生关系，那算了什么？那不过只是一本活的书，有时且是连死的书都不如的书，那并算不了是一个人。教育或自教育的目的乃是造就人不是造就机械。一架机械，不论知道的多么多，是当不了一个人的。

无论如何，读书是为用的，虽然用与用不同，有受用，有利用。我说读书为本领，这样子所以人人都应当都读书，因为人人都需要本领。平常人既需要生活的本领，革命家也需要革命的本领。人人又应当时时都读书，这乃因为世界是变的，所以人处在这个世界里时时都需要新本领。以旧本领来对付新时代，那种本领不论怎么大，结果也只有为新时代所制服，不会制服了新时代。当然以上所谓本领是指能发展出来的本领。如果徒说有本领而不能发展，那种本领也就等于无本领。说本领本是为的行，为的实践，为的用，而且是自用。如果离开了这些，那种本领实在又与徒徒的知识，空空的理论，有什么分别？

这样说读书的目的，也许有些偏了，只偏于严重的方面了。有一个事实是不能抹杀的：人有时读书确是只为的消遣，而且有时实也应当如此，需要如此。有的书固可以给人以本领,或说使人得到本领。有的书也确可以陶冶人的性情,也就是前段所说的受用。这也确是人生所需要的。不过,郑重言之,读书的主要目的总应在得本领。以读书消遣固然是一种最高最要得的消遣,但如一个人始终只以读书消遣,那种人无论如何也不是这个时代这个世界顶需要的人。

有的人或者要说了:本领不是读得来的,是行出来的,是由实践而来的。好的! 这并不违反我的意思。我的意思实在就在要把书与行、与实践,打成一片,由此便可说到怎样读书上去。

对于书应当怎么读法,历来作"读书法"的已讲了许多:什么把书分成涉猎之书咀嚼之书之类,什么要作札记之类,现在都不想再重说,现在吾所要说的可分两层。第一层可说是关于原则方面的,第二层乃是偏于技术方面的。先说第一层。既然知道读书是为的本领,那么在原则上应当怎样读书也就不难知了。揭要言之,就是要活读书,不要死读书。要把书读活,不要把书读死;而且要读书活,不要读书死,就是要由读书而把自己弄活,不要因读书而把自己读死。但是怎样才能作到这些呢? 一个意思就是要把读书与生活与实践打成一片。虽读书而不离开实生活,虽读书而不忽了实践。在生活,在实践上读书;又要使生活,使实践,合乎所读之书。同时读书,同时实践,同时在生活上作体察、体验、体会的工夫。必这样子读书乃能深入。也必这样子读书,乃能从书中读出本领来,而不仅只是知道了什么而已。根据这个意思也可说,要紧不是读书,乃是用书。因此,罗素尝说,大学教师的一个责任就是教人用书。

其次,活读书也就是读书时要有个批评的态度,有个怀疑的习惯。一种读书可说是由好奇而来,但在读时,好奇好立异的心习也仍然是应当保持的。不过,读书也非仅仅要能批评能疑能立异而已,也还要有同情,能玩味,能客观。读书能批评能疑能立异,乃能有所自发,乃能得个活用,而不至于有时会为书所蒙,会为书所欺,而落得所谓"尽信书不如无书"。读书有同情能玩味,乃能深入地了解;能客观乃能不至把自己的意思读到书里去。不过在同情玩味上是又要加上个解析的能力与辩证的态度的，如此乃能既知道分别，既有个分寸，又能顾到周围，而不至于支离破裂，而不至于使所得的了解只是些漠忽影响，囫囵吞枣，乌烟瘴气。从这些地方看来，当不难见到，读书虽是一件好事，却不是一件易事。所以，书，能读的人固然都能读，但是真真读得懂的人，事实上却是无几呀！

第二层再略说一点偏于读书技术的问题。我有一个简诀，就是读书应当多读。但所论“多读”是可有三个意思的。一是东读西读，乱七八糟地读。这当然是不大要得的，因得常常会弄得得不偿失。我所谓多读的乃在二三。二：在所要研究的科目里，不妨多读同类的书。虽然是同类的书，讲的同一的东西，而讲法不同，互相参照，其义乃显，而且不至于偏，不至偏于一家之言。三：既那样多读了，但同时更要在所研究的科目里找一两本最好最精的书多读多少遍。这也是要得个深入的了解必须的一端。所谓“读书千遍，其义自见”，在这句话上古人也是不我欺的。第二意思的多读可说是横的多读，此第三意思的多之则是纵的多读。有此两种多读之后，再偶有第一意思的乱的多读，也就无大妨了。

于此可以讲到约与博的问题。我的意思是以为作学问是应该又约又博的。若说次序，则应先由约而博，更由博而返于约。实在，约与博也是相反相成的。约时要有博，博时更要有约。否则，只约不博，或只博不约，就令有成，也必难得大成。一个真正作学问的人，或说弄学问的本领的人，总要先择定一个小科目，或一个人，然后便可遍读所有该科目或该人的群籍，同时更精读其中一小部分读最精之籍；如此得到了主宰之后，便不妨，而且要涉猎相关的百科，或有关的百家。这样下去，再不忘了前说的目的与原则，必然会自有所成，而且不至一偏，不至于白费精力，不至于徒把别人已成的东西再成一道。

最后，可讲读什么书了。既认定读书的主要目的是得本领，当然主要应读的书是能够给人以本领的书。不过，书，除了平常所说的书本的书之外，是还有自然之书的。而且我所谓自然之书，更包有人生之书。人除应读书本的书之外,实在更应读包有人生的自然之书。换言之,就是,人除了应读一部分平常所说的书,更应对于大自然作切实的观察,对于实生活作深切的体会。但是现在平常所谓读书,自是指循读书本而言。对于这个,更具体言之:我以为,现在最要紧的是对付现代,就是对付这个大家所正在过活的时代。在这个对付现代上,便可因而更进而弄出一个新的未来来。因此,我以为现在最应当读的书是能供给这类本领的书。更进一步地具体言之,我认为,本文开端所说,近年翻译的一些科学书,实不失为现代青年最应该读的书的一部分。此外,开明书店所出的一部青年丛书,我认为大体上也颇合乎中国现在青年的需要。只是像"神秘的宇宙"那种有荒谬的主张的书,总要在删改之后,再供献给青年人才好。

其次,还有一类书,我以为也是应当读的,那便是"经"。许多人听见这句话一定都骇然了。但是一个人的主张是不应因为别的人的骇怪而改变的,不但不应因为别人的骇怪而改变,也绝不应因为别人无根据无理取闹的反对或什么忘其所以徒逞一时意气的反驳而动摇!现在,不在错,是正有一部分人在那里喧嚷读经,因之也有一部分人那里叫喊反对读经。其实,自我看来,两方面的人都不免于有点子胡闹,就令程度也许不同。喧嚷读经的人既没有把什么是经,什么书才配叫作经,什么人才配读经,什么人读了经才不至于白读弄清楚。叫喊反对读经的人似乎也很缺乏这一类的解析。我所谓"经",乃是真正的"经",乃是真正精的书,乃是真正可以经千古而不灭的书,乃是真正可有千古不可磨灭的经常价值的书。假使能有这样的书,难道不是无论什么时候的人,凡是读得懂的,都应该读的么?我在前文曾说,作学问的人都应在他择定的科目内精读几部最好最精的书,也就特别是指此而言。因此,我也独立地主张读经,只是我所谓"经"者,既不一定是四书五经,十三经,更绝不应是基督教或什么别的教门的什么"圣经",因为那样的说法都不免于"不经"。

关于读什么书还有一点:便是对于字典、汇典、目录、索引等等,一类所谓工具书与一般参考书的利用。因为现在学校教育似乎不免忽略了这个，许多读书人似乎不大会利用这个，所以我以为这一点很值得附带地提及，这一类的书虽多是不可以照平常的意思来读的，但是如不能利用这一类的书，在读书上一定会时常感觉些不方便。

总之：我以为，读书是为本领。但因为本领不纯在书本，所以读书要活，要与生活与实践合。现在人最需要的本领是对付现代更因而建设未来的本领，当然最应读的书也就是那最能供给这个的了。

民二十四年四月十五日

（原载1935年6月1日《读书季刊》第一卷第一号）

非科学的思想

西洋文明，自古及今，最大的特色，一言以蔽之，不外乎逻辑。逻辑普通分为二部。古代开始有演绎，近代开始有归纳。但是归纳的影响人生，尤在它的产物，现在人人都晓得了的科学便是。

科学当然是一种好东西，就今还未发达到极点，但是现代生活里，有那几点不直接间接地深受它的影响？不过，科学的重要犹不仅在它的结果，尤在所谓科学方法、科学态度、科学精神、科学脾气。

所谓科学方法等等，详细现在不必说，语其精要，一言以蔽之，就在就事论事。换言之，也就是，脚踏实地，实事求是。更简单说，便是“切实”二字。稍详细点说，对于一切都要看证据。证据强点，便信的强点，证据弱点，便信的弱点。不拘对于什么，没有证据，绝不算数。有证据而不精审确凿，也定不满足。是的是，非的非，是怎么样，就说怎么样，绝不把臆想当事实，绝不因喜欢怎么样，就认为一定怎么样。绝不感情用事，也绝不利禄熏心。不怕传统，不畏权威，是是非非都还它个本来面目。这与佛家的如实，孔子的四绝（毋意，毋必，毋固，毋我），本来相近。这也就是，贫贱不能移，富贵不能淫，威武不能屈的大丈夫的态度。

粗略看来,这似乎就是精密地说实话。其实说来容易,作来难,这种科学的态度脾气,虽然在西洋近代已收了大效,但是不但为现在中国所最缺,就在西洋也还很未普遍。不论什么地方,从古到今,普通流行的思想都是非科学的思想。

法国十九世纪首倡实证主义的哲学家孔德,曾把人类思想的进步分成三个阶段。第一个阶段是神学的,第二个阶段是玄学的,第三个阶段才是科学的或实证的。不论什么神学的或玄学的,其实都是非科学的。不过这还是十九世纪的分法。到了今日,仍然还可以分成三段,但已应是:

1. 有灵论的。
2. 机械论的。
3. 辩证论的。

非科学的或先科学的思想,便是万事万物有灵论的思想。

科学的思想是就事论事的,有灵论的思想却事外求因。科学解释什么,就就着什么找解释。解释自然,总认为解释不外乎自然。解释一个现象,也认为解释就在那个现象,或与它一类的东西。有灵论的思想却动不动就抬出神来、灵来。自然之外,有超自然。世界的创造由于上帝。神学归一切于神,玄学要在变幻的现象背后,安个永恒的本体。二者表面虽似有殊,其为不肯就事物本身找解释,其实是一体的。所谓本体,还不是胎于什么神或上帝?人穷则呼天,所谓天便是有灵思想的一个最大的作品。因为承认自然之外有超自然,事事物物都有个主宰,于是主宰宇宙的便有玉皇大帝。风有风姨,雨有雨师,雷有雷公,电有电母,月里有嫦娥,太阳又是她的不许人看的妹妹。进而什么黄鼠狼,柳树精,特别胡三爷,也都来了。小孩子碰了脑壳,大人便打桌角,因为桌子也是活的有灵的呵!

有灵论思想的起源,盖人震骇于自然,而又把自己外射,完全是一种孩子的想头。科学的思想乃是人已能自己作得了主子,对于自然种种已能作平等如实的观察;虽是偏于零星的外物了些,但却是一种成人的作法，可以进于大客观的地步。不过，非科学的有灵思想的流行，也非只是对于自然而已，在人事上也是一般的普遍着。举一例来看，假使有一场风潮起来，不察就里的有司们，一定就认为一定有主动。假使在党派招忌的时候，这种主动且一定会同那招忌的党派联上。其实如果敢于就事论事，敢于面对事实，敢于细察就里，这种所谓主动，还不是同风姨雷公一类的？这种认有主动的想法，还不就是赶狐仙，打桌角一类的举动？只是人类不幸，直到今日，这种野蛮的，幼稚的，先科学的思想行动，还在非常地盛行着！

现在的急务之一：一方切实地倡行科学的方法，发挥科学的客观脾气，一方急切从根铲清除尽，非科学的、先科学的、万物有灵的主观思想。

（原载1936年6月3日《清华周刊》第四十四卷第八期）

唯物论的重要

世俗一种流行的以讹传讹的见解，总以为唯物论者就是专尚不是好意思的实利，贪图利禄，趋重物欲的人；或则是太实际，没有理想，重物不重人的人。

一谈到物，一谈到唯物，便联想到粗，联想到粗糙，联想到粗野，联想到粗俗。以至联想到死板，联想到死的，联想到机械。

西洋古希腊（言必称希腊，这在现在实在还是无可如何的事）可称为第二个唯物原子论宗师的就是伊壁鸠鲁。他与墨子相反相成，主张无鬼而神不干人事，以解除人的害怕。他以快乐为至善。但是牛津袖珍字典注解的好，伊壁鸠鲁的快乐就是德行的实践。可是到了后世，他的名字乃成了讲究饮食，挑剔饮食，好吃好喝，注重物质享乐的馋人的意思。

所有这些，对于唯物论，对于真正的唯物论者，实在都是误会，都是曲解，甚至是诬蔑，是有意的造谣中伤。

唯物论之不必机械，这由已快有百年明文历史的辩证唯物论，已经彻底矫正了。辩证唯物论在实践上，最最中心的精蕴就是活，而反死板，反割裂，反机械。在根本上它是见到物质是与运动分不开的。而变动发展乃主由于并在于内在矛盾，对立斗争，以至量质相转，否定否定，相反相成。

至于粗，其实并不必坏，其实还是可以提倡的。假使在理论上认为唯物论粗野，粗俗，那不过等于认墨子所言说是贱人之所为，是役夫之道。那也就是除了令人可以不知其所云的唯心理论以外，没有不粗野粗俗的了。

现代唯物论的重要本在它是方法，本在它是实践的，本在它大有助于实践，本在它是大可用的方法，本在它是用来可以大有效验的利器。

凡是要得的理论，本在都应如此。

至于讲什么不可触的本体，讲什么抽象的认识，那在现代唯物论，毋

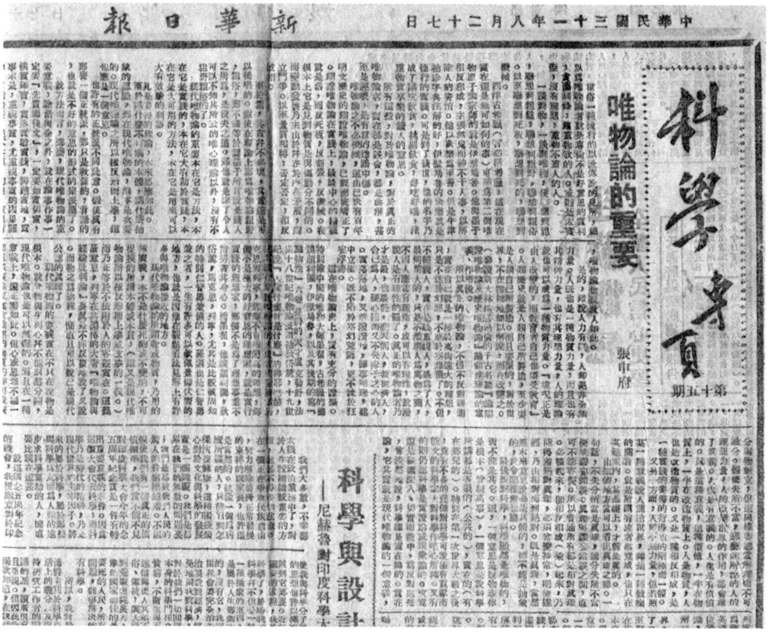
中華民國三十一年八月二十七日 新華日報

科學專頁 第十五期

唯物論的重要 張申府

科學與設計 —尼赫魯對印度科學

1942年8月27日，《新华日报·科学专页》上刊载《唯物论的重要》

宁是次要的。现代唯物论之所以极反形而上学,这也应是一个意思。

也许有的正统派不同此意。假使真有那么一个正统派,那只是教条的,背诵的,也就是不好的意思的形式的宗派罢了。

就方法而言,那么,现代唯物论的重要意义,除活与全之外,就在论事作事一定要"先质而后文",一定要如实切实,朴实确实,实落实验实践,脚踏实地,实事求是,重视事实,尤重视事实的因果关联,可能发展。绝不空想,幻想,意想情愿:绝不愿意怎么样就说是怎么样,就认定怎么样,就照着怎么样去办,而不管事实情实,而且不敢正视事实情实。

真正唯物论者乃要像道中庸而时中的孔子似的,"四绝:毋意、毋必、毋固、毋我",而同意"引绳墨,切事情,明是非"的韩非所斥。"无参验而必之者,愚也。弗能必而据之者,诬也。"

更切实具体来说,一个现代真正的唯物论者,是认为人力有限。人所须处理的物事本是摆在那儿的,人的一切动作行为,都有其物质因缘,社会限制,历史背景,经济生活的条件。因此,受罪的人固堪怜悯,作恶的人也不能完全负其责任。而且这样说穿,既不能怎样阻止了谁,也不会怎样鼓励了什么。人在现成物质背景、生活条件限制之下,迫得要怎样作,大体总是就得怎样作的。也非愤恨怒骂所能了事。要使人不那样作,要使人不再受罪作恶,主要必须从事改变那种物质背景,生活条件的限制。而唯物论者就正是要如此,唯物论也就教人如此。

是的,虽说人力有限,人却绝非全无力量。人既也是一种物质力量,而且也有其精神力量,也有其理想力量,人的理论就也可以成为一种物质力量。"境况正是由人改变的,而教育者自己也须受教育。"人类历史就是人类自己所制造,至少要是人类自己所制造。而且要紧的,对于世界,不在种种地加以解说,而在改变之。(参读斯大林精湛绝伦的千古名篇《论辩证唯物论及历史唯物论》论前进理论的意义、作用段。)

所以真正的唯物论,不但不反对理想,实在自己就是一种最高尚远大的理想,只是不迷于幻想,不惑于空想罢了。不但不轻视人,实在是最重视人，最为了人，最同情人的，只是不滥谓人为万物之灵，不因人应当有理性，或可以有理性，就漫说人是有理性的罢了。真正的唯物论者乃才是最，也最能，悲天悯人，救世济人，舍己为人，硬心肠而又不失赤子之心的人。实落落地，又活泼泼地，据事明理，建中立极。既不陷于空幻荒诞，更不流于狂妄浮夸。

这在唯物论史上，实有充分的证据。特别像中国的唯物大师墨翟，古希腊的德谟颉利图，伊壁鸠鲁，以及其后期的写《论物性》六卷长诗的天才卢克勒舒，法国十八世纪唯物论派领袖狄岱麓，十九世纪说“人食什么就是什么”的佛耶巴赫，尤其现代辩证唯物论的大成者与发展者马克思与列宁，那个不有极闳高的理想，那个不是极大的好意思的理想家，就是实行实践的理想家，那个不是为了理想事业不惜劳苦其身心。而墨翟、德谟颉利图、狄岱麓、马克思、列宁是比较被周知的特别仁智勇兼备的人。罗素也是仁智勇兼之者，一生有许多可以钦佩景仰伏膺的地方，也就是因他在观点看法见解上有许多与唯物论接近的地方。

现代唯物论的所谓物或物质，乃用的极广义，本不是什么死的或不变的，不可捉摸的所谓本体或本质（这又是现代唯物论所以极反形而上学或玄学的一义）。而乃正等于不依附于人的客观实在。这几层意思，列宁在其渊博的大著《唯物论与经验批判论》里真是不惮反复地说了又说。而物之为过程，简直且可以说已是现代公认的真理了。

现代唯物论的要义实在不只在说物是根本，就令物与生与心并不能划然分开，现代唯物论也是可以无碍的，而且在一种意义上，还正需如此。但心或思想不过一种组织复杂或高度发达的物质的作用或表现，是久已有人说过了。至于生是什么，我在八九年前为解决生力论与机械论的多年纷争，根据罗素与现代数理逻辑等的重视结构，曾创《结构论》*Structuralism*，大意就是，有生无生在于结构的不同。我深自信是一个“先觉的预言”，至少也是一个可用的假设。近由现代化学、生物的研究，尤其由卜德烈罗夫，克库雷，凡特·荷夫的《结构说》，更深信其是，并且相信不在蛋白质说之次，而可与相成，因为彼此所涉的方面不同。假使有人肯据以作广泛周洽的调查统计研究实验，加以充实发皇，我可保其必会大有收获。

上节所谓不依附于人，或不靠着人，有的甚且说在人以外，必须解释适当，而不可过分。假使解释过分，假使把物与人过分对立，过分离二起来，就是在根本上对立，从根本上离二起来，那就一定要陷于一种不当的走不通的二元论，也是一种主观的僭妄的说法。

同样，人虽是物的一种，人虽不可过分与物对立，但这同样要适当解释而不可过分。假使失所不当，那么前所说的人的理想力量，人的改变世界的作用，都会没了意义。人生是有意义的。人生是有价值的。只是这种意义，这种价值，一半在物质上，一半在改造物质上。人是物质，人也是改造物质的。又是一种相反相成，是一种实践的要得的行得通的两极而一体。

又另一方面，人虽不无力量，但若照某一种意义说人能造世界，却是一种发痫的谰言。就是所谓有志者事竟成，也只在某范围内，某基础上，才能是真的。

由这个地方当可以看出真理之难。一句话，不失分所当是真理，过分失所不当便成谬妄错误。真理与谬妄错误之间，直可不能容发。所以普通所有都是相对真理。必积起来，即相反相成（乘）起来，乃能得着绝对真理，必须审变持常，明权达经，乃由相对而到绝对。既是真理，当然照本来意思说必是具体的，而不能是抽象的，就会间接着也罢。

最后说到科学，科学显然是唯物的，而不能是其他。这，一个意思是说物理率是根本（管制万事），一个意思是说科学所讲都是客观的（公共的），实在的（有在那儿的）。特别在第一次世界大战之后，竟有不多的几个对科学可说极有贡献而能文的科学家大对科学作唯心解释。又有的则仍认科学是实证论或现象论的。究竟还是罗素深入、切实而能中，为反对这些，曾淡然地说，科学总是实在论的。实在论它其实就是现代唯物论的一个意义，列宁特别注重的一个意义。那话是罗素在为苏联科学史家洼西里埃夫的《空时动》英译本写的序中说的，他的根据新算数(位势几何)解说新物理(相对论，新原子论，新量子论——波力学)的巨著《物的解析》正是发挥此说。

本世纪初发祥于英美两剑桥，轰动世界，盛极一时的新实在论派，是久已过去了。它的不足，它的错误，它的过失，以至它的罪恶，牛津教授唯心论者古灵乌德在其一九三九年春出版，很可一读的《一本自传》里，事后的检讨，颇说得动听。但它的长处，它的影响，它的贡献，究竟也不能一笔抹杀。罗素本是那个潮流中一个最有力量的大师。他却久已超过它了。他之所以为其大师而又就能超过它，那都在他的为学特点，前进之快。那就是实践地重视科学，尤重视科学法，重视数理逻辑，重视健实的实在之感，而尽可能地利用一把利器，“欧坎薙刀”(解释一种现象，要就现象本身找解释。非有必要，决不可另外假设许多东西作解释。解释现象不必要的东西，要尽量地剔去)。罗素也仍有时不免于失误，也就在他违背了或忽略遗忘了自己这些特点。

实践地重视科学，尤重视科学法，重视健实的实在感，尽可能地施用欧坎薙刀或节省律，这些特点，其实也就是唯物论的共同特点。

试问这些特点，可与物欲，利禄，吃喝，饕餮，有什么相干?

(原载1942年8月27日《新华日报·科学专页》第十五期)

我自己的哲学

多日没有执笔了。并不是不想写，也不是没有话说，更不是没有想说的问题。只是关于许多问题，许多想说的话，都挤在脑门口儿要出来，结果都卡在那儿了。

比如关于新学风，新作风，新风气，就是我很想讲的。联带着也想再重谈谈这些年来我曾总在号召的“实与理性”。世界能还原复旧么？也是我近来总想讲几句话的题目。关于民主当然可说的话题很多。多少年来我总想拿“人与书”作总题，讲讲我所重视的人与我所读到或知道而认为有意义的书。近来见到大有意义的书虽不多，究竟也非没有几本值得介绍。

究竟，我是弄哲学的。虽然我不得教哲学已经十年了，我所最愿谈的究竟还是哲学。如我的素愿，我也愿意谈谈我自己的哲学。

我也有我自己的哲学么？当然，是有的，而且也何能没有？

最一般说来，本来人人都可有他的哲学。美国的詹美士就曾说过这个意思。这样的所谓哲学，就是对事情的最广泛的看法，就是对事情的最一般的看法，就是对事情的最根本的看法。一种东西的基础理论，就可以说是它的哲学。

我所谓我自己的哲学，固不仅仅是这种最广泛意思的哲学。

我一向把哲学大别为一般的与专门的两种，就像罗素先生把教育也分为一般的与专门的一样（见他一九四〇为女博士安琛夫人所编的《自由：其意谓》论集所写“自由与政府”一文）。我现在要讲的我的哲学是多少偏于专门的方面的，但当然不能写得太专门了。

凡是一种新哲学都是一种新方法，至少都有一种新方法。这在西洋近期从代嘉德（笛卡儿）起，中经斯辟诺萨，来本之（莱勃尼兹），洛克，柏克立，休谟；狄岱麓，赫尔巴赫；康德，黑格尔；马克思，列宁，直到今日的罗素，斯大林；较前于罗素的实用主义，后于罗素而出于罗素的逻辑经验论，都是如此的。就是在西洋上古由普通认为开创哲学的阌利史（德黎），以及毕达哥拉，巴弥匿智，芝诺，额拉克来图，德谟颉利图，苏格拉底，柏拉图，亚里士多德；乃至中世的阿白腊德，多玛士，欧坎，也罕不如此。

如认哲学为一种看法，这种情形，原无足怪。结果由方法而来。要有新结果，应用新方法。这种情形，更无足怪。而且历来哲学与科学一个很不同点就是哲学一向无一定的方法。要有新哲学，也就非先有一种新方法不可。

我所想讲的我自己的哲学也是偏向于方法方面。

在中文，制而用之谓方法。在西文，方法就是所遵循的路子的意思。方法的范围原也可以很广。凡是循之有所得的都可以属于它通领。方法与工具的不同，只是方法是抽象的，无形体的。照广义，方法也可以说是一种工具，但其实它是讲的怎样用工具，假使有工具可用的话；否则就是素来讲的材料东西事情怎样处理。方法也不是运用，方法乃是怎样运用。一切方法都要活，方法的精义就是活，方法的赋性也就是活的。

我现在只能简单而不太专门的谈谈我的三点意见，都多少与哲学的方法有关。一、我的大客观主义；二、我的具体相对论；三、我所见到的辩证唯物论的心传精蕴。现在是民主的时代。民主应该更发达。应该有一种更圆满的民主哲学。我深信，我的见解恰恰与这个合拍，恰恰可以作为民主哲学的一种基石。这也就是我所以现在要讲它的一个原因。——现在先来谈谈第一点。

我在二十年前,有一种见解,我曾经名之为大客观主义。普通所谓客观主义,一个意思就是事情怎么样就怎么说,客观怎么样就说它是怎么样,绝不参加主观成见,绝不意想情愿;指鹿为马,诬白为黑。这样的客观主义原是对的,原是要得的。

另一个意思的客观主义,是只承认有客观。这就已很有问题。客观的一个意思就是公共的,人人可及的。说只有公共的,说物物事事都是人人可及的,这在今日,无论如何,还说不下去。

但所谓客观主义还有一个意思,等于旁观坐待,一点也不承认主观的作用,一点也不发挥人的力量,只是简单地承受客观现状。这就是列宁早年,去今五十年前,曾经拿唯物论与之对比的那种客观主义。这种客观主义,是死的客观主义,是机械般的客观主义,是很要不得的一种主义。

我所谓大客观主义乃是既承认客观,也晓得有主观。所谓大客观,一个意思就是扩大客观的范围,并包主观于其中;以客观为主,结合主观客观而为一。一方承认客观事实为依据,一方也承认主观的作用。原不该把主观与客观绝决地对立,至少二者也是相反相成的。主观应该作为客观的一分子。客观不只是客观,它是含有主观的成分的。西洋哲学的一个不通之路是把主观方面的人与不依附人而独立的所谓外界,截然对立起来。我的大客观主义是免于这个的。切实见到人也是物的一种,一定可以减少许多人类间的麻烦。

所谓大客观也颇有超拔飘逸的意思。

它是可以使人理得心安的。

我一向认为哲学的目的是通。我相信,大客观正是到达通之路。

在我当时解释大客观主义曾说:"跳出主客,主亦为客。"不局于一隅,能够卓然地作如实观,平等观,分别观,发展观,关联观:我乃认为只有这样子乃能观察处理,乃能得到真理,乃能得着事实的真情实况,达到它的底里。

我的大客观主义的另一个意思，是关于知识的。知识以知觉开始。我乃认为以知觉开始的知识不是主观的，也不是客观的，它乃是主观与客观间的一种关系。

真理也如此。真理也是主观方面的东西与客观方面的东西间的某一种关系，至少普通所遇的真理是如此。

就是美以及其他所谓价值也如此。

一个美的东西（好听的，好看的）的美，不只属于主观，也不只属于客观。对于美，要有能感于美的主观，也要有客观上必须具备的条件。这种条件不会太简单，但也不必很复杂。发见这种条件，今日盖颇有待于统计解析的研究法。可是一个东西纵然具备了客观的美的条件，如无人感为美，那它就还不是人所谓美，就是它还缺了美的主观条件。只是东西所具的美的客观条件越完备，所能刺激，所能感动的人越多，能感为美的人一定也会越多。伟大艺术作品的长久普遍价值一部分就在这个地方。这种作品一定牵涉极广，一定涉到深处；一定所涉的是人与人间的共同之所。所谓阳春白雪，曲高和寡，大概是太曲了，大概只是一部分人的扭捏作态，不会是真的东西。美育的重要至少有三方面的意思，一在它养成人的高闳的美感，二在它使人能感美，三也在它使人能创美，尤其是创人人长久能感之美。

美是好的一种。好总离不开本身的可好（读号），离不开人所好，离不开好之者。好之者越多，也就会越好。但这个多少要就久远来计，一时一地不能算数。

美是一种所谓价值。我往尝把慎解为值，就是适值；解为直，就是正直；也就是逢上，也就是逢巧，也就是恰恰逢着。这也是主观与客观的一种会合。

在这地方，我还愿意引到我在中国哲学上最喜欢的三个字之一上去。那就是中。中正是恰好切中的意思。在大客观主义下，中正是价值的标准。满足这种标准,必是主客的会合,而不能偏于那一方,斜到那一隅。

应用到目前现实上,当可以承认,这样一种哲学见解,是可以助成民主的。民主而没有这种大客观的态度,一定圆满不了。不论抹杀客观或抹杀主观,或隔离而二之,都不能得到真理。同样,不论抹杀别人或抹杀自己,或隔离而二之,也都不能实现民主。

(原载1945年6月23日《新华日报》)

我的哲学的中心点

——具体相对论

在大客观主义之后，我的哲学的中心点就是我所谓具体相对论。

我本来还曾给它起了另一个名字，就是绝对相对论或相对绝对论。在我三年前初讲它时，我并曾引列宁常喜称道的黑格尔的两句话作为题词。那两句话就是“真理是具体的”“绝对是相对之积”。

我这个见解，说它的隶属，它也属于知识论的。更确切的说，它属于真理论，但与方法或方法论也大有关联。

我这个见解，说它的渊源，它的最直接的渊源就是罗素的数理逻辑上的类型说。与罗素鼓吹最力的逻辑解析法，当然大有关系。现代哲学里的所谓维也纳派与英国的剑桥派，主张虽有不同，但同以解析为哲学方法，对我的见解也同有影响。显然，现代物理学上的安斯坦的相对论，以及马克思主义里的辩证唯物论，也是我的见解的启发者。但是我这个见解也还有一个渊源。那就是中国哲学，特别是孔子的真传统与庄子的一些话。

我这个见解，说它的应用，也不限于专门哲学。它的一般应用，特别就在人生理想以及个人修养上。而对于民主，它也大有用处。民主是缺或方法论，也大有关联。

那这个见解，说它的渊源，它的最直接的源渊就是罗素的数理逻辑上的类型说。与罗素[redacted]书以前的解析法，当然大有关系。现代哲学里的所谓维也纳派与英国的剑桥派，主张虽有不同，但同以解析为（哲学）方法，对（以及马克思主义者的辩证唯物论，）我的见解[redacted]也因为有影响。此，现代物理学上爱因斯坦的相对论，也是我的见解的启发者。但是我这个见解也还有一个渊源。那就是中国哲学，特别是孔[redacted]子的（真传统与庄子的）[redacted]一些话。

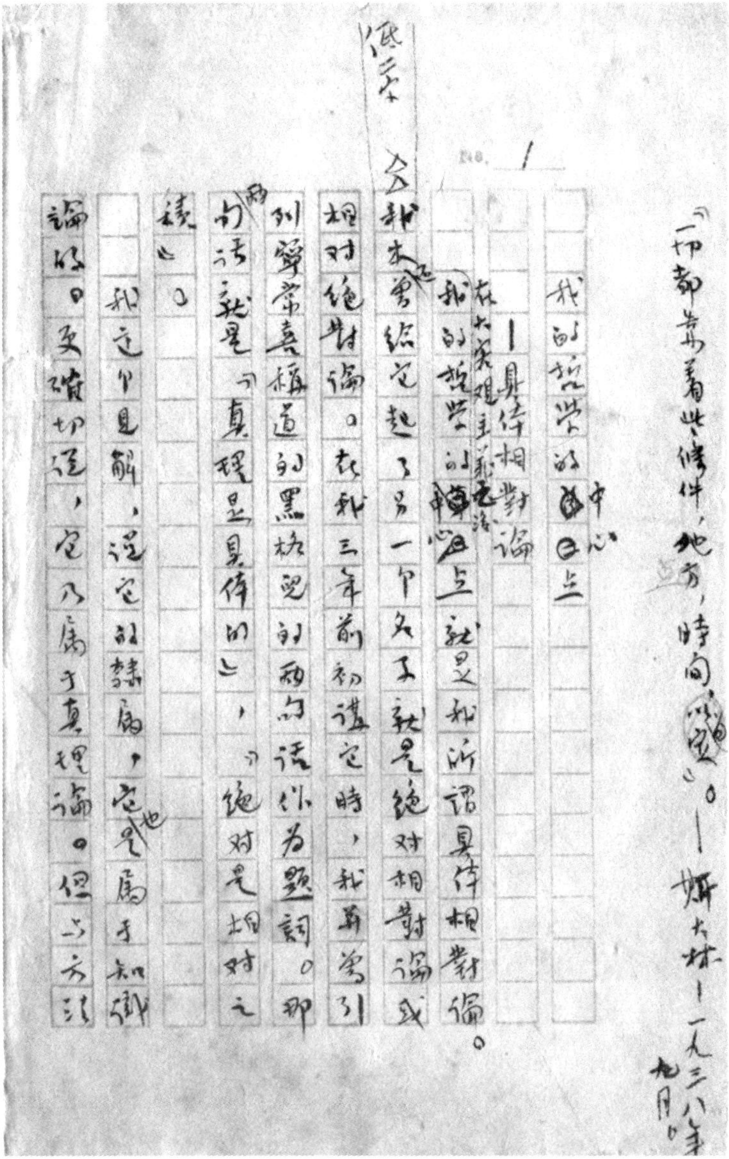

「一切都要看些條件，地方，時間，以定。」——斯大林——一九三八年九月。

我的哲學的中心點

——具體相對論

我的哲學的中心點就是我所謂具體相對論。

我本要給它起了另一個名了，就是絕對相對論或相對絕對論。在我三年前初講它時，我曾引列寧常喜稱道的黑格爾的兩句話作為題詞。那兩句話就是『真理是具體的』，『絕對是相對之總和』。

我這個見解，從它的歸屬，它也是屬於知識論的。更確切說，它乃屬於真理論。但正方法

1945年10月，《我的哲学的中心点》手稿

不得这个说数的。民主缺了这个说数，纵然不能说一定不能成功，但可以说一定不会圆满成功。

那么，我这个所谓具体相对论的见解，究竟是什么呢？说来其实也简单。

照我原来的说法，它就是说：

“一切辞说，除最简单的可以与显然的事实直接比较者外，其是非真妄，都不只依其依据，尤要说其说法（或人说之的），看其看法（或人看之的）。”

这就是说，一句说话，一段论断，甚至一种理论或学说，在一般情形下，要断定它的对与不对，或是不是真理，都要看它是“照那种意义（或意谓），作怎样解释（怎样讲），为什么问题（事件或旨趣），在什么范围（领域、程度、种类）就什么或哪方面或哪点说”。

也要说出是“从什么观点立场，于什么时候地方，对什么局势关联，本什么前提背景，由什么因缘条件看”。

有时更要随着名词字眼，分别类型，层级，伦序或等次。而意义解释，于字义（字谊或字的意谓）外，还要靠句法，并要看与生活（实践，行动）与社会与历史的相关关系。

“要而言之，就在看其所，分，当。”

更简单明白说来，我的意思就是说：不论对于一句话，对于一个道理，或一种理论，都不可以孤立来看，更不可以抽象来说，也不可以笼统模糊含混着就算了然，就断定其是非。

一个道理的是非总要先看它的种种色色的关联，也要看它是在什么范围或就哪方面说，就是要把界线划个明明白白，同时更要把意思弄个清清楚楚。而清楚明白的最后归宿或最后标准必须是说到具体事实上去。

这种见解并不是说没有真理，或没有绝对真理。但是真理却不是容易断定的。一句说话，这样解释，在某范围，就某方面说，可以是对的，但是换一样解释，或出了那个范围，就另一方面说，也许就错了。一个道理，在这个时候，对这个地方，处这个环境之下，可以是对的，但是换一个时候，对另一种地方，处另一样环境之下，也许就错了。

许多真理的变成错误，有的是因时过境迁，有的就是因它不安于其范围——范围广言之，也可以并包时境。

举一个例看。比方说“唯心论”。这不过三个大字，假使不把它的意思弄明白，不把它代表的理论说出来，不划定范围，不指明种类，尤其是不归结到具体事实上去，那么不管你主张它，或反驳它，必都是无当的；争来争去，至少也逃不了所谓无谓之争。

又比方像所谓“资本主义”，假使你不说明意义，指明种类，划明范围，以及指出在什么时候，对什么地方，那你如何可以断定它的要得要不得？

再像“地球是动的”这句话，现代一般人是都承认为真理了。但是认真说来，照安斯坦的相对论所要求，那就还要补充出对着什么说。对着太阳说，地球固然是动的；对着静坐的你我说，他就是不动的。

照我的见解，百家正不妨“争鸣”以期相反相成，相得益彰。但不可只是“相非”。譬如讲真理的“一贯说”“相应说”“实用主义”，以及发展出来的“炸弹说”“可验证说”，如其分，实各有所见，其弊首在有所蔽或要有所蔽。——所谓“否定”，总该是扬弃的意思，是进一步发展的意思，而不应只是消极地毁灭。

“夫言非一，亦各有当。”（礼“祭义”：“夫言岂一端而已，夫各有所当也。”）这不但在讲学说理上，就在人生日用中，都是一句极有用的话。

“失所为愆。”“不中则失。”凡话都有其所分当。得其所分当就是“中”。“中者天下之所终也。”失所，过分，无当，都是要不得的。

所以我总主张“汰太”。

但是“从通为中”，“中”并不是一定，所以孔子要“时中”。——“先迕而后合者之谓权”。所以庄子也说，“分无常”，“达于理者必明于权”。——荀子：“人无动而可以不与权俱。”“无权，不可为之势，而不循道理之数，虽神圣人，不能以成功。”

这些意思，对于民主，都是必要的。民主的所以可能，在能容人，容人生活，容人活动，尤其是容人之言或意见。

而要最能容人之言，那就是要切认：一句话这样解释虽是错的，换样解释就可以是对的；就这个范围说虽是错的，换个范围说就可以是对的；根据这种事实说虽是错的，换种根据说就可以是对的。

对于别人的说话最好是尽量替它求解释，找所当，而最不好是轻下判断。

人如能替别人这样设身处地，这样体谅别人，民主方真能行得通，行得圆满。

常说，知道一切才能宽容一切，其实知道一切就是宽容一切。

把话说清楚，可以使社会少误会。如知道了话要具体，理是相对，那就不但可以少误会免麻烦，而且可以更进一步使人相容、相通，时时在在都肯替别人设想。

这样子，在己总是自觉的，对人总是理性的。

这样子，民主才可以圆满发展而成功。

这样子，人生乃走上向上的至善的坦荡大道。

我总相信："哲学之要在天人体用，条贯疏通，因此术（道）在辩证，而法（方）在解析，以通为旨，而以用为归。"

"辩证以活、周、参，知行一贯，（一）察关联；（二）观变动发展；（三）验 1. 内在矛盾，对立斗争；2. 物极则反，相反相成；3. 质量相转，否定否定，入手。而解析（逻辑解析）在（一）厘字义，清辞谓，爬梳句法，条贯系统；（二）辨别类型，展示型式；表著类滋，函变，章显关系，结构，格子；（三）即实立说，以构代推；准节省律，剔除虚废——着实，责实，核实，归于分收具体。"

我的具体相对论就是要达辩证解析的极致，而期适于通，而便于用。

"用也者通也。通也者得也。适得而几已。"

一切都看得开，行得通，天人合融，物我无隔，自然是会泰然的。

由我的具体相对论，对于一切可以作旷达之观，应用在人生理想上，正可以作到所谓理得而心安。

大同之世，就是不但在某个人，在想象上，在体验上，而且进而在一般人，在一般实践上，在一切物质上，都实现了天人合融，物我不隔的境界。

这当然更有待于像我这个见解的哲学，解析，理性，以及社会生产技术，科学的民主的设计（计划化），等等的发展。

（原载1945年10月《中学生杂志》第九十二期）

罗　素

——现代生存的最伟大的哲学家

罗素，英国剑桥的数理哲学大师，他是现代西方哲学家中最被中国人晓得的一位，也是现代哲学家中著作翻成中国文的最多的一位。这两种情形，不但对于中国，就对于别的国家，在现代英国哲学家中，也以罗素为最。

实在，不论以著作而论，以造诣而论，以影响而论，但凡知道就中情实的，平心而论，都必然承认罗素是今日全世界还生存的最伟大的哲学家。

无论如何，一个大哲学家必然渊博，必然不待言有所创辟，必然深切关心人生问题，而且有一个新的高尚的人生观或人生理想。这三个条件，当然，罗素无一不充分具备。虽然罗素曾以为人生问题或道德问题不是哲学问题，可是他已写的讲人生问题或道德问题的著作，不比有史以来任何大哲学家少。

罗素现在是已七十有四了(生一八七二)，要总括他的一生，至少应该说他是一大哲学家、大逻辑家、大算学家，也是教育理论家、社会理论家、政治理论家，而且还是一位伟大的散文家。他那笔漂亮、清晰明白、富有风趣与逻辑力与新意的英文散文，简直并世无两。任何问题由他一写，没有不写得雪亮而有味。

要讲罗索的哲学,当然不是三言两语所能济事。至少也非一本八百页的巨册不办,至少也要像前年(一九四四)在美国出版的那本《罗素之哲学》一样。但如概括说他在哲学上的贡献,在哲学史上的地位,那就可以说他是本世纪初年一个叫作新实在论的新哲学潮流的创造人之一,而那种哲学的发生广大影响,尤以他的力量为最多。

但在今日讲述罗素,那就更应说他是近年正为主潮的一个解析哲学即以逻辑解析为方法的哲学潮流的主要发动者。现在讲逻辑解析方法或使用逻辑解析方法的哲学家已经很多了,但罗素这位大师依然有他的特色。那就是他有始终保持不忘而且越来越发加甚的"健实的实在之感":时时在在要脚踏实地,不背具体实际,事实、切实、如实、平实。重视罗素,研究罗素的人特别要注意到这一点。

现在凡是要得的哲学没有不以科学为根据以逻辑(包括唯物辩证法)为方法。在这一点上罗素也表现得最圆满。但他的逻辑可不是普通逻辑或传统逻辑,而是一种新逻辑,即数理逻辑。

数理逻辑,这乃是罗素一生在学问上最大的成就所在。这门学问虽远始于二百八十年前,乃正式开始于十九世纪中叶。罗素则是它的集大成者,更是对它最有贡献的巍然犹存的硕师。罗素一生最喜欢说也最郑重说的话之一就是他坚信不用数理逻辑解决不了问题(特指哲学问题)。他一生最大的著作,一本开辟新时代的旷世不刊之典《算学原理》,与一部三巨册同怀惕黑(Whitehead)老博士合著见誉为崇闳的金字塔的天书《算理》,都是讲的这门数理逻辑或数理哲学。他的其次的大著作,《我们的外界知识》《物的解析》,以及较近的《真理与意谓探究》,也无一不用到这门学问。

现在这门号称最难弄的新学问也已变得很流行了。现代所谓解析或逻辑解析或解析方法又或逻辑解析方法,其实也是因数理逻辑而成。这主要也都是罗素的功劳。

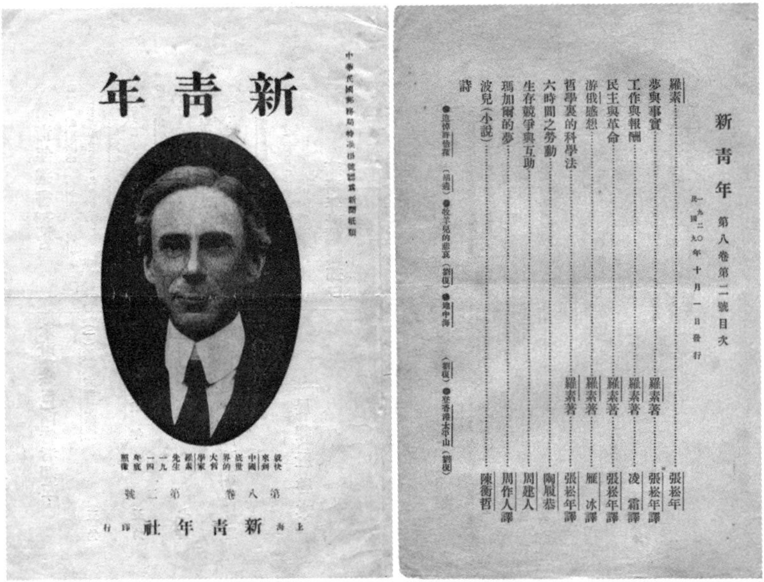

为迎接罗素到中国讲学，1920年10月出版的《新青年》将罗素照片刊于封面，同时刊载了张申府等人关于罗素的多篇译介文章

说到罗素的著作，不能不提到他最近去年十月间在美出版的那一本《西方哲学史》(九百多页)。罗素不但是科学的逻辑的数理哲学家，他本来对历史也极有兴趣，作过论历史的专文小册。他早年一本《来本之哲学评述》就是属于哲学史范围的名著，是数理逻辑的远祖。罗素实兼是今日的来本之[①]与服尔德[②]。但这本西方哲学史，注重到哲学思想与社会政治的关系，体裁之新，文字之美，趣谓(或说趣味)之丰，更是述之不尽，并世无双。该书西方范围，由远古讲到最近。特色之一是不但把以欧坎剃刀出名的欧坎讲的特详，不但讲了马克思(而且远较《自由与组织》中所讲为胜)，也讲了拜伦(G.G.Byron)[③]对于民主与哲学的关系，末章《逻辑解析之哲学》，实即夫子自道。当然也讲到数理逻辑，与逻辑解析关联着。

罗素的自传是全世界期望的一本必然充满意趣的书，虽然还未写成出版，但他哲学方面的自传却又写了一篇，题作《我的心里发展》，即在前说的那本《罗素之哲学》里边。在那本书里，在此自传之后有二十一篇长短优劣不等的讲罗素学问的文章，以及罗素自己的一篇回答。现在要研究罗素，可不愁没有门径了。

罗素本来不仅是一位专门学者。他本是一位出身贵族、雅有风度的风云人物——曾再为首相的罗素约翰勋爵的次孙，身袭伯爵的风流而勤学的才子。他的思想，他的行动，都富有革命性。他的表彰科学，显扬理性，拥护民主，也复出类拔萃。他的不免被一些人所嫉忌，大概就在这些地方。但他其实是可爱的；恨他的纵有，爱他的更多，特别在女人群里。他的被人所恨，也许还就是因他被人所爱的缘故。现在罗素在浪迹差不多三十年之后又复回到原来治学讲学的剑桥三一学院去了。据说也已白发满头(从照像上也看得出)、老态龙钟(?)了。这是人生的无常。可是罗

①来本之，莱布尼茨G.W.Leibniz，1646～1716，十七世纪德国著名哲学家、科学家。在逻辑学方面开辟了新领域，奠定了数理逻辑的基础。

②服尔德，伏尔泰Voltaire，1694～1778，法国资产阶级启蒙思想家、哲学家。

③拜伦，1788～1824，英国浪漫主义诗人。

素的学问、罗素的思想、罗素的著作、罗素的风趣、罗素的同情(仁),却正如日月在天,定同日月之常。

最后更一讲罗素的人生哲学。第一不能不佩服他的气概,差不多"民吾同胞,物吾与也"的气概。这特别表见在他一生最有名的名文《自由人的崇拜》里。从他后期著作,《吾所信》《快活略》《哲学大纲》,我特别要举出三点精义:一、不要自觉自己行为有"宇宙上的重要意义";二、要有客观兴趣;三、欲越遂的多越好;但他同时说过,"没有自制,过不得好生活。"这都是应该记取的名言。

有些现代的新学说新人物都是我第一个介绍到中国来。有些名字也是我第一个翻译的,后来都流行了。特别像罗曼·罗兰,罗丹,罗讷,巴比塞,伊本讷兹,等等都是。以后大大同情中国的罗素尤其是一个。这是我对于国家的一种贡献,我深自引以为光荣。现在不惮在这儿附带广播给大家,但我当然更不会说这在宇宙上有什么重要意义。

(原载1946年3月1日《人物杂志》第二期,又载于1946年4月12日《新闻评论》)

论什么是哲学

什么是哲学？这是许多人都讲过的一个问题。我现在再一度地来讲讲我的讲法。

回答这种问题，照例可有三种作法。一种是给哲学下一个界说；一种是举出它的性质，举出它的内容，举出它的问题以及问题的解答；再一种就是述述哲学的历史发展，看看历来所谓哲学家的之所为。换言之，在现在，你要知道哲学是什么，你不妨看看罗素所写的那大本《西洋哲学史》（去年十月十九才在美国纽约出版的）。

除此以外也还可以讲讲哲学的字义。这并没有多大意思，但却非全无意思。许多人都晓得，中国所谓哲学这个名字是从西洋翻来的，而且翻的还不是中国人，而是一个姓西名周的日本人。许多人也都晓得，哲学这个名字在西洋的原字是一个古希腊字。那个字整个作动字用，本有“循察”的意思。但那个字，许多人又都晓得，是由两个字而成。前一半是一个字，当“爱”讲；后一半又是一个字，当“智”讲。因此，三百多年前中国最初在明末输入西洋哲学时，除了翻音作“斐录锁斐亚”外，就曾直截了当翻为“爱智学”。（由明季高一志的《斐录汇答》、艾儒略的《西学凡》、傅泛际的

《名理探》等可见。）

这有什么意义么？这是有意义的。这至少表明了哲学是爱智的，或学哲学的人是应该爱智的。这原来在古希腊时候本是表明哲学者是爱智者而非智者。这并不仅仅是谦虚之词，实表明了派别之不同。而且照这个名字，哲学者所爱的是智，是智慧，而非普通之知或知识。这更多少表明了哲学之为如何物与哲学者之为如何人。

同样，在中国文中把这门学问的名字翻成哲学，也可以说很有意义。它至少表明这门学问的一个作用在使人哲，使人明哲（哲本即智）。假使学哲学的人，尤其弄哲学的人、作哲学工夫的人，到头来，却不能哲，却不能明哲，那就是完全失败了。中国历来讲哲学，方法不外体与辨，而归宿在于中与通，使人想得周、看得到、说得当、作得开、行得通。这也就是使人哲。

如前所说，哲学两字本不是中国人翻的。清末民初之际讲翻译的人曾很觉着这个名词不雅驯，颇思改易，但到底也没改得了，今日看来，不但这已不可能，因为哲学两字已很通行，而且也正翻得恰好。在这地方，创译者西周实有不可埋没之功。（他是日本明治初年人，但直到这次中日战争之前几年才得到表彰，遗集才获出版。）

以上只多少说了哲学的字义，如要照开头所说的第二、第三两种办法来回答哲学是什么，那就至少应写一本书才成。譬如当代算家古兰德教授要说明“什么是算学”，就用这个题目，写了一本五百多页的大书，当然还不能包括现代算学的全貌，但究竟已包括了真正现代算学的主要部门的大部分。现在要讲哲学是什么，也只有如此，纵然哲学与算学的范围并不很相当。罗素那本《西洋哲学史》也就是一本九百多页的大本子。

无已，现在且来讲讲哲学的界说。

说到哲学的界说，自古至今，不下几十种，真是言人人殊。全部西洋哲学史，至十九世纪底为止，最伟大的，开辟新时代，独创新学派的哲学家不过一打。但哲学的界说却可以五倍于此。

所谓界说，普通都效日译作定义。它是要用一句话把一个名词所指的范围给界划出来。它的要义就在界说的范围要与所界说的完全相等。但是哲学的范围自古无定，至今还是无定。所以要给哲学下一个切当的界说当然难了。

但是一定要机械地使界说与所界相等，在有的地方，倒也没有绝对必要。在学问上要假设，有所谓可用假设。在界说上也正用得着可用界说。但令一个界说，可以表明大义，根据它可以进而研究，或据以实践，也就不失它的功用。

别的不说，只说说我相信的哲学的界说，或可用界说，也就有三种之多。

一种是说："哲学是可能的之学。"这个界说至少已有二百年的历史了，罗素也尝如是讲过。这个界说就是说，哲学所讲的是一切可能的；也就是宇宙人生，哲学什么都讲。但是什么都讲，当然不能个个什么都讲；什么都讲，便只能讲一切什么的共通性征。因此哲学所讲的一定是一般的。特殊事实一定不在哲学的范围，虽然特殊事实一定也出不了哲学范围。只是哲学之涉及特殊事实是间接的而非直接的。说哲学是讲可能的，也就是说哲学所讲不限于现实；但并非不讲及现实，因为现实究不过可能的一种，这是哲学的最大特征。不论哲学讲宇宙，讲人生，讲知识，真理，道德，价值，要点都在于此。这些东西都够广泛的了。但哲学所讲的尤在一切广泛之上的最广泛的地方。既然如此，哲学的难学难懂，也就当然难怪了。

但哲学的以通为归宿，可以使人哲，也正是它这个对象（即所讲的）有以致之。假使一个人小门小户，褊小狭隘，小心儿小气，一点儿也不晓得天地之悠悠，逝者如斯夫，不舍昼夜，自更不能独与无古今无终始者往来，那就最好以哲学药之。

我所信的哲学的第二种界说，就是说："哲学是原理原则之学。"这其实是与前一个说法息息相关的。如果把它拿西洋文字来表示就更贴切，更赅括，因为所谓原理原则在西洋文字就是万物之元的“元”字。所以这样说，哲学也正可说是“元学”。这种说法在现在虽然不免显着隐晦，究竟也道破了哲学的一面，而且是根本的一面。

普通常说，哲学是根本的(或基本的)学问，讲一切的原理原则，讲万物万事之元的学问，还不是根本的学问吗？本来不拘讲什么的根本都可叫作哲学。政治哲学讲政治的根本。历史哲学讲历史的根本。艺术哲学讲艺术的根本。此外，社会哲学，教育哲学，宗教哲学，科学的哲学，算学的哲学或数理哲学等等，也莫不类此。而所谓根本的也就是原理原则罢了。固然，什么学问都有原理原则。所不同的是，哲学所讲的是最高或最根本的原理原则，同时什么学问的原理原则都不免有时要为哲学所干预。

但是原理原则是怎样来的呢？当然是来自事例。是确定不移，永久的真理吗？那不见得。有人说，哲学是着急的学问，也可说是冒险大胆的学问。二十几年前罗素一次在一个书评里甚至调侃说，“准哲学家之所为，为哲学下界说，哲学就是造作谬论以掩人的无识”。这都是因为有些弄哲学的人常常事例不够，证据不足，就轻试推概，轻下断语，轻作结论。罗素又尝说过，哲学的一个特性是不定。因为一个问题，论据一足，断案一定，就成了科学了。实在，说老实点儿，哲学所讲的原理原则常常不过只是些假定。所以凿实言之，我也常说，“哲学是假定之学”，或罗抉假定之学。四年前在美国，罗素还写过一个小册子，教人“怎样成一个哲学家”，开端立界，说哲学也许未尝不可称为“有理性的猜度之术”，意思与说哲学是假定之学，也正相通，只是更明白地就着其用处讲。

这样说法，有什么好处吗？这样说法，实在一点也不妨碍哲学的用处。人不能无所行动。认真的行动不能无所依据。譬如你认真地主张民主，你的行动就一定有所依据。你如自觉地鼓吹法西斯，你的行动一定也有不同的依据。但如你知道你的依据不过是些假定，是些犹待证明，或未充分证明，或永远不能证明的假定，那你的行动一定会老实的多，谦逊的多，小心谨慎的多。你一定不会再像现在这样犷野粗暴，专断独断。这样子，一定可以免掉许多迷信与武断的毛病。人类是会该好一点儿的。

我所认为要得的哲学的第三种界说也是讲的哲学的作用，颇不像个普通界说，但却颇有意思，可以说是哲学的动的界说。这有两个，正代表着现代哲学界里两个主要潮流。

一个是说“哲学是一种把言语说话弄清楚的活动”。这也可说，哲学就是言语说话的逻辑解析；或小言之，就是科学的逻辑解析。但泛泛也可说，“哲学就是逻辑解析”。你如不懂得什么是解析，尤其什么是专门的逻辑解析，你就只记住“弄清楚”好了。解析，尤其逻辑解析，实在就在弄清楚，就在弄到具体，弄得非常之具体，非常之真切。现代数理逻辑看似抽象极了，但是根据现代数理逻辑的逻辑解析所求的却是极端的具体。人生一切，归宿都在自觉。学问的逻辑解析正是学问自觉的极致。

哲学这个界说，也许显着专门了一点。其实它绝不远于人生日用。不要以为这样的哲学只在搬弄字眼，只作字面上的把戏。其实它正有一个大效用，就是减少人间的误会。人间的种种争端，固然多由于生活上的利害冲突，与感情意气成见偏见的作祟。其实又何尝不有很多是由言语说话的不清楚，与因之而致的错解误会。我早年曾看过一本叫作空谷兰的翻译小说，假使不是因为一定的误会，何来那个悱恻动人的故事？找一个现实的例子说，现在世界公认，现在世界有一个趋向民主的运动，于是冒牌的，赝鼎的，或半生不熟的民主，也都来了。因此招致了不少的麻烦。假使能够把民主的意思弄得非常之清楚，非常之具体，非常之确切，非常之核实，使人再不得假借，再不得冒充，再不得误认民主与一人任意以意为之可以并存，那么，麻烦一定可以减少许多。孔子的正名真不失为政者的首要。——正名实在就是要核实。

人与人彼此不了解必致误会。误会即生纠纷。尤其无谓的争执最是无聊之至。如何增加人与人的了解，减少误会；弄清楚言语的意谓，而避免无谓之争。这固然有待于科学的更发达与善用，更便利人间的各种交通，加多人与人的联系，齐一并改善各地的社会政治经济制度；同时也大大有待于这种以厘清言语意谓为职志的哲学发挥其作用。人类社会的各方面照例都是互相关联,互相制约,互相因应,以上数事也正如此。

能把话弄清楚,进一步就也要研究到话怎样说才最容易使人听。这样,韩非所谓“说难”庶几可免。对于人类社会国家,岂不是一个大大的好处?民主一定要说话。如果人人都能规规矩矩地说话,说得清楚,又容易见听,一定有益于民主的进行。现在解决问题要协商。假使能够把话说得使对方容易见信,因此容易得到协商的结果,显然是一个极大的方便。现代的解析哲学,但令善于运用,就很可以作到这个。当然,起码的条件要抱定诚恳坦白单纯的态度,和平统一民主的目标,团结协商合作的作法。——说话没有别的意思,不影射、不隐遁、不闪烁,都是诚挚坦率态度下的应有义。

哲学的另一个动的界说就是说:“哲学是人类行动的最高指导。”如前所说,人的行动,尤其自觉的行动,都不免有所依据。换个样,积极地来说,也就可以说,人的行动都被什么所指导。本来,一切知识,一切学问,都可以指导人的行动。譬如自然界,关于天气的知识,社会里,关于生产分配的学问,都可以作人类行动的指导。哲学这门学问与科学的关系是:或者在其上,或者在其下,或者在其中,而绝不在其间或其旁。因此哲学可以譬喻说是最高的学问,或最低的学问,或最中心最核心的学问。因此哲学之指导人生行动也就是居于最高的地位,或者说有最根本的作用。事实上,哲学可以供给人以世界观,人生观,或人生理想。这对于人,岂不就是一个最高最根本的向导?现在一般人,不论自觉或不自觉,都要民主,但只有哲学才告人以民主的根本义;只有像我的“具体相对论”一类的民主的哲学才告人民主在根本上如何才可能。

“哲学是可能的之学”、“哲学是原理原则之学”、“哲学是假定之学”或“罗抉或发掘假定之学”,“哲学是把言语意谓弄清楚”或说“哲学就是逻辑解析”,最后“哲学是人类行动的最高指导”——这四五个界说就是我对于“哲学是什么”这个问题的答复。

可是哲学总之不过一门学问，怎么一门学问同时乃可用四五个界说？事实上一门学问未尝不可以有几个方面，尤其可以从几个方面来看它。一个东西的方面不同，或所从而看的方面不同，就可以有不同的说法，这是我的民主的哲学的具体相对论的一个要义。哲学上这几个界说正是从几个不同方面来看的结果，其实是大可以联为一体的。

又有人说了，哲学还是一种生活方法。不错。但其实这多少是一种误解。事实上，人但令弄哲学弄到了家，一定会有一种有些点与平常不同的生活方法。说哲学本身就是一种生活方法，那却有点儿不词或失类。

哲学当然不是与人生不相干。就令认它与人生并不直接相关，却未尝不可对人生有所暗示。罗素虽说哲学不应讲人生，他却一生在讲人生，他的新著《西洋哲学史》最后第三十一章自叙他的《逻辑解析之哲学》，最后一句话也就是说："哲学，虽放弃了自己的一部分独断僭妄之辞，并不停止提示并启发一种生活方法。"

说哲学是一种生活方法乃犹之说哲学也是一种看法。其实这都是弄哲学的副产物罢了，纵然不失为可贵的副产物。

这是我的看法。

（原载1946年8月31日《民主》第四十六期）

哲学与哲学家

一　哲学的社会功用

讲哲学的社会功用，到今天已经是一个很时髦的题目了，从一九三七年以来，这个问题已经变成了世界学术界的一个很重要的潮流。因为时势所趋，凡是一个有良心有正义的科学工作者再也不能自己住在象牙之塔里面了，他一定要与社会接触，一定要使他的学问和社会发生关系，发生意义。因此科学的社会功用便形成了一个很重要的课题。英国的科学家伦敦大学教授J.D.Bernal在一九三九年著了一本*The Social Function of Science*，另外一个英国科学作家Crowther在一九四一年也著了一本*The Social Relations of Science*。他们著述的目的就是要使学问人间化，使它有人味。以前讲学问都把学问看得非常高，现在不同了，它必须与社会配合，并且要对社会人生发生直接的有意义的和自觉的作用。科学如此，哲学也如此。在近代哲学总是落在科学后面的，但是由于潮流所趋，哲学必需立即赶上与科学并驾齐驱。

科学除了法西斯的科学是坏的以外，差不多都是好的。但哲学却不然，哲学有好的也有坏的；有进步的也有落后的；有要得的也有要不得的。现在各国在大学里讲授的哲学恐怕百分之九十都是要不得的。哲学既有好坏，它对社会的作用也有好坏。在未讲哲学的社会功用之前，我们应当知道什么是哲学？以便加以分别。

哲学是一种很广泛的学问，很难下界说，一般说来哲学是讲宇宙讲人生的，它讲最大的最根本的东西，讲抽象的而不讲具体的，讲一般的而不讲特殊的。它讲宇宙就是把它总结来看，看它的本原是什么，有什么性质，要变是怎样的一个变法，讲人生是讲人生的归宿或人生理想。此外关于真理价值、真、善、美和知识的根本问题也包括在哲学范围之内。这种界说只是一般的说法，大体上说哲学的范围包括宇宙、人生、知识、真理和价值，但这种说法不能构成一个严格的确定的界说。

关于专门化的具体的哲学界说有很多种，最普遍的一种界说是"哲学是原理原则之学"（Philosophy is the Science of Principles）。这里应先解释Science一字，普通都译它为科学，科学有广义的科学和狭义的科学。狭义的科学专指自然科学而言，连数学都不应包括在内。这个界说上的Science是指广义的科学，就是学问Learning，等于命题的系统System of proposition或一系之辞，通俗一点就是一套的话。依此界说，哲学就是讲原理原则的许多话成为一个系统。

另一种界说是"哲学是可能的科学"*Philosophy is the Science of the Possible*，二百年前和现在的哲学家都有此种讲法。凡是现实的都是可能的。所以依此界说哲学是什么都讲任何都讲的，不但讲过去讲现在而且还讲到未来。未来实在比过去更为重要，人所最应重视的是未来而不是过去。哲学告诉你可能如何，未来如何，有帮着你根据现实创造未来的意味。由此我们又可得到了一个很新的界说，就是英国科学家霍登（J.B.S. Haldane）所说的："哲学是处理未来的。"

还有一个比较严格的意思与此差不多的界说，就是现在的英国大哲学家罗素Bertrand Russell所说的："哲学是有理性的射覆（猜度、推测）之术"（Philosophy is the Art of rational Conjecture）。

由于这几种界说,我们可以知道哲学主要的是给你一种方针、一种根据,在没有把握处给你若干的把握,在歧途上它告诉你许多路线。我也尝说:哲学是假设或假定之学,哲学的知识是不定的,它所讲的东西一旦由不可靠变为可靠,由不确定变成确定,那就变成科学了。哲学在不定处不定时给你许多假定,让你有路可走。哲学的社会功用就可以从这方面来看。还有一种界说,是马克思派喜欢说的"哲学是人类行动的最高指导"。这意思与上边的说法也可相通。

上面说的全是对的好的哲学的界说,至于坏哲学或就哲学坏的方面下的界说,罗素就曾有一次说过:"从哲学家的行为来看,哲学就是造作谬论以掩饰人的无识。"这种哲学家罗素所指多半是某些大学里的哲学教授,他们的哲学往往都是要不得的哲学。另外罗素还说过一句话:从书店的书目中,在神学与哲学一类里除去神学书就是哲学书。英国书店的书目,神学与哲学书籍一向排在一起。神学就是宗教理论,宗教虽然有一点社会功用,但一般说来它是害人的,把哲学与神学宗教并列在一起,就显示了哲学的坏的方面。

以上许多种哲学的界说多是别人下的,最后我最近还有我自己的一个说法,就是:"哲学在使人哲"。我认为哲学的最大好处就在此,但真要做到这一步的确是太难了。现在世界上不聪明(Wise)的人不聪明的事太多了,这种不聪明实在害人害的厉害。哲学的最高作用就在使人明智,使人有智慧,使人哲。

现在世界糟到如此地步,固然原因很多,但一个最大的原因恐怕就是缺乏哲人,而且有些被视为哲人的又常是疯子,譬如尼采Nietzsche就是一个,德国法西斯便一部分是受了他的影响而起来的。又如现在法国正流行的由萨特Sartre所倡导的存在主义也是一种发狂的哲学,它对社会的最后影响是一定不会好的。真正的哲人一方面是现实主义的,一方面是理想主义的,他能够立足于现在而有远大的理想。从古到今哲学家虽然不少,但真正够得上称得起哲人的人是太少了。

以上根据各种界说来研究哲学的社会功用,其次可以就哲学与民主的关系来看看。

现在讲民主,需要民主哲学。民主是什么?民主不仅是一种政治制度而且还是一种思想方式、生活习惯和行动规则。实行民主首先应该在思想上生活上着手。中国过去没有民主制度,但却有一些民主思想,那就是“公”与“恕”。这种思想是合乎民主的精神原素。民主一定要替别人设想。现在看来民主实在是人类的最高理想。民主的最高原则,可以用一句话来表示,就是:“使人人达到最大的可能的发展。”这是民主的一个最高的标准。

分开来看,构成民主哲学的真理论有三个要点:(一)多元;(二)相对;(三)概然。

关于第一点,有人(黑格尔)说世界上只有一个大真理。又有人相信一件事只有一个最好的办法,这种说法在理论上也许可以讲得过去,但事实上实在并不尽然。民主哲学在原则上应当是多元的。要实行民主而只相信只有一个真理,那就非打破头不成。

关于第二点,我们不能轻于相信绝对的真理,因为真理是因时因地之不同而变化的。譬如二加二等于四似乎是绝对的,其实它原来也不能无所假定。黑格尔与列宁都说“绝对是相对之积”,这话很有些意义。

关于第三点,概然Probable就是指一件事情可对可不对。我们必须有此种态度才不至太机械、太呆板、太固执,才不至于陷于定命论。换句话说,就是我们对事情不要太过于认真,当然也不可太模糊。

今日的民主哲学是什么?今日的民主哲学就是罗素的经验主义和马克思、列宁的辩证法唯物论的哲学相合起来的哲学。

前面说过,民主的最高原则是使人人达到最大最可能的发展。在中国有句古话:“匹夫匹妇,弗获自尽,民主罔与成厥功。”这大概就是民主两字在中国最早的联用。这句话如照现在字面来讲,与上一句话是有相同的意义。现在好的哲学的社会功用就在使贯通古今的意义的民主原则实现。

二　今日所需要的哲学家

普通说哲学家就是研究哲学的人。其实一个哲学家当然要研究哲学,但研究哲学的人并不一定就是哲学家。日本人将Philosopher译为哲学者,那倒比较恰当。

认真的说,一个哲学家至少应当具备下面的五种特性:

第一,一个哲学家必定要心胸开展阔大,气概辉煌。哲学是一个广大博大的学问,一个哲学家绝对不能够将自己束缚在眼前的小问题上。

第二,一个哲学家他自己一定要有独特的见解与卓绝的贡献。他自己的思想一定要自成系统,看见过去人所没有看得到的道理。一个哲学家一定要能够深入自得,而有一种新的发现和成就。新的事理成为系统,不但要完全正确,同时也要对于人类社会有益处。

第三,现代的哲学家一定还要精细。他对于事物一定要能够分析,更进一步地找出事物的规律。今天的哲学家研究学问处理事务一定要清楚、精核、一丝不苟,而不能随便、模糊、空洞、笼统。

第四,哲学家不能不谈人生。前面说过,哲学是讲一般的讲普遍的,特殊的偶然的事物不能构成哲学的研究对象。人生在一般的大问题中仅占一小部分,所以有人说哲学不应谈人生。但是人生是人类最切身的一个问题,凡避谈人生的哲学家都够不上大哲学家。

第五,一个哲学家对于事物最敏感、最能认识问题,他能把像是不成问题的当作问题来研究,哲学家是善于怀疑,能发疑问的。但是发疯的哲学家不是哲学家。哲学家能够明白一切,对于事物看得最深刻最透彻。自有知识以来就有问题,而且问题愈来愈多,哲学上的问题即使成问题的都可以解决,但空想是办不到的。从历史上看来,哲学也不断在进步中,尤其现代为然。哲学是有未来的,哲学没有苦闷,哲学家更没有烦恼,所谓仁者不忧,哲人也无闷。

拿上面五种条件来衡量哲学家,自古到今研究哲学的人虽然很多,但够得上哲学家的人实在太少了。在中国古代可以称为哲学家最值得提出的人也不过只有孔、墨、老、庄、公孙龙。三国时代有年轻的王弼,两宋有张载、周敦颐、程氏兄弟、朱熹和陆九渊。西洋的大哲学家也不多,在古代最可说的是柏拉图 Plato、亚里士多德 Aristotle、额拉克来图 Heraclitus 和德谟颉利图 Democritus。罗马时代没有大哲学家可说。近世以来的哲学家,在欧洲大陆有笛卡儿 Descartes、斯辟诺萨 Spinoza、莱布尼兹 Leibniz,在英国有洛克 Locke、柏克立 Berkeley 和休谟 David Hume。再以后有德国的黑格尔 Hegel,十八世纪的唯物论哲学家有狄岱麓 Diderot 和霍尔巴赫 D'Holbach。现代的哲学家,全盘看来最有贡献、影响最大、领导世界哲学潮流的当推罗素 Bertrand Russell 和杜威 John Dewey 两人。至于现在正倡导存在主义的萨特 Sartre 够不上哲学家,存在主义是一种发狂的哲学,有点接近法西斯。

哲学家是要配合时代,对时代有帮助的。自一九三九年欧战爆发以来,许多人提出了认识时代这个问题,现在大战虽然已经结束,但时代未变。说今日所需要的哲学家,今日何日?换句话说,今日的时代究竟是怎样的一个时代呢?在我看来,我认为它有三个特性:

第一,现在的时代是一个变动的革命的时代。现在负责联合国文教组织的英国生物学家赫胥黎在《论生活在一个革命中》(*On Living in a Revolution*, 1942)一书中说:"自一九一四年第一次世界大战以来,整个的世界已在一个大变动中,任何国家都逃不开。"目前正是一个过渡时期、革命时期。就是保守的人如英国保守党的教授卡尔(Carr)在《和平之条件》(*Conditions of Peace*)一书中也极言这种情形。凡是不承认世界是在变动的,时代是在进步的,就不免于落伍。人生好譬乘脚踏车,时时刻刻都需前进,一停下来便可跌倒。

第二,这时代是一个人民的民主的时代。华莱士说:"二十世纪是人民的世纪。"这句话非常对。现在的世界是人民的世界,是老百姓的世界。现在的时代也就是民主的时代,而且是新意义的民主的时代。

第三,现在的时代是一个科学时代,原子能时代。这一点不待申说,现在的人没有人敢于违背科学。一个国家如果没有科学或违背科学必然不幸,一个人也如此。

今日的时代就是这样的一个时代,一个革命的人民的科学的时代。今日所需要的是什么?今日所需要的是变革,是进步,是民主。因此今日所需要的哲学家,就是能够顺应世界潮流,不违背时代而能驾驭潮流推进时代的前进的人民的科学的哲学家。哲学家应当时时刻刻不违背科学,来说明解释世界变革的真相、步骤、路途来指导社会前进。

真、善、美都是价值。什么是有价值?有价值就是被需要,凡是被需要的就有价值。因此我们可以说:“今日所需要的哲学家就是今日被需要的哲学家。”一个人怎样才被需要?就是少了你不成。因此做一个人或一个哲学家,都应当有特殊能力、特殊贡献,世界少了你便不成。

三　我自己的哲学

有人说一个中国人自己不配有哲学。这纯粹是一种自卑心理的表现,诚然中国现在的学术环境是困难的,但在困难之中我们要奋发努力,产生我们自己的东西,才能对社会人类有贡献。也有人说哲学只能有一种,至少说对的哲学只能有一种。这句话也欠妥当。哲学是时时在进步的,对的哲学也要给他一个新的发展。一个有方法有基础的哲学家是可以走自己的道路,创造新的学派。

首先我先讲一下我自己的一般的思想倾向。我本来不是学哲学的,小时候最喜欢数学,在大学里虽然是考的文科哲学系,但后来读的却是理科数学系。虽然是入的数学系,但读的却是哲学书,早年教书一面教哲学一面兼教数学,到后来才专门研究哲学。我自觉的学哲学是在我十六岁的时候,那时候我所读的书有《哲学要领》《一年有半》和相当于西洋哲学史的《泰西学案》以及《天演论》《新民丛报》等。我正式学哲学是在一九一三年。北大的藏书楼(即今日的图书馆)给我的影响最大,就在这个时候,我发现了罗素,他的《哲学问题》那本书给我的印象最大。我首先把罗素介绍到中国来,罗素在一九一九年能到中国来讲学,是我的竭力提倡极力赞扬有很大的关系。但可惜的是罗素来华不久,我却到法国去了。没有能够直接受他的熏陶。这件事回想起来,我始终引为遗憾。

就一般的倾向来说,我确是非常接近罗素。这种倾向曾一度表现在一九三六年由陈伯达先生提出由我扩大的新启蒙运动。在当时我提出了一个最高原则,就是“实与理性”。在我看来,无论是中国和世界都缺乏这两点。现在一切事情都在敷衍苟且,都是空假虚伪,欺骗蒙蔽,太不实在了。一切事情全凭冲动、本能、感情用事而不讲理性,法西斯就是反理性的具体表现。理性能够使人进步,过好的生活。十七及十八世纪的哲学家误解了理性,他们认为理性是先天的,生而具有的。亚里士多德曾说过:“人是有理性的动物”,这句话也对也不对。人是可以有理性,但人不必有理性。理性不是生而具有的,它是需要学习的。理性是人的一种生活习惯,它能使人说话做事一举一动都有根有据;同时使人能分别有分寸,能够分析是非,辨别黑白。

我的思想倾向与罗素很相同,这是因为中国与英国有共同的传统的缘故。中国与英国向来都偏重实际主张实在。英国人因为注重实际,所以英国的哲学多是经验学派的哲学。注重实际是好的,但是像美国一样过分注重实际,局于现实就反而有害了。

罗素是将数学与哲学合而为一的。我的哲学路数也正如此。数学是理性的极致,出自数学的哲学必然重视理性。

十几年来我的原则并没有变。在抗战末期我曾将这个实与理性的原则变成两个口号,就是:“实在第一”,“理性至上”。要实在不仅是我一个人的看法。许多政党领袖都有此种看法,但是要紧的是提倡实在的人,自己一定要真实在。

单是实在与理性也还不够,除此以外,我还鼓吹解析。这也是我与罗素共同的主张。解析并不仅是罗素、穆尔以及现代少壮哲学家嘉讷朴 Carnap 和艾耶尔 A.J.Ayer 等的主张,同时在原则上亦被辩证唯物论的哲学家所重视，恩格斯在《反杜林论》中就曾说过："没有解析，则无综合。"

我最初提出的哲学主张是"大客观主义"。

"知"knowing在哲学中是一个大问题，特别是近世的哲学家都非常注重它。现在我们在知识论的范围之内，差不多可以说已经把它解决了。什么是知？知不仅是一种心理作用，而且还与外界的事物有关系。同样的美也是这样的，美固然本来就美，但也因人而美。知单单用主观或客观来了解是不够的，必定要"跳出主客，主亦为客"这样去了解。构成知的是主观和客观的共同关系。无论是真是善是美，都是主观和客观共同构成的。客观主义是事物是怎样就是怎样，主观主义是想事物是怎样就是怎样。机械的客观论缺少行动，他们的态度是消极的，对于现状是顺受的，他们采取了旁观的立场，失去了自己的作用，像这样即使能够获得真理也不能够推进时代。在客观范围之内有主观的作用，客观对主观有影响，主观对客观也有作用。显然的例子，历史是人类的创造物。因而我们要将客观的范围扩大，把主观部分也包括在里面。世界是物质的、客观的、实在的。人也是世界的一部分，人可以影响世界，人和物质是不应该分开的，人也是物质，人的力量也是一种物质的力量。马克思曾说过："理论一旦把握了群众，就变成了物质的力量。"

下面我讲一下我的具体相对论Concrete Relativism。

我讲具体相对论以二句话为出发点，一句是列宁也曾说过的："真理都是具体的，抽象的真理是没有的。"另外一句就是前次曾提到的："绝对是相对之积。"

真理一定要表现在具体的事实上，不表现在事实上的抽象的真理不过是人的想象，其实真理是不可想象的。中国人所讲的理就只是想当然耳。真理是表现许多事物间的关系或事物变迁发展的情况，先事物而存在的真理是没有的。

绝对的真理我认为也是没有的。世界上的一切都在进步或变动，真理也在一步步的进步中或变化中。过去的"是"现在可能是"非"，过去的

“非”现在也可能是“是”。譬如在十六世纪时哥白尼N.Copernicus,曾经证明地球是动的,这种说法在现在看来就已经不完全对了。真理既然时时刻刻在进步中,很难找着固定的、绝对的、最后的真理。

一种理论对不对,要看它的解释它的对象它的范围。史达林曾说过:“一切都靠着时间、地点、条件。”一切事物都要以时间、地点、条件来衡量。唯心论诚然是要不得的,但Idealism如解释理想主义也并非全无好处。又如认为一切都有心,也非全无可说,只是世界并非心所造。其实心也不过是一种物质作用。物质是什么?列宁说过:“物质就是客观实在”,心也应在里面。

构成大客观以得真理的条件,在我看来有五点,就是:如实观、面面观、平等观、发展观和关联观。

其次,我站在中国人立场,根据中国传统来看一看辩证法唯物论。

辩证法唯物论可以说是真正的中国的传统。中国人重实在,要脚踏实地就是唯物论。辩证法就是易,就是变化。中国人很早便讲易。易经上讲易有二个原则即“一阴一阳之谓道”。也就是说一正一反这两种作用构成变化。易经上还说:“有天地,然后有万物,有万物然后有男女。”这些说法实在有些现在辩证法唯物论的意思。由此可见辩证法唯物论是合中国传统的,中国人并不应该怕它。

辩证法唯物论对于人类社会最有用处,人类应以它作为精神上的武器,凡是希望事情成功而不甘心失败的人,都应当了解它采用它。

辩证法自一七九八年黑格尔开始成就了完整的体系以来,到现在已有一百五十年的历史了。辩证法唯物论自一八四四年马克思创立以来也有一百多年了。什么是辩证法唯物论的精义?辩证法唯物论最简单最根本的意思,我总以为可以用一个“活”字来表示。“活”相当于“权”,人要能守“经”(“常”“恒”)更要善从“权”。辩证法唯物论也可以说是就是全的逻辑。它反对机械,反对呆板,反对割裂。具体的说,它是实在的、灵活的、变动的、发展的和关联的。

从应用来看，辩证法唯物论第一要义是相反相成。第二要义是汰太。凡是过分的都不是好的。什么事情都不能过分，要怎样也不能太怎样。忠孝是好的，但不能过分，过分的忠孝就变成愚忠愚孝。不过分即要有分有所有当，能够分辨是非，各得其所。也就是要中，中并不是折中而是时中，也就是射中的中。至于什么是最中，那是不能说的，实际上能差不多即可。我们常说止于至善，其实至善是没有的，至善就是能够更好。常常有人问最好的社会是怎样的社会，这个问题是不好解答的，在我看来，最好的社会就是由它得到一个更好的社会的最容易的社会。

最后我讲一下人生理想。人生应当怎样？人生应当活着，人生为的就是活着。换句话说，在原则上根本上来看，我认为人生第一要遂生，第二要大生，第三要美生。首先应该满足人类的生活需要，满足了人类的生活需要然后扩大，最后再美化人生。

怎样才能达到这种目的呢？第一步以至最后一步就是要实行民主，像前面所说的民主。依前面所说的民主在原则上是使人人达到最大的可能的发展。它在真理论上具有多元、相对和概然三个特点，怎样实行民主？我认为实行民主先要实行四平主义。所谓四平主义，第一是“平情论事”。凡事不可过分用感情，处处时时都应当替别人设想。第二是“平实主张”。我们要脚踏实地，实事求是。好高好远是不能达到目的的。第三是“和平前进”。社会不论怎样，惟有在和平的时候才能前进。就是革命也要走上和平路上去，像苏联在一九二九年以后的样子。战争只是一个手段，它是暂时的，在战争期间是不会有很大的进步的。第四是“平衡发展”。社会不止一个方面，发展最贵平衡。凡事面面都要顾到，如果偏重于一方面而忽略了另外的方面必致相牵相碍，欲进反退。

按：这是应北大学生自治会学艺部之请，在寒假中所作的讲演，讲题原是《一个现代中国人讲哲学》，全文由僇励记录，已经逐句校正。

（原载1948年5月1日《中国建设》第六卷第二期）

实与理性

一个独立的国家必有其立国的精神。根据这个立国精神，而规定其教育宗旨。配合这个立国精神，而建立其人生理想。

那么，中国的立国精神是什么呢？或应当是什么呢？我可以谨严郑重，直截了当地回答：就是实与理性。

一九三八年十一月

说实话

人生最要的一事是敢于“承认事实”:黑的认为黑,白的认为白,不以白之有利于己而认不白为白,不以黑之有害于人而认白为黑;因为白有利于己,遂愿意凡色都白,因为黑有害于己,凡遇黑的便讳而不言——这种心思,更要敢于自认。科学方法的精神在是,理性(戴东原说,理是情之不爽失的。协于天地之德的欲即理之正的,吾所谓理性差不多如此)之胜利在是,通俗言之,不过敢“说实话”而已。科学并非能战胜自然,只是认识自然,随顺自然,至多也不过利用自然。再换句话,就是能说实话而已。

本来,真理不过是实话之文雅的名称。

可惜人们,故意或非故意,自觉或不自觉,意识的或无意识的,总多少是说谎者。人心中很普通的一种现象,傅洛德心理学中所谓“合理化”的,便是撒谎的一种。

想从根本上打破以虚伪为一种特性的现世界,吾以为很有组织一个“实话党”的必要。这个党要从心理上,从形成这种心理的人间关系上,毁掉不说实话的因缘。

(原载1921年7月1日《新青年》第九卷第三号)

说　实

“实”，乃是我生平最喜欢的一个字。管翼贤先生叫我每月写一点感想，我所以立即答应，第一固然在我总赞成与人为善，但，第二，也未尝不是因为实报报名的缘故，因为我实在喜欢那个“实”字啊。

我总觉着，人不拘作什么，都不应离开一个实字。今日中国的一切，以至今日世界的一切，实在都应拿“实”作最高的标准。不拘作什么，不拘说什么，实在都应脚踏实地，实事求是。“充实之谓美”。就是美的标准，也应在实上。我的信念，就是讲学就应讲实学，作事就应作实事，说话就应说实话。先拿讲学来说罢。我的意思乃以为，不但一切学问都要有一个实的讲法，其实天地间的学问虽多，除了讲事实的实学以外，也不过还有一个讲实学的学问。那就是逻辑，也就是专门的哲学，逻辑是告诉人，说话可以有多少说法，多少变法的；进一步便告诉人，学问里的话怎样才可以说清楚，使得学问里，除了事实上的问题以外，再不发生无谓的语言上的争论。

诚然，在一个好的社会里，虽然人人都得读书讲学问，这在现在还差得远，不过虽然现在还不能人人都得读书研究学问，但是就在现在，人也不能不生活,不能不作事,不能不说话。那么,我的意思,既愿意大家,作事就作实事,说话就说实话,也愿意大家,生活就过朴实的生活,作人也就要作一个实在的人。

拿说实话一层来说。我总相信,人不拘何时何地都是应当说实话的。如果有时有撒谎的必要,如有时医生对于病人之类,那只证明世界社会的有毛病,并不能说明不说实话的应当。大家当都知道,实话就是,事情怎么样就怎样说。这,说来容易,其实并不是一件容易作得到的事。比方有人问你,吃了饭了没有?吃了就说吃了,没吃就说没吃,当然都是实话。但如再有人问你,地是动的还是不动的?恐怕就有些难答了。假使更有人问你,世界上有没有鬼?那要不扯谎便更难了。

不过,除了对于眼前接触的事情以外,要说实话虽然很难,但是说实话却是人生的理想,也是一切实学的目的。虽然难,并不是没办法。一个办法便是,说话总要有根有据。有几成根据,就把话说到几成。不轻信,不学舌。根据强点,就信的强点,说的强点。根据弱点,就信的弱点,说的弱点。这样子,便对于不很晓得的事情,也就可以不至常犯自欺欺人的毛病了。

二十四年五月二十六日

(原载1936年5月26日《实报·星期偶感》)

再说实

我是生活在一个小环境中，所接触的少，感想所及的因此也常有限。

这一月来，我所想的仍是一个实字，仍是越想越感觉到实的要紧。

我总觉着现在中国最需要的是成年人，既不是顽固糊涂的老朽，也不是不更事不实际、武断而轻信的幼稚。

幼稚当然与行将就木的老朽不同，有他们的好处，但现在最要紧最需要的究竟还是成年人。

所谓成年人者乃是有坚强的身体，雄壮的气概，健实的态度，清楚的头脑，开阔的胸襟，周到的见解，新的实在的知识的。

简括言之，就是方方面面都表示一个实在的人。

中国现在最需要的作人的标准，也可说就是，思想是切实的，态度是诚实的，身体是坚实的，而生活是朴实的。总之，就是要实在。

有人赞美中国旧来的大建筑的美，根本并不在它的伟大，它的雄硕，它的崇闳，而乃在它的实。

中国对于形式的美，普通总说是好看，声音的美总说是好听。我觉着，凡是好的，它的一个根本条件都是实。

中国旧来人生观的特点，也只一个实字最可以表示。

现在是虚伪空虚太多，而切实实在太少了。

中国如要与别人竞争，最要紧的就是再拿出实来。一切器用制品，都应力求其坚实朴实实际，而不以小巧玲珑为美。

假使现在中国运动还不嫌太多的话，我便以为现在更应有一个廓清运动。在积极方面以清楚与实在为职志。消极方面，要把一切不清楚不实在的都廓而清之。

中国现在固然有种种急切的需要，但一个最切要的实是思想语言的清楚而实在。清楚的最后标准也是在实上，所以实尤其根本。

孔子尝重正名，说："名不正则言不顺，言不顺则事不成……"其实要名正言顺也在清楚实在。

清楚实在！我相信中国今后的希望，今后的进步，必与所有的清楚实在的多寡成正比例。

二十四年六月三十日

（原载1936年5月26日《实报·星期偶感》）

诉于理性

我总希望大家都肯理性一点。

说“人是有理性的动物”，纵然不合事实，却是人类一个很高的理想。

所谓理性者，一在不为已甚，二在肯替他人设想。

诚然，我尝说过，因为人的愚蠢，许多事情，还是非力不能解决的。但是力的解决，决不是长久的解决，根本的解决。

肯诉于理性本有一个根本条件，便是承认彼此之间有共同点。这其实不但一个民族里的人是有的，就在全人类里边，又何尝没有？只是因为社会的根本制度不是理性的，人类本已很富裕了，却弄得几乎人人都在闹饥荒，人人都在作生死之争，彼此的共同点，遂全被忽略抹煞。

人类但肯理性一点，就用现在这个还很幼稚的科学的成就，本已可过得极优裕消闲的生活，也再用不着像现在这样的尔虞我诈，勾心斗角。就令还不能长生不死，总可多活上几十年数。

与理性相反的，第一是意气与感情。可惜现在人类里，许多地方都还是意气用事，许多事情都还是感情作用。培养理性最好的地方本是学校，尤其是大学校。不幸现在许多大学校的当局似乎还是不大懂得这个的。

有的大学的当权者,对付学生的方法,仍然只是感情用事,仍然只知闹意气,动不动便是记过开除,甚至于拉着全体教授总辞职来对学生要挟!拿理性的理想来看,拿教育的真义来绳,像这类的大学的当权者,真不能不说是不了解其职务的,是滥用职权的,是失职的。

与理性相反的,第二便是成见与习俗。成见与习俗乃是权威与传统结合的产物。所谓封建思想之应该铲除,特别在于这个地方。就因它不是理性的,而是传统权威习俗成见的集成。现在大多数的人还是囿于成见,拘于习俗,受了权威的恐吓,而为传统所笼罩,于是甘背理性,而不自知。在各种学问中,一种最可以发扬理性的就是所谓哲学。不幸现在有的讲哲学的人完全蹈于中世纪繁琐派的恶习,所从事的不过驰骋空想,钻牛犄角,搬弄字眼,支离破碎,结果是头绪茫然,归宿全失。全乖了哲学辨通的本义。又如,如果重视理性,便应脚踏实地,实事求是,就事循理;对事事作面面观,而不拘于一方;注意事情的发展关联,而不拘于一事一时的状况。这本就是所谓唯物辩证法的一种根本精神。不幸繁琐派的人对于这个,又是但凭成见,不求了解,而全然抹杀。最应该发挥理性的人犹且如此,别的地方的不容易见到理性,当然当然。

诸如此类的情形,我总愿意大家有则改之,无则加勉。由无理性进于理性,才是人类的真进步。人都应该自己想想,谁配说自己完全无罪?既然如此,那就也不应该随意加罪于他人了。当然更不应因为什么忌妒或排挤的缘故,就随便造谣生非。

（原载1936年8月9日《实报·星期偶感》）

裏的人是有的，就在全人類裏也，又何嘗沒有？只是因為社會的根本制度不是理性的，人類本已很富裕了，卻弄得人人都在鬧饑荒，人人都在作生死之鬥爭，彼此的共同點，遂全被忽略抹殺。

人類但肯理性一點，就用現在這樣還很幼稚的科學的成就，本已可過得極優裕蕭閒的生活，也再用不着像現在這樣的爾虞我詐，勾心鬥角。就令還不能長生不老，總可多活上幾十年數。

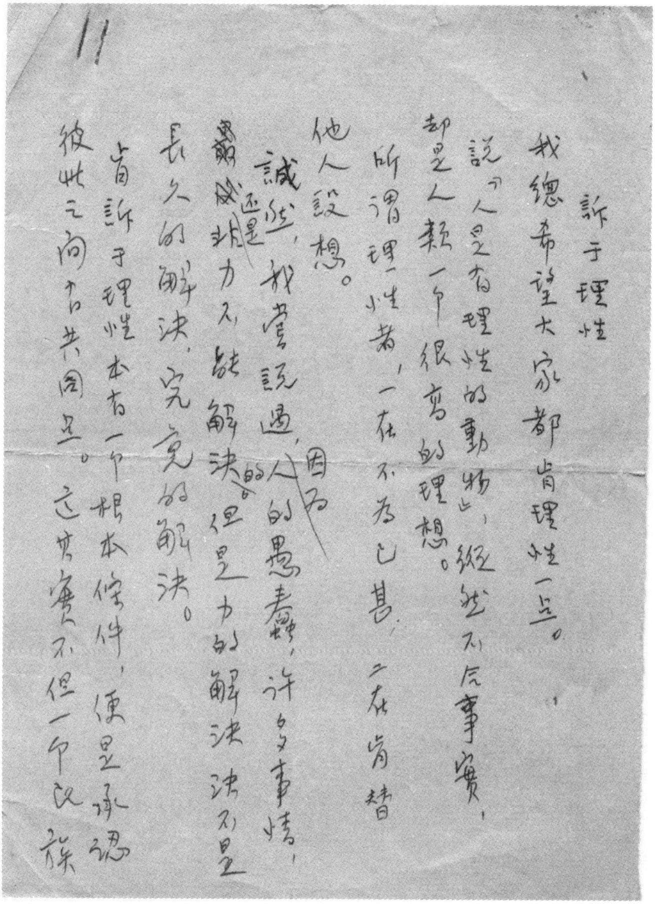
訴于理性

我總希望大家都肯理性一点。說「人是有理性的動物」，縱然不合事實，都是人類一个很高的理想。所謂理性者，一在不為已甚，二在肯替他人設想。

誠然，我曾說過，因為人的愚蠢，許多事情，还是非力不能解決的，但是力的解決決不是長久的解決，究竟的解決。

肯訴于理性本有一个根本條件，便是承認彼此之間有共同点。這其實不但一个民族

《诉于理性》手稿

理性的必要

这些年来，我总感觉到理性的必要。我深相信，没有理性，人类是不会走到一种比较着好些的状况的。因为这样子，对于现在需要的新启蒙运动，我既主张要更以理性为内容；对青年们谈起怎样思想来，我也主张要以理性为出发点。诚然，就种种学问来说，人类也未尝不是向着理性方面走。但在政治社会上，现在却是正处在一个非理性以至反理性的时代。因此罗素才发出"反叛理性"的警告。在这样情形下，尽力对理性加以显扬，显然有其需要。

理性究竟是怎么一回事，说明并不很易。但显著的特点，却也不难指出。第一，有理性的人说话必要有根有据，必不故意造谣生事。第二，有理性的人看事论事必是客观的，解析的，必然有分别，有分寸，有分量，必不因此害彼，也不含混笼统。第三，有理性的人认识事物必力求圆融，而不拘执，必不只从一方面着眼，只作一方面的认识。第四，有理性的人对人必是宽容的，体谅的，必肯替他人设想，而不轻凭己见抹杀异己；必贵自由，必主民主，必重说服，必尚理而不尚力。

更换言之，有理性的人必是不迷信，不盲从，不武断，不固执成见，不拘守偏见,不畏惧权威,不因袭传统的。切实,客观,解析,圆融,是有理性的人的总态度。孔子的四绝,毋意,毋必,毋固,毋我,就是有理性的人知识上的理想。韩非所说“无参验而必之者,愚也,弗能必而据之者,诬也”,有理性的人是必不如此的。

从正面说明理性,纵然不易,反过来举几个无理性或反理性的实例却容易的很。第一,例如,有的人受了西洋文明的感化或威吓,便以为凡是西洋的都是好的,凡是中国的都是不好的,因此主张对于西洋文明全盘承受。这就是一个显明的无理性的例。反之,只知固守本土的,而排斥一切外来的,情形也正相同。第二,有的人只因一时冲动只因自己的成见,便不察事实随便加他人以诬陷,不是说他人的行动有什么背景,就是说什么事件为他人所策动,或则抛开公事而在私行上攻击。这也显是一种反理性的行径。第三,还有的人身负教育青年的责任,对于青年意外的凶殴,既不能及时制止,事后反加以奖励,加以鼓吹。这不但失掉了教育者的身份,构成教育界的不幸,也太中于感情,而忽略了理性了。像这一类的情形,对于宇宙的进行,固然不必有什么影响,但为人类前途计总不能不愿意它可以绝迹。

在人类社会中,感情当然也有它的用处。不但从事救亡,非有一种热烈的感情不成;就是专弄学问没有一种热情也必然是维持不下去的。可是一方需要热烈的心肠,一方也需要冷静的头脑。感情是要有范围的,感情是要有调剂的。而范围感情,调剂感情的,就正是理性。

(原载1937年5月9日《民声报》)

说实话(一)

一个人总有他逃不脱的禀受。一个人总有他洗不净的习染。一个人总有他打不破的迷信独断。一个人总有他不自觉的成见欲期。据我的禀受,依我的习染,照我的迷信独断,或者再顺着我的成见欲期,我确信,要把世界人类生活的一段,弄得不再像现在这个样子,"说实话"乃是一个非常必要不可缺的条件。必须把人自觉或不自觉的种种动作,真情实况,统通赤裸裸地揭露出来,再不容什么东西有所逃技,人生乃有出路。必须人人胆敢直觑事实,无所避匿;必须人人胆敢见着什么说什么,觉着什么说什么,无所增也无所减;有癖结就自白有癖结,欲有所增减也就说欲有所增减,然后,人类乃能像个样子。

不错,普泛而论,人世倒也像是向此而趋的。科学法是一个表示。罗素学是一个表示。弗洛伊德的心理解析,尤能成一个表示。据弗洛伊德新获之说,人的心官可以分为两部,一部是一个与外界接触的"我",是赋有意识的。又一部是一个"它",是无意识的,是为冲动所主宰的。无意识或不自觉,通俗言之,原只是意识所不及,自己所不能识觉的意思。人生来就有些心理的活动,为自己所不知,也有的因为已与群所不喜遂摈诸觉外之域。人类种种重大的欺瞒掩饰,可就于此茁芽扎根了。弗洛伊德的心理解析,本是要自成一种所谓“深心理学”(心之深藏处之心理学)的。本尝自谓可以指识为一科“它”和它在“我”上的影响之心理学。对于这个“它”,这座无意识的牢狱或堡垒,特大下探察的功夫,要完全地把它攻破挑翻,使其中的活动,也终于为一般意识所及,自我所觉:使得就是这个秘密所在里作弄的色色勾当,也通通平白地暴布于天地之间,系统地作成个“人焉廋哉!人焉廋哉!”所以这科心理解析的学术,的确是可有助于揭穿今日人类的饰伪大病。就如男女接合,本与饮食是一类的事情,顶多也不过像煞较为繁重一点而已。在开明的孔子告子等,本来也是把它们同等看待的,说了些什么“食色,性也”“饮食男女,人之大欲存焉”之类,虽是当时的风习,有什么七岁怎样,八岁怎样,怎样左边走右边行,怎样授受不亲,种种矫揉做作,其实也防不了弊的办法,而今之人,可越把男女一节,看得不知怎样地幽渺神圣污秽了。爱哪,恋哪,奸哪,妒哪;多夫多妻,一夫一妻,一夫多妻,一夫妻妾,多夫一妻……只有这些较有明文的,简直已经闹得不可开交。只因祖宗错走了一步路,后世人们搬弄了一点无识,一件极平易近人的事,竟几乎成了万恶之源了。心理解析特别在这个紧要交关上,发了不少的平淡而吓煞孔孟释耶之徒的著实议论。人如敢于领受,裨益岂能会鲜?

这个向实而趋的趋势,也就是我前此所谓纯客观主义的一面,普泛“抽象”而论,诚觉着是潜在而实有的。不幸,找到中国,可觉殊乎其不然了。……但是要改变这个,也不是无术的。只是绝不是暴怒与震恐,也绝不是压迫与畏缩。第一件必需的仍然是科学,当然尤其是科学法,尤其要养成科学法的脾气。在中国的今日,实在应施行深厚的革命的科学的教育。应提倡一种实在主义的逻辑运动。应提倡一种情感理性合一运动。易言之,就是必须普及那种纯客观主义,而普泛地表现出向实而趋的健壮趋势。反之,已经大江南北谬种流传了的美化的浅教育,应当立起而揭其覆。对于这种种,今日不可不就有少数人赶快出来从事。在这地方,我们

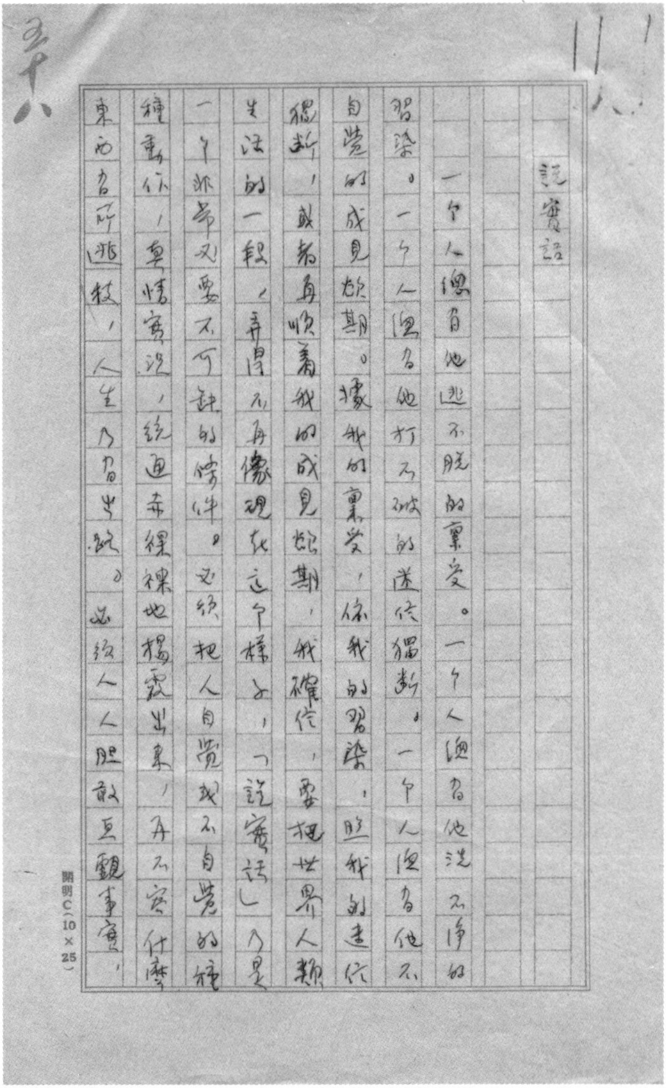
說實話
一个人總有他逃不脱的稟受。一个人總有他洗不净的習染。一个人總有他打不破的迷信獨斷。一个人總有他不自覺的成見嗜期。據我的稟受，依我的習染，照我的迷信獨斷，或者再順着我的成見嗜期，我確信，要把世界人類生活的一段，弄得不再像現在這个樣子，「說實話」乃是一个非常又要不可缺的條件。必須把人自覺或不自覺的種種動作，真情實說，統通赤裸裸地揭露出來，再不容什麼東西有所逃藏，人生乃有生趣。必須人人肥敢直觀事實，
《说实话》手稿

不得不相信一点罗素所信的思想的力量。万不得已:设非有此,我们要营的,将成一种什么样子的苟且生活?“处黑暗的日子,人需要有一种清晰明澈的信仰,有稽有据的希望,与夫由此而生的不把前途艰难放在意计之中的沉着恬静之勇。”这岂不是我们实在看不惯现状中任何不良之点的,正应身体而力行的么? 我独怪以前大声呐喊“赛先生”的,现在独不知藏到何方去了。本来,Science不过Science,明明客观的东西,可万物皆神似地把它人身化了,原已大背科学之旨。时势凑泊,仍不免于今日,还有什么可以徒说呢? 有:

“你们必晓得真理!

真理必叫你们得以自由!”

按:这是十二年前,民国十四年春夏间,在北平《京报副刊》上发表的一段感想。虽然语气与一些意思与今日的已不同了;时代变了,我也有些变了,但在根本之点上,还是一体的。与今日的新启蒙运动,尤感有些关切的地方。所以也带而录之,以供参考。篇中所谓纯客观,我这些年来已习称为大客观了。——作者,一九三七年七月八日

实！

我坚信真正最可以救中国的就是一个实字。

这些年来，中国许多地方，固然都在进步着。但是因为教育的犹未改善，因为社会的犹甚窳败，使人常常逢着的仍然是些虚浮、空虚、虚伪，以及虚矫之气。

我常感着最痛心的，并不是有国不得救，而乃是普遍流行的一种虚浮不切实的习气。这种习气假使不能由少数人先部分地革除掉，任怎样的国家，也是救不了的。

实在，在救亡上，尤其特别需要的，就是实，就是切实，就是脚踏实地，就是实干，就是下实力，作实工夫。崇实戒虚应是今日第一句格言。

抗战！这当然是今日中国的天经地义。但是抗战绝不是可以空喊的。不幸，有的人乃以抗战为名高；有的人乃除了空喊抗战以外，绝不作一点更实际的准备。有的人以为他已嚷了抗战，他的责任已经尽了；他已嚷了抗战，而别人不去抗战，责任全在别人。这种态度，这种做法，实在是万万要不得的。抗战的鼓吹，当然有其必要，应该是所谓精神总动员的一端。但要紧的是，应该使鼓吹不仅是口头的，而且是实际的。如果只在口头上鼓吹,而在实际的抗战上,一点不作打算,一点无所作为,即便完全是陷于踏空,中于虚矫,而且近于欺骗,实在不可以为训。

在《檀弓》上有一段话,我觉着是永远应该记取的:

战于郎,公叔禺人遇负杖入保者息,曰:“使之虽病也,任之虽重也,君子不能为谋也,士弗能死也,不可!我则既言矣!”与其邻童汪踦往,皆死焉。

鲁人欲勿殇童汪踦,问于仲尼。仲尼曰:“能执干戈以卫社稷,虽欲勿殇也,不亦可乎?”

现在的情形,虽与那时已颇有不同,但我总相信,这段话的意思依然可以采行。不说则已,既说抗战,便应有亲赴前线的决心。凡事最好是说到哪儿就做到哪儿,否则不说犹好。同时,说抗战,就令还不能抗战,也应该四方八面都作抗战的准备,在实际上在现实上使抗战有其可能。如果承认一战终不可逃,那么各尽所能地来充实战备,也就是人人都不可逃的责任。如果不然,如果必待抗战起来了以后,再怎样怎样,他应知那不但晚了,而且既不作抗战准备,如何能有抗战的可能,除了儿戏?现在的情形已经充分地明白:要战必须全国打成一片,要不战也只有备战。

说不能行的话固然是一种虚伪。不说自己的话也同样是一种虚伪。一个国的人绝不能完全一样。正宜各本其特殊的观点,发抒其所见,贡献于国家,供当权者的采择,或作为谏诤,也是必要的。能够这样的国家也才有活气,才能进步。如果不然,如果全国的人对凡为在上者所喜的便言之,凡非在上者所喜的则避之,或则凡为群众所喜的则言之,凡非群众所喜的便避之,这样子必致全国都失了真情,都失了正气,必致全国相胥为奴而已。这样子的国家也如何会长久得了?一个人之所以为一个人,必有其特点,必有其特立独行处。但所谓特点的第一点必就是敢于说自己的话,敢于表示自己的意见。否则人云亦云,唯唯否否,唯有力者的颜色是瞻,那有他与没有他究竟有多大差异?或者会说这话不免有些个人主义的色彩。是的。但是我相信,要使社会前进,这样的个人主义永远是有其必要的。

还有一种虚而不实的毛病是,有些人轻信传言,容易为谣诼所中。对事对人,常是不察情实,不管究竟,传言怎样传,他便怎样信,谣诼怎么说,他便怎么听。这样的人不免是为封建的余毒所害,而太缺乏科学的精神。新启蒙运动的提倡科学精神,一个缘故可说就在这个地方。因为科学精神的最根本处实在就在一个实上。

我很相信,处在今日,尤其在救亡战线里,在精神上,在做法上,最所需要的,就是切实、沉着与无恐。我最近很觉着,中国除了需要理性,也是需要狂热的。中国本有充实之为美的标准,但要实现这个美的标准,不能不求之于狂热中。切实、沉着,与无恐,应就是理性与狂热结合的结晶。一般启蒙运动本就是理性运动,但是今日的新启蒙运动,则应该兼是理性与狂热的合一运动。犹之乎,一般启蒙运动本是反传统的,但今日的新启蒙运动则应该对传统采取批判态度,不应只是废弃,而应该是扬弃,不应只是革除,而应该是沿革。

实!它实在是中国一个最好的传统,处在今日这个情形下,不但应该发扬它;处在今日这个情形下,实在尤其特别应该发扬它。

要养成尚实的风气,要革除虚而不实的毛病,根本上固然在社会的改善,但就在现状之下也并不是不能有所作为的,特别在教育上。因此,我不能不诚恳地希望今日的教育能够改变其偏重刻板的知育竞赛的体育的毛病。我尤不能不诚恳地希望负教育责任的:都能在实上身体力行,躬行实践,以身作则,都能说实话,作实事,讲实学,一切下实功夫。

(原载1937年7月25日《北平新报》)

实与理性

一个独立的国家必有其立国的精神。根据这个立国精神，而规定其教育宗旨。配合这个立国精神，而建立其人生理想。

那么，中国的立国精神是什么呢？或应当是什么呢？我可以谨严郑重，直截了当地回答：就是实与理性。

因此，在国民参政会第一次会议中，我曾拟建议确定“实”与“理性”为立国之根本精神，文化政策之主导原则，教育之最后宗旨；为求实现，应积极实施科学教育。

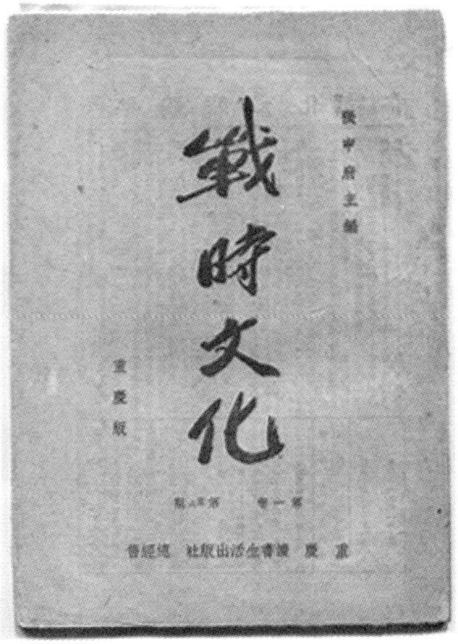

1938年《战时文化》第一卷第五、六期合刊封面，该杂志由张申府主编

现代几个大的文明国家都各有其显著的特点。譬如,在英是实用与常识;在法是明白而清楚;在俄是深厚;在德是富瞻。就是日本,也不是没有特点。日本的特点,就是小巧。我们中国的是正与它相反的,便是博大而充实。

实本是中国最好的传统。凡是中国的长处都在于实。凡是现在不好的地方,或是空虚,或是欺骗,都由于不实。实在,充实,朴实,切实,都是今日最需要的德性。

怎样才能实呢?这第一要由生活行动习惯入手。先要过朴实的生活,养成确实笃实的习惯,诚实忠实的态度。于事,注重实际,实践实干,脚踏实地,实事求是。于学立说,注重事实,习于如实,更求理论与实践的统一。不拘作什么东西,必要充实,切实,坚实,说实话,作实事,讲实学,这样子自可养成一个实在的人。

理性与实在原是相通的。要作到合乎理性,至少应有三点。第一是如事看事,有根有据,作面面观;第二是肯替他人设想,容许他人,重视他人;第三是能分别,有分寸,不笼统,不过分。真有理性的人,一定也是实在的人。

理性的来源,本在于分理,没有分是没有理的。分别,分析,分明,分寸,分量,都是理性的成分。但是真作到理性的人,必不因分而忽全,必不因分遂对一切都作机械观。

真有理性的人必是如实的,必然事实如何,或应当如何,便如何处理;必不会任凭成见放纵感情,或听人牵着鼻子走。能够实与理性的人,作价值判断,当认好的就是可以实行的;而值就是值,就是适值,有价值就是合适或适宜。这样子当然不会迷信,盲从,武断,独断。

实与理性:以此为立国精神,以此定教育宗旨,以此建立人生理想。实既是中国的特点,讲理也是中国人做人处世的准绳,发扬这个,光大这个,充实这个,实践这个,施于教育,造成风气,这岂不是愿意以身作则的人一个莫大的责任,尤其在这个危急迫切的抗战建国的时候?

许多人时常问:“我们究竟应当做什么?”我的第一个回答就是:不拘你做什么,必须体现“实”与“理性”的原则。

(原载1938年11月《战时文化》第一卷第五、六期合刊)

教 实

多少年来,不论从我在学问上所认识的,或用我在生活中所体认的,我都认定最要紧的就是一个“实”字。

我近来最想宣传的就是实的教义。

不论在哲学上,在政治上,在文学艺术上,在生活行动上,我都相信最根本切要的都在于实。

在哲学上,我曾称道新实在论。我自己的哲学观点是“大客观”。这些的最主要点都不外一个实字。就是现代的唯物论,也如此。

我为什么最喜欢罗素?就因他是最能表现实者。

罗素爱说“健实的实在之感”(robust sense of reality)。我认为这真是讲学作事所最不可缺。缺了这个,尽管高邈,却不免远于实际。

西洋文明最大的贡献是科学法。但科学可说就是精密有数量的实法。没有实验与算数,没有健实的实在之感,能有科学么?

理论与实践的统一,实在值得重视,实在值得作为理论的标准、实践的根据。

说实话,作实事,讲实学。如实,切实,实际,实践,脚踏实地,实事求是。我认为这就是为人作事讲学态度上观点上方法上最根本的准则轨范。

讲学总要讲到如实。

作人总要作一个实在的人。

我不忽视理想。但我认为理想不过现实的可能的趋势,因为人所重视,遂被标举。要建设理想,要实现理想,都必须体认现实,把现实作出发点。

现在应该开展新启蒙运动。现在应该发扬理性。但是什么是理性?理性就是明事理,有分际。而根本只在据实循实,有个数目。

但是在国家民族危急到这样程度的时际,说这些空的实话,可有什么用处?岂不虽然讲实,而其实与实不相干?

这不然。

我认为中国近年最根本的大病就是不实。就是私,也由于不实。因此,要根治中国的大病,必须以实。

就在战争,也是不实必败的。

中国抗战过去的不免失利,何尝不在不实上。

说全民抗战,而未尝全民抗战。

说全面抗战,而未尝全面抗战。

太不实了!

明是国家军队,而有的却只知部落的私利。

高唱民族利益高于一切,仍不免固守派系门户之见。

游击是十分必要的。但有的也不免只游而不击。游击队本应是民众的武力,事实上也不尽然。

太不实了!

现行教育的不切实际,不合乎实生活的需要,造不出真才来,更是许多人都已感到的事实。

多少年的到民间去,现在已揭破了只是一句门面之谈。

“真积力久则入”，现在却相习于便巧与虚浮。

“充实之谓美”，是多么好的教训。但是近年各方美的表现是不是在充实上？

“仓廪实而后知礼义”，但是近年却空谈礼义，而不实仓廪。

但是，无论如何，实是中国的最好的传统。我之所以特别重视实，显扬实，也未尝不是因为这个。

中国讲学，以体为法。体就是与实接触。

谁不知中国是尚实的民族？今日乃因不实遭受了这样的大祸！

近年种种都病抄袭，而不管自己的实际，忽弃了自己的传统。

要变革世界，必然了解世界。要改造一国，也必须了解一国。而了解一国，首在把握其传统。

实既是中国最好的传统，又是今日所必需，实在应该发扬之，光大之，履行之。

因此，在社会，我认为应养成说实话作实事讲实学的风气。

一切要干就实干，切戒虚虚豁豁，没真精神。

在教育，我主张以实为本，一切以实为最高的标准。注重实践，注重现实的需要，注重现实的趋势。

在政治，应该执行切实的政治，切实实行“实事求是”。

在救亡，在宣传，则我切盼力趋积极，多努力于积极一面。积极positive与实，实二为一。

至于青年，我就希望，造就出一批诚实不欺，切实不浮，充实有力，朴实无华，脚踏实地，实事求是，现实实际，如实实践的青年来。力求实而虚心。因为虚心就是实力的开端。

这是中国未来的保障。

孔子谈治国开始于正名。我则认为与其说正名，无宁更切实些说循实。我所以提出实的教义。

在这样急迫慌乱的时候，而提出这样一个抽象的原则，我是深愿大家不至因慌因忙而茫然。

不过,过实也未尝无弊,弊在陷于死板。

汰太于此也是必要的。

因此,我又尝说过实而活的立场。

“实函斯活”。

假使不怕外来的新名词的话,“实而活”就是辩证唯物论或唯物辩证法的精蕴。

(原载1938年《抗到底》半月刊第一期)

说实话(二)

现在整个世界都有问题,至少就大体来说,这却是一句已没有问题的话。解决这些问题,当然需要许多具体的方案,但有些原则也不可缺。原则之一就是说实话。

我坚信,不拘什么问题,但令人要解决它,那就必须说实话;必须敢说实话,肯说实话;必须见到什么就说什么;必须心里怎么想,口里就怎么说;背后怎么说,当面也怎么说;在屋子里怎么说,在大庭广众之中也怎么说;在口头上怎么说,在笔下也怎么说。二心话是说不得的。说二心话的人一定不会有力量。

这样子也许会得罪人,也许会弄出不方便。但长久下去结算起来,我相信,说实话的结果总是比不说实话好。

说实话一个最重要的意义就是说实在的话。说实在的话,不是像某种不好意义的心里怎么样就怎么说,而乃是说话必根据事实,必脚踏实地,必顾到各方面。不但顾到事实,而且也要所说的可行。也要话有物有内容。不但不说假话谎话,也不说空话虚话,也不逞臆而谈,毫无根据。

我相信,人类历来各方面的进步都少不了这个条件。例如假使不是

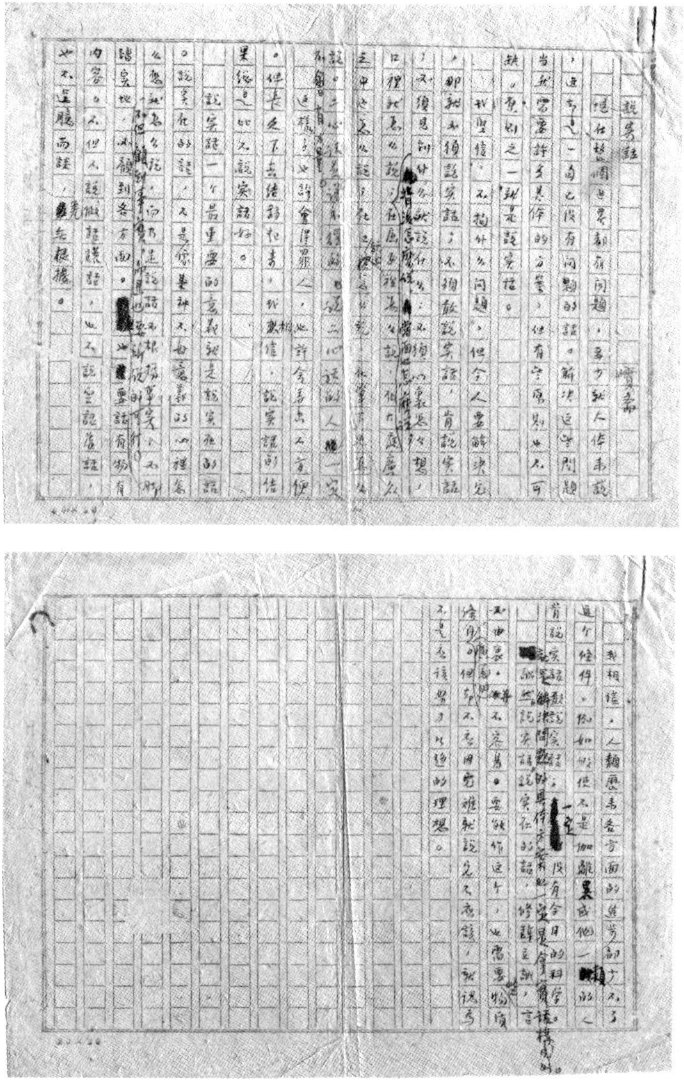

《说实话》手稿

伽利略或他一类的人肯说实话敢说实话，一定没有今日的科学。

就是解决问题的具体方案也一定是拿实话构成的。

诚然，说实话，说实在的话，修辞立诚，言必由衷，并不容易。要能作这个，也需要些物质条件（广义的）。但却不应因它难就说它不应该，就认为不是应该努力以趋的理想。

（原载1944年5月9日《新华日报》）

“实”“活”“中”

人生而有群，相互发生关系，从而滋成社会。要改造社会，必须同时改造人。人要有才识，也要有品德。知如何对己，也知怎样对人。要使人生好，这当也是必要条件之一。

有生以来，人的识、品、才、德、体、力，一般与自然的或人为的压迫、穷困或欺掠，相生相克，互为因果。

大概在人类社会发展的长时期内使人信服的常用方法，就是骗，就是哄，就是迷惑，就是吓唬。一日不启蒙，一日在蒙中。一切不可孤看。

这全是适应人的无知，适应人的自私，适应人的怯懦、虚假、饰伪、贪婪、妒嫉、贪生怕死。有些人的勾心斗角，尔虞我诈，穷凶极恶，党同伐异；此富彼穷，昧良欺人，也概由于此。世乱根本，也常在此。

为此所以重知，讲悟。知行相依，各有法则，须知遵。

为此所以要斥假，揭虚，遏私，破封。私定假，虚难真，封自私。人生大变之前，依力藉势克私，灭假，毁虚，绝封，盖是势不得已的蠢法。

为此所以显扬唯物辩证。由实（唯物）而活（辩证——相反相成，执两用中）而达于中（适当，恰好，不多不少；也即应多者多，应少者少。应多者

1982年，应邀为来访者题字

不多，应少者不少，就是不中)。只靠斗，解决不了问题，除非是奋斗。如说争，也要是抗争。奋发图强，奋抗御强。强，抗，也要中，要适当。

为此所以要以全人类为念。真实第一，和豫相通。痛绝一切恶。否定否定。从而在踏实稳定中稳步更新前进。

为此所以结合哲学、科学，阐明人、物、身、心、识、品，三者各本一。人与物同类，异种、异成分，同应适应自然构成与发展情况，及社会需要。无物则无身，更无心。识劣，品难优，群难好。

为示在自然中人类的特征，个人的识品，如何无负生活一生：人(个人或人类)应自知，惕、励；体物，虚心；客观，戒偏；端稳，持平；能立，知权，知全。有度有数；有为有守。

进而由知己更求知人。知如何对人，更知代人设想。要责人，先责己。见责于人，同要先自责，自反，自省，自觉，自助，自克。凡事尽其在我。称力，审势，藏拙。为人为己，为事为物，一切悠着劲儿作。决不苟且，决不推掩。也决不逞强、强为所不能。决不自是，自用，自专。也决不轻于自馁。对于日常琐屑或不相干或无可如何的骚扰，或一时不能解决的问题、困难，最好都养成“不在乎”的胸襟，而泰然处之，不怠不躁地静谋处理解决。

要之：言、思、知、行，审慎而为，一贯一致。通情达理，务合事理物情。对人对事，含蓄着点儿(“实函斯活”)。总要一切有个分寸，尽可能作到“不即不离”。努力看得高些，想得远些，不以细节苛求于人。这些纵似老生常谈，如今似仍有一定实际意义。

另一方面，人应当乐学，喜闻，爱问，深思，明辨，勤研。手脑并用，胸怀敞亮。群策群力，利济群己。本诚处群，相与温敬。珍视爱恋情谊。爱喜新，情恋旧，同应畅达。统要热情而沉思，亲切而静默。由是确立无封社会。人有原则，人秉大义。公道在心，不漫毁誉。慎避轻定一尊。绝不以神视人。一个人的思想言行，是正是邪，是对是错，是善是恶，分别看待，绝不以此掩彼。人与人间，概应相学相教，相助相让，相喻相谅，相关注。相与大公制私。破除一切人为等级。痛绝诡诈，虚伪，蒙骗。

“各得其所”（见《周易·系辞》）。“实事求是”（见《汉书·河间献王传》）。类此先哲名言，自贵如实体践。要知人间至道，在实、活、中，根本首要：真、实、诚、信。施于物理，就要具体辩证，逻辑分析，量度准确，切实周到。观察万象，宏微兼重。日常处事用物，不以轻心。备豫不虞，莫凭心潮。总之：不夸今；不蔑古；不谩人；不逞吾。戒满、太；避鄙、愎；防狭、隘；祛板、滞；慎耄、凿；绝必、固。对此种种，如不能知，更不能行，应说是都由于寡学、缺知、欠实、无诚。

人生离不开言语文字。用名宜责实。总求名正、言顺、显明、如实。应戒模棱含糊，或则不求甚解，人云亦云。切莫但举空名，罕述实物、实义。就令名词是社会的，意思可随世变；要当分明，有物；不致混乱、纠纷。义近常用之词，例如“实践”与“实际”，义各有当，用时更宜慎审分清，不可淆乱。近年似乎对于“科学”这个名字也不免用得泛些滥些了（“文化”一词更然）。以至“哲学”也被称为一门“科学”了（认识几个字，也说成学“文化”！）。其实“哲学”与“科学”虽同是“学”，同可称为学或学问，却还不是同类。科学在今日是极被重视了；无奈哲学纵也被称为“科学”，却未被同样重视，自也未得同样发展。不过不论是科学或真正的哲学都与宗教截然不同。不论科学或真正的哲学都在据实求真，宗教则在定一尊，讲信仰，重崇拜。

讲到哲学以为对象的宇宙自然、整个人间，一切物事，重在全盘，相互关联。动转波旋，变化发展。概有两面，相成相反。否定否定（否定的否定），量变、质变（量、质变交函），质、能对嬗。场、粒相缘。

此所云云，前几句就是唯物辩证法。唯物辩证法之所表示，就是中国常说的“实”“活”“中”三字的适当意义之所指示。一切世事，无问公私、大小，如要成功，实应都以为准绳。上文末两句，则是现代物理科学逐渐达到的发见，也可以扩充善用到人事上。

总括说来，人生有关一切，都应知一知二，知全知分。知正知负，知成知覆。知原知委，知果更知因。切当事得其当，各如其分。物尽其用，各合所宜。井井有条，楚楚有序。在人还应认近怀远，鉴古知今。融会今古，协调中外。时移势迁，知须及时。用权需知，知权当协。根本首要：一切思想、行为，作到实、活、中、义、勇。处世作人，能够忍、韧、任、仁、周。日常生活，不忘勤、谨、谦、俭、革。就整个一般社会说，则应大力宏发现代崭新的刨根掘底，利用厚生，以数理为基的科学及技术。同时，并力阐扬历传爱物绝疵的高瞻远瞩、追本穷源的唯物辩证，正德崇品、长人智慧的人生哲学及文艺。在社会教育、文化宣传上务以新的道德风尚（如安定团结、信实、互助等），代替旧的败坏了的风俗习惯（如混乱争夺，欺诈谎骗等）。藉期适应社会民主、政治法治，全中国既安定团结，稳步实现四化，重在不离唯物辩证、科学方法；以至全球人民共享安乐。何快如之！

更知息息不息，易易不易。快乐太快，至乐不至。人生至乐，乃在从从容容地对实、活、中的真知、实践中。真知：知识、真理、理论、理想、理性，与行动、实践、实际、现实、实在，彼此应当互相牢牢地相联结、相配合。实践：言必信，行必果，深入天人。天：空时合一，绝对相对（相关），无穷有穷（有尽）；人：知行相依，体用不二，群己一体。为此必要：彻底改造社会，从容改变人生。圆融体现实、活、中。唯物（脚踏实地，实事求是）辩证（相反相成，执两用中）真革命（一八七三年末《资本论》再版跋末，马克思曾说“辩证法……在其本质上是批判的和革命的”）。

（原载《中国哲学史研究》1982年第三期）

论中国化

改革中国是为的中国。至少也是先直接为中国，其次才影响到全世界。同时，改革中国总要就中国找办法，虽然一般大法不妨借资他人，借镜他国。因此，许多外来的东西，我们以为，用在中国就应该中国化，而且如其发生效力，也必然地会中国化。

一九三九年二月

第三文化之建设

——一段旧感重发

逢见这次蛮杀不已，混账已极的事变（五卅），许多人这才恍然大悟，所谓文明人的，不过是这么一回子事。这真是为自己的幻念所误了！抱持这样的幻念，怎能不身受其害？

人类本来是一种坏极了的东西。所谓博爱，所谓平等，所谓互助，原不过最坏者欺骗次坏者的门面语。什么文明，什么开化，马克思早已晓得，自欧洲人说来，不过就是要变得同他们一个样子。至于什么革命，什么改造，什么革新，又岂外无办法中想办法，无聊之极思？学问艺术，似乎是最无可訾的了，原也不过为遂性欲而逼出来的一种把戏，在这个太岁当朝的年头，只足供坏东西之淫用而已。人世就是这样一副情形！人类就是这么一种东西！你如当它好，你如认它文明，你如吹，你如拍，你终必受了它的害而后已！

庚子以来，中国人对于西洋的态度，完全折了半个筋斗。由蔑一变而成媚。西洋的东西，无一件不是好的。中国如要图存，非欧化了不可。你如说半个不字，你便是老朽顽固，你便是遗老遗少，就是讲精神文明的人，

京報副刊　二

相差幷不遠，甲乙的爭執相持所以不必太堅，只要事實上辦得到，無論甲的主張或是乙的主張我們都是歡迎的。現在的第一要事是兩方省下無謂的爭執的功夫來，走上同一條困苦艱難的道路。對於這一回的外交問題，滿末的思想界的局面又出現了，雖然這也是不可或不必免的事實，但人類向上的一部分精力，我知希望他們節省下來，同作實際的有益的活動。

第三文化之建設

——一段舊話重發

申府

迭見這次變殺不已，混帳已極的事變，許多人這才恍然大悟，所謂文明人的，不過是這麼一回子事。這真是爲自己的幻念所誤了！抱持這樣的幻念，怎能不身受其害？

人類本來是一種壞極了的東西。所謂博愛，所謂平等，所謂互助，原不過最壞者欺騙次壞者的門面語。什麼文明，什麼開化，馬克思早已曉得，自歐洲人說來，不過就是要變得同它們一個樣子。至於什麼革命，什麼改造，什麼革新，又豈外無辦法中想辦法，無聊之極思？學問藝術，似乎是最無可議的了，原也不過爲遂性慾而逼出來的一種把戲。在這個大竊當朝的年頭，只是供壞東西之從用而已。人世就是這樣一個情形！人類就是這麼一種東西！你如當它好，你如認它文明，你如吹，你如捧，你終必受了它的害而後已！

庚子以來，中國人對於西洋的態度，完全折了半個觔斗。由崇一變而成媚。西洋的東西，無一件不是好的。中國如要圖存，非歐化了不可。你如說半個不字，你便是老朽頑固。你便是這老迂少。便是講精神文明的人，也要說中國目前應走西洋的路子。這種中庸的情形，大部分由於受了麻醉被了催眠而不自知。近來，此風似乎已經稍稍衰了。有人也曉得西洋文明已在破產了。這兩天更有人明目張膽地說出來了。其實西洋文明，早已破產，何待乎今日？這個精世界，因生產方法，經濟制度，社會關係之失調，久已入了一個無文化的時代。也初無東西之別。東方文明使人死氣沉沉。西方文明使人殺氣騰騰。要說要不得，同一樣的要不得。有什麼不可破，理由，輸來的就一概是好的？丁此稍極無聊之局，如求堪自相慰之方，只有做『物質』之可能，努力於第三文化之建設。（本文用『文化』，『文明』兩詞無別，理由另論。）

稍有知識的，誰不知道，近代西洋文明的特色，從政治經濟方面說，只是一個帝國主義？稍有知識的，誰不知道，要爲人類這個壞東西，找個出路，必非跳出這個帝國主義的圈子不可？什麼是帝國主義？簡要言之，帝國主義就是資本主義發達最後必至之一級。今世所謂列強，在資本主義的經濟制度之下，工業已經發展到再無可發展了。資本無投資殖之餘地，資本主義的生命將無以自保。于是乎他們不得不找尋未工業化的國度，迫令加急地工業化，以爲其資本之緊殖場。即這便是所謂帝國主義。這種東西是具有武力與宗教的兩翼的。但雖如此，在猶的進行中，終不免要遇見民族覺悟，『超資本主義』，三種必然的抵抗。必合資本主義不存者遍全球，已屆完期。是故帝國主義，原來本是為的為資本主義延壽喘，結果則成替資本主義作墳墓。然世界如欲早逃出這種禍害，不可不早上一種新軌道，不可不成立一種可以產生所謂第三文化的新經濟制度。對於帝國主義這種東西，只（照著這個方向），聯合全世界的反抗力量，內應外合地把而從根鏟倒。若有所表露，而想以模擬仿效。否則，以中國而論，循今之道，無變今之俗，習日本之前事，自己變成一個帝國主義者，亦謀或可以抵抗帝國主義之來攻。不過似此情形，就令其可能，也不過由被殺進於殺人而已。被殺誠然可恥。殺人便更可恥到萬萬倍！今日之嚮恥，不應只是雪被殺之恥，不應只是雪被狗咬

一七

1925年6月22日,《京报副刊》刊载《第三文化之建设》

也要说中国目前应走西洋的路子。这种中魔的情形，大部分由于受了麻醉被催了眠而不自知。近来，此风似乎已经稍稍衰了。有人也晓得西洋文明已在破产了。这两天更有人明目张胆地说出来了。其实西洋文明，早已破产，何待乎今日。这个糟世界，因生产方法、经济制度、社会关系之失调，久已入了一个无文化的时代。也初无东西之别，东方文明使人死气沉沉。西方文明使人杀气勃勃。要说要不得，同一样的要不得。有什么不可破的理由，舶来的就一概是好的？丁此穷极无聊之局，如求堪自相慰之方，只有顺“物质”之可能，努力于第三文化之建设（本文用“文化”“文明”两词无别，理由另论）。

稍有知识的，谁不知道，近代西洋文明的特色，从政治经济方面说，只是一个帝国主义？稍有知识的，谁不知道，要为人类这个坏东西，找个出路，必非跳出这个帝国主义的圈子不可？什么是帝国主义？简要言之，帝国主义就是资本主义发达最后必至之一级。今世所谓列强，在资本主义的经济制度之下，工业已经发展到再无可发展了。资本无复繁殖之余地，资本主义的生命势将无以自保。于是乎它们不得不找还未工业化的国度，迫令加急地工业化，以为其资本之繁殖场。即这便是所谓帝国主义。这种东西是长有武力与宗教的两翼的。但虽如此，在它的进行中，终不免要逢见民族、农业、“超资本主义”，三种必然的抵抗，必令资本主义不待普遍全球，已届死期。是故帝国主义，原来本是为资本主义延残喘，结果则成替资本主义掘坟墓。然世界如欲早速逃出这种祸害，不可不早上一种新轨道，不可不成立一种可以产生所谓第三文化的新经济制度。对于帝国主义这种东西，只有顺着这个方向，联合全世界的反抗力量，内应外合地把它从根铲倒。万不可对它有所羡慕，而加以模拟仿效。否则，以中国而论，循今之道，无变今之俗，习日本之前事，自己变成一个帝国主义者，亦诚或可以抵抗帝国主义之来攻。不过以此情形，就令其可能，也不过由被杀进于杀人而已。被杀诚然可耻，杀人便更可耻到万万倍！今日之雪耻，不应只是雪被杀之耻，不应只是雪被狗咬之耻（一九一四年之事，罗素谓，不过如不喜彼此气味的两狗咬架。则中国今日之事，正同为野狗所咬）。不应只是雪所受在其本国只是穷光蛋跑来这儿大碗吃饭的流氓之流的侮蔑之耻，尤应当雪全体人类之耻。欲雪全体人类之耻，只有建设第三文化，只有从根本使帝国主义绝迹。

近年中国有一件最令人肉麻的东西，便是所谓“新文化”。留学生以此骗人。市侩书贾以此牟利。父子兄弟师生以此相告语。军阀官僚文朽无识之徒以此“相惊以伯有”。新文化的外表，不过白话文。其实，文章只要作得自然：只要作到辞达，只要能以少数的文字达多量的意思，形式的白话文话，原没有了不得的大关系。思想不清楚，见识不深透，胸中无情趣，就是白话文里，也未尝不可以出个桐城派。反之，为文如旨在述事达意，白话又有什么不可以？所以这一层没有什么可说。“新文化”之最可厌的部分，乃在其内容。为什么在那边明明已经破烂的东西，到这边就认为了不得的新？为什么不分青红皂白，只凡是舶来的，就一股脑儿，都称为新？有什么颠扑不破的理由，新的就是好的？旧的就是坏的？中国的工业诚然也应该发展。中国的农业诚然也应该工业化。然而决绝不应该为帝国主义而发展。然而决绝不应该仍用自然的资本主义的方法来发展。至于精神方面，中国之所最缺，乃在一种合理的态度，乃在一种逻辑的思想，乃在一种自然科学的方法。这样子，把西洋文明最大的贡献，科学法，拿来，切实加以培养，切实加以施用，切实加以体现，切实加以发扬，就是了。今乃不此之务，今乃大言不惭地：“文化，文化！”文化也是这样容易移植的么？文化也是这样容易设立的么？今日欲超出两旧文化而建一种第三文化，乃在顺“物质”之可能，先就物质的基础，而引之趋合于理想。为理想之形成应将东西所有旧有的东西，都加以估重，评衡，及别择。一脚踢与一兜包的办法，是同一样地要不得的。保守东方旧化说不可行。移植西洋旧化说不可行。机械地融合东西两化说，也同一地不可行。俄罗斯固试之而败矣。天地间原无这样一厢情愿的便宜事呵！解决文化问题的第四办法，第三文化之树立，乃在随对勘法之运用，是活的，是切实的。

此次蛮杀之事,无论将来结果如何,为防横逆之加甚,为使这个坏的人类于万一之中渐有一线好的希望,都不可不努力奋发日进不已。无论何时何地,懊丧与得意,均所不取。而努力奋发之中,第一应为之事,即在打点物质基础,建设此第三之文化。

一九二五年六月初

(原载1925年6月22日《京报副刊》)

革命文化是什么?

革命文化的名称已经屡见不一见地见于报章杂志了。但是所谓革命文化究竟是什么呢?

难道就是革命时代所产生的文化么?恐怕不见得是这样简单。而且如果如此,也还用着什么呢?

要晓得什么是革命文化,不可不晓得什么是革命,尤不可不晓得什么是文化。

本来,文化一词,异义非常之多,简直没有法子弄清楚。若要根本彻底的话,最好不要讲这劳什子。这个,大概还是不可能的。那么,不得已而为之解,与其就其内涵,下一个笼统的界说,不如直截了当地枚举其外举。

大概,一般人讲文化:科学、工艺、艺术、文学,总是都含在意中的。此外,宗教,现在总是不要的了。道德也可以要可以不要。一种人生观,与生活方法(生活习惯),大概是要包在里头的。这也就包得不少了。至于政治法律算不算,那是很可疑的。有人说,文化就是人类努力的结果,那未免太宽泛,而无定限。

如此,现在就假定,所谓文化就是:科学、工艺、艺术、文学,以及一种

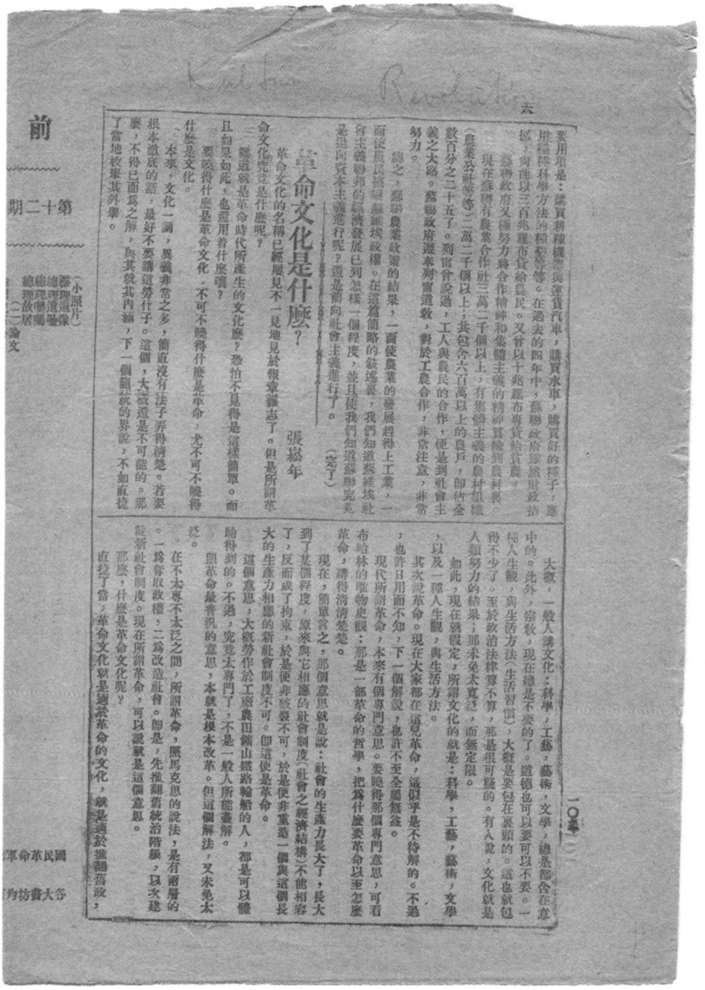

第二十期

要用項是：購買耕種機器與運貨汽車，購買水車，購買好的種子，應用種種科學方法的耕種等等。在過去的四年中，蘇聯政府曾經放出借款，有時以三百兆羅布貸給農民。又曾以十兆羅布專貸給貧農。

蘇聯政府又極努力將合作精神和集體主義的精神貫輸到農村裏。

現在蘇聯有農業合作社三萬二千個以上，有集體主義的農村組織（農業公社等等）二萬二千個以上，共包含六百萬以上的農戶，即佔全數百分之二十五了。列甯曾說過，工人與農民的合作，便是到社會主義之大路。蘇聯政府遵奉列甯遺教，對於工農合作，非常注意，非常努力。

總之，蘇聯農業政策的結果，一面使農業的發展趕得上工業，一面使農民擁護蘇維埃政權。在這篇簡略的敍述裏，我們知道蘇維埃社會主義聯邦的經濟發展已到怎樣一個程度，並且使我們知道蘇聯究竟是退向資本主義進行呢？還是前向社會主義進行了。（完了）

革命文化是什麼？

張崧年

革命文化的名稱已經屢見不一見地見於報章雜志了。但是所謂革命文化究竟是什麼呢？

難道就是革命時代所產生的文化麼？恐怕不見得是這樣簡單。而且如果如此，也還用着什麼講？

要曉得什麼是革命文化，不可不曉得什麼是革命，尤不可不曉得什麼是文化。

本來，文化一詞，異義非常之多，簡直沒有法子弄得清楚。若要根本澈底的話，最好不要講這勞什子。這個，大概還是不可能的。那麼，不得已而爲之解，與其就其內涵，下一個籠統的界說，不如直捷了當地枚舉其外延。

大概，一般人講文化：科學，工藝，藝術，文學，總是都含在意中的。此外，宗教，現在總是不要的了。道德也可以要可以不要。一種人生觀，與生活方法（生活習慣），大概是要包在裏頭的。這也就包得不少了。至於政治法律算不算，那是很可疑的。有人說，文化就是人類努力的結果；那未免太寬泛，而無定限。

如此，現在姑假定，所謂文化的就是：科學，工藝，藝術，文學，以及一種人生觀，與生活方法。

其次說革命。現在大家都在講說革命，這似乎是不待解的。不過，也許日用而不知，下一個解說，也許不至全屬無益。

現代所謂革命，本來有個專門意思。要曉得那個專門意思，可看布哈林的唯物史觀：那是一部革命的哲學，把爲什麼要革命以至怎麼革命，講得清清楚楚。

現在，簡單言之，那個意思就是說：社會的生產力長大了，長大到了某個程度，原來與它相應的社會制度（社會之經濟結構）不能相容了，反而成了拘束，於是便非破裂不可，於是便非重造一個與這個長大的生產力相應的新社會制度不可。這便是革命。

這個意思，大概勞作於工廠農田礦山鐵路輪船的人，都是可以體驗得到的。不過，究竟太專門了，不是一般人所能盡解。

照革命最普汎的意思，本就是根本改革。但這個解法，又未免太泛。

在不太專不太泛之間，所謂革命，照馬克思的說法，是有兩層的。一爲奪取政權，二爲改造社會。即是，先推翻舊統治階級，以次建設新社會制度。現在所謂革命，可以說就是這個意思。

那麼，什麼是革命文化呢？

直捷了當，革命文化就是適於革命的文化，就是適於推翻舊政，

1927年4月3日，《中央副刊》星期日特别号《上游》刊载《革命文化是什么?》

人生观与生活方法。

其次说革命。现在大家都在这儿革命，这似乎是不待解的。不过，也许日用而不知，下一个解说，也许不至全属无益。

现代所谓革命，本来有个专门意思。要晓得那个专门意思，可看布哈林的唯物史观：那是一部革命的哲学，把为什么要革命以至怎么革命，讲得清清楚楚。

现在，简单言之，那个意思就是说：社会的生产力长大了，长大到了某个程度，原来与它相应的社会制度（社会之经济结构）不能相容了，反而成了拘束，于是便非破裂不可，于是便非重造一个与这个长大的生产力相应的新社会制度不可。这便是革命。

这个意思，大概劳作于工场农田矿山铁路轮船的人，都是可以体验得到的。不过，究竟太专门了，不是一般人所能尽解。

照革命最普泛的意思，本就是根本改革。但这个解法，又未免太泛。

在不太专不太泛之间，所谓革命，照马克思的说法，是有两层的。一为夺取政权，二为改造社会。即是，先推翻旧统治阶级，以次建设新社会制度。现在所谓革命，可以说就是这个意思。

那么，什么是革命文化呢？

直截了当，革命文化就是适于革命的文化，就是适于推翻旧政，建设新鲜的文化。

这种文化，照我现在所能见，应有四种特性：

第一，应是动的，应是向前的。因为革命是动的，是向前的，所以这种文化一定不同于中国旧来的、静的、停滞的、念旧的旧文化。中国旧来文化所以是静的，就因中国的物质生产力，多年没有什么增长。但现在是革命时代，生产力已经增长；而且将来生产力也当相续增长。经济结构，社会制度，也当随之而平匀底相续变更。如此相应而建筑成的文化，自应只是动的而不能是静的；是生机泼泼的，而非死气沉沉的；是前有希望的，非仅只追怀过去的；更是创造的，非保守的。

第二,这种文化应是客观的。革命本来是客观的。所谓革命起于客观的要求。孤行己意,囚于我执的革命者,只有归于败亡之一途。谁最能客观,谁最能认识客观,谁就最能为革命的领导者。既然如此,所以革命的文化,也必是客观的,是切实的,是随事实为转移的,是如实地应付事实的。再换言之,也就是科学的。客观的革命家不但认识现在的事实,必且能根据错综律,看到现在事实的分发,出路。客观的革命文化,也必不但适应于现在的事实,并且能随顺未来的事实。而且根据行为论,很专门地言之,所谓文化本可界说为"人的反应的客观化"。文化日趋客观,实是进化必然的趋势。

第三,革命的文化必是民众的。今日所以革命,乃为的民众,亦成于民众。今日的革命,尤其以工农为主体。革命文化必当以工农民众的观点而出发,必是普遍于工农民众的。所以,这种文化,必与所谓近代西洋文化,大大不同。西洋近代文化纯粹是有产阶级的文化,建设在资本制度之上,已随资本制度有产阶级,而就沦亡。近来中国还有笼统地欢迎西洋文化的,其实都在不识不知之中,作了帝国主义的宣传队了。

这种文化,既是民众的,同时,也就是直接的。什么是直接的呢?如罗素所说,文化本也可以界说为:"在生物学上,为生活所不必要的东西之循求。"现在很有名的德奥的马克思列宁主义者卢迦子也有类似的说法。于是,特罗斯基也说,文化是拿经济的汁子养活着的,必须有了一种物质的余裕,然后文化乃可以生长发达。可是,历来都是利用大群的劳动者养活着少数的闲暇者,以造文化:这实在是一种极端荒诞的组织。现在,革命的文化既是民众的,便当由民众自己直接来作文化工夫,再用不着什么少数人来利用假借。照现代的生产力,每人每日劳作三四小时,这个人生已足维持,但令人肯智慧一点,大群劳动者直接自造文化,确已有完全的可能。

根据上边第一与第三,显见革命文化既非中国旧文化,也非近来流传的所谓新文化。可说乃是一种第三文化。我在前年"五卅"前后写过一篇《第三文化之建设》,便是这个意思。

第四,革命文化还是世界的。今日世界是大通的。民众是无国界的。今日的革命,尤其合世界成一个整个。未来的革命文化也必是世界的,非复一国一民族的。

如此,一言以蔽之,革命文化,就是世界民众直接创造的客观化。更简单以名之,也可就叫作“民化”。鼓吹这种文化,显扬这种文化,建设这种文化,也可就说是民化运动。由这种文化,使大家贯彻革命的事实,由这种文化,使大家合于革命的习惯,使大家晓得在新建设的社会里怎么样子反应,也可就说是民化教育。

(原载1927年4月3日《中央副刊》星期日特别号《上游》)

什么是新启蒙运动

所谓新启蒙运动，最近在南在北，都受到了很大的注意。

这个运动虽是最近才号召开，但新启蒙运动这个名字，差不多在一年前已经被提起了。

这本是时代的需要。但就我而论，我自信，至少在三四年前编《世界思潮》时，已有这个意思。那时我所说的与现在我所说的，根本上并无甚差异。

什么是新启蒙运动呢？

就字面说，启蒙就是开明的意思。

再分别说，启蒙就是打破欺蒙，扫除蒙蔽，廓清蒙昧。因此，在字典上，所谓启蒙就是脱离迷信，破除成见等等的意思。

凡是启蒙运动都必有三个特性。一是理

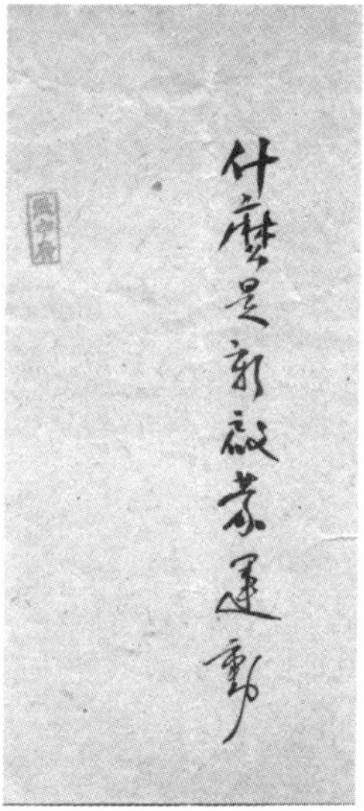

作者为1939年11月生活书店辑录出版的文集自题书名

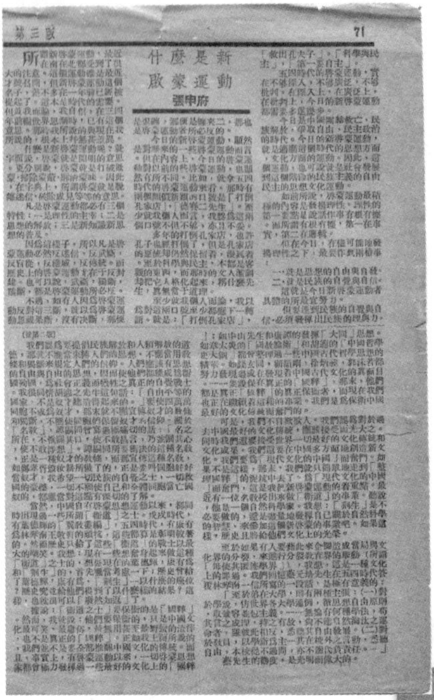

什麼是新啟蒙運動

張申府

1937年6月,《现实月报》刊载《什么是新启蒙运动》一文和反对新启蒙运动的北平师范大学教授杨立奎《声讨张申府等》通电文稿

性的主宰；二是思想的解放；三是新知识新思想的普及。

因为这样子，所以凡是启蒙运动必然反迷信，反武断，反盲从，反权威，反传统。而历史上的启蒙运动尤其在于反封建。

也可以说，武断，独断，垄断，都是启蒙运动所必反。

不过，如有人因为启蒙运动反对这三断，就以为启蒙运动忽视果断，没有决断，那便是歪缠，那便是缠夹二。那也是启蒙运动者所必反的。

今日的新启蒙运动，显然是对历来的一些启蒙运动而言。对于以前的一些启蒙运动，也显然有所不同。比如，就拿五四时代的启蒙运动来看，那时有两个颇似新颖的口号，是“打倒孔家店”“德赛二先生”。我认为这两个口号不但不够，亦且不妥。

多年的打倒孔家店，也许孔子已经打倒了，但是孔家店的恶流却仍然保留着，漫延着。至于科学与民主，本都是客观的东西，而那时的文人滥调，却把它人格化起来，称什么先生，真无当于道理。

至少就我个人而论，我以为对这两口号至少都应下一转语，就是：“打倒孔家店，救出孔夫子”；“科学与民主，第一要自主”。

五四时代的启蒙运动，实在不够深入，不够广泛，不够批判。在深入上，在广泛上，在批判上，今日的新启蒙运动都需要多进几步。

今日是中国团结救亡、民族解放、争取自由、民主政治的时代。今日的新启蒙运动，就是适应这个时代的思想方面、文化方面的运动。因此，这个运动，也可说就是社会发展到这个阶段的民族主义的自由民主的思想文化运动。

如前所说，启蒙运动最积极的内容是发扬理性。理性的第一要点是说话作事有根有据。而所谓有根有据，第一在事实，第二在逻辑。

但在今日，在尽可能地发扬理性之下，最要作到两桩事。

一、就是思想的自由与自发。

二、就是民族的自觉与自信。

这就是今日作新启蒙运动者具体的所最宜努力的。

但要达到民族的自觉与自信,必须发挥出民族的理与力。

(原载1937年5月《实报·星期偶感》)

五四纪念与新启蒙运动

五四已到了十八周年纪念的日子了。

五四有广大的意义，在中国社会上、思想上，有深厚的影响，是不容抹杀的事实。

但，另一方面，五四也有它的缺欠，有它的时代的限制，也不必讳言。

意义应该认识，影响应该发扬，缺欠也应该补充。

今日纪念五四，第一应该想到的是：五四所对付的问题，正是今日所应对付的问题。这个问题，经过十八年的岁月，非特未得解决，简直变本加厉。这是今日最值得深长思的。

在对内上，在思想上，五四代表的潮流，对于传统封建的思想，是加了重大的打击。这些年来，在思想上中国诚有了不小的变化，在学问上也有了显著的进步，在书籍的出版上表现的特别显明。但是封建思想的依然弥漫，也是不能掩盖的情实。

在思想上，如果把五四运动叫作启蒙运动，则今日确有一种新启蒙运动的必要；而这种新启蒙运动对于五四的启蒙运动，应该不仅仅是一种继承，更应该是一种扬弃。

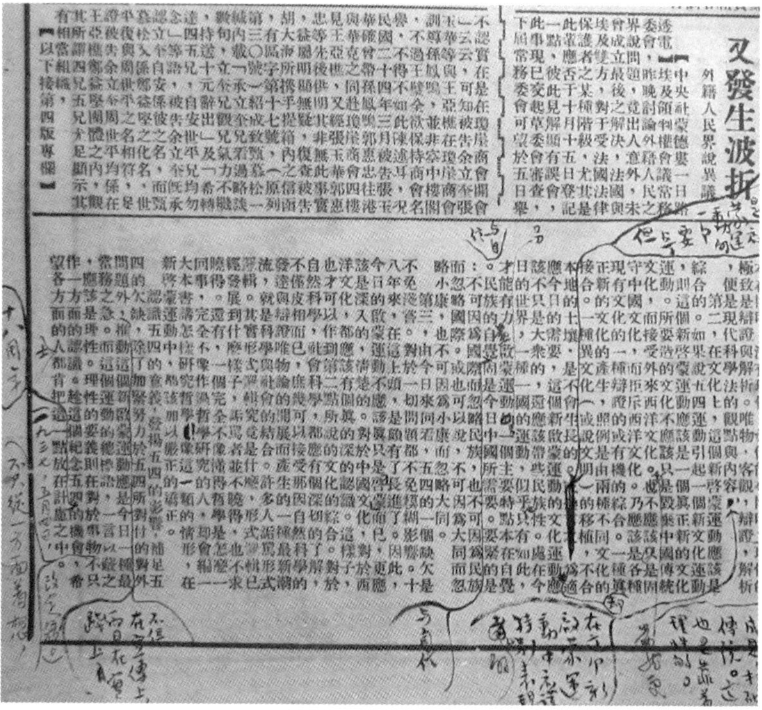
又發生波折

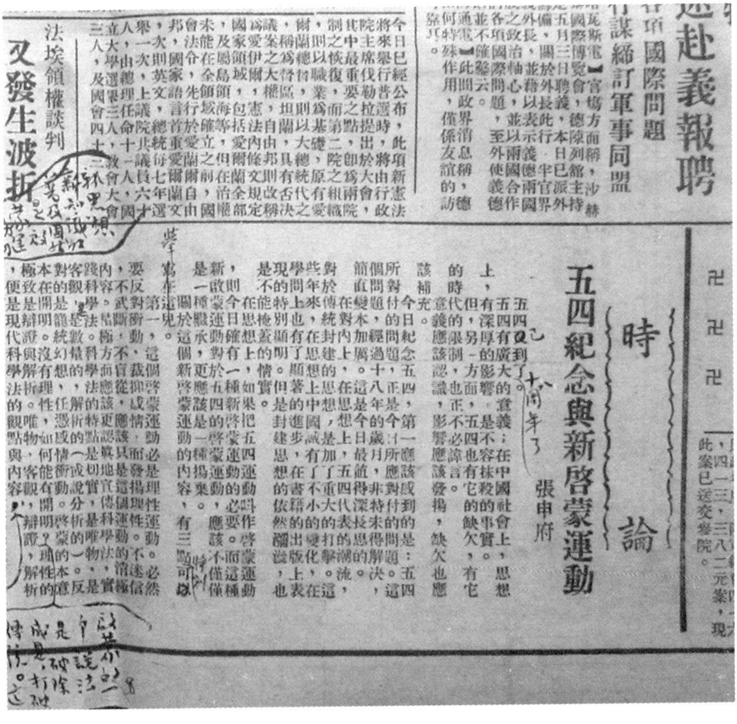

赴義報聘

時論

五四紀念與新啟蒙運動

張申府

作者在1937年5月4日《北平新报》刊载的《五四纪念与新启蒙运动》一文上所作的修改笔迹

关于这个新启蒙运动的内容,有三点特别可举。

第一,这个启蒙运动必是理性运动:必然要反对冲动,裁抑感情,而发扬理性。不迷信,不武断,不盲从,应该只是这个运动的消极内容。积极方面,应该更认真地宣传科学法,实践科学法。科学法的特点是切实,是唯物,是客观,是数量的,解析的(或说分析的)。反对的是笼统幻想,任凭感情冲动。启蒙的本意本在开明,因而有思想自由,行动解放。没有理性,如何能有开明?如何能容得下思想自由,行动解放?启蒙的另一个说法是破除成见,打破传统。这也是要靠着理性的。理性的极致是辩证与解析。唯物,客观,辩证,解析,便是现代科学法的观点与内容,在这个新启蒙运动中应该特别表现的。

第二,在文化上,这个新启蒙运动应该是综合的。如果说五四运动引起一个新文化运动,则这个新启蒙运动应该是一个真正新的文化运动。所要造的文化不应该只是毁弃中国传统文化,而接受外来西洋文化,当然更不应该是固守中国文化,而拒斥西洋文化;乃应该是各种现有文化的一种辩证的或有机的综合。一种真正新的文化的产生,照例是由两种不同文化的接合。一种异文化(或说文明)的移植,不合本地的土壤,是不会生长的。新思想新知识的普及固然是启蒙运动的一个要点,但为适应今日的需要,这个新启蒙运动的文化运动却应该不只是大众的,还应该带些民族性。处在今日的世界,一种一国的运动,似乎也只有如此,才能有力量。启蒙运动另一个主要特点本在自觉与自信。民族的自觉与自信固是今日中国所需要。要紧的是:不可因为国际而忽略民族,也不可因为民族而忽略国际。或也可以说,不可因为大同而忽略小康,也不可因为小康而忽略大同。

第三,由今日来回看,五四的一个缺欠是不免浅尝。对于一切问题都不免模糊影响。十八年来,在这上头,是颇有了长进了。因此,今日的启蒙运动不应该真只是“启蒙”而已,更应该是深入的,清楚的,对于中国文化,对于西洋文化,都应该根据现代的科学法更作一番切实的重新估价,有个真的深的认识。这样子,也才可以作到第二点所说的文化的综合。

对于自然科学，社会科学，都应有个深切的了解，而不仅于皮相，庶几可以接受那因自然科学的发达与辩证唯物论的开展而产生的一种最新潮流，就是科学与社会的结合。许多人诟骂形式逻辑，其实形式逻辑究竟是什么，形式逻辑已经发展到什么样子，诟骂者并不晓得，也不求晓得。还有，一个完全不像懂得哲学是什么一回事，完全不像作过哲学研究的人，却会编一大本书讲怎样研究哲学！像这一类的情形，在新启蒙运动中，都该加以严正的矫正。

认识五四的意义，发扬五四的影响，补足五四的欠缺，除了加紧努力于五四所对付的对外问题外，不但在宣传上，而且在实践上，推动这个新启蒙运动，应是今日一桩最当务之急。而这个运动的总标语，一言以蔽之，应该是理性。理性的要义则在对于事物不只从一方面着想，不只作一方面的认识。趁这个纪念五四的机会，希望各方面的人士都肯把这一点放在计虑之中。

（原载1937年5月2日《北平新报》）

抗战建国文化的建立发端

要建立一种文化，应先晓得三个原则。

第一，文化不是可以速成的事。文化的收效必须见于生活方式的改变。也可以说，就是要革风易俗。这真是谈何容易。因此，要建立一种文化，必须有较久远的计划，同时不求速效。今日种树，食果应该自觉是为的后人。但惟其不能速效，所以设计不能不早。而第一步最要紧的就是端其趋向。

第二，文化的核心是哲学。在文化建立上所谓端其趋向，也就是要有一种哲学，确定一种理想。文化的建立是为的生活方式行动习惯的改变。这里面便含着一种宇宙观或世界观、人生观或人生理想。总括言之，就是含着一种哲学。人做事也必须有一种理论基础，自信得及，然后才能理得心安，勇往直前，死而无悔。哲学就是对一个民族或一个人群的行为供给这种理论根据者。

第三，无论如何，文化是比较上层的东西。至少，文化与社会也是互相影响的。因此，要建立一种文化，不可不同时建立一种与之适应的政治经济社会制度。旧的政治经济社会制度是会妨碍新的文化的发展的。在一种哲学、一种理想之下，而进行一种新的文化的建立，其势不得不对于旧的政治经济社会制度有所改变。如果承认,建立文化是为的变革生活,集体的政治经济社会制度不改变,个人生活的改变又何从表见?文化的建立,既要有理论的基础,更必然地应当注意到物质的条件。

有了这三个原则,我当再提出三个问题,加以解答。

第一个问题就是:抗战建国文化的内容是怎样的呢?

概括说来,在政治经济方面,抗战建国的文化就是三民主义的革命的反封建的文化。在思想学术方面,抗战建国的文化就是新启蒙运动的科学的理性的文化。当然,这个文化是新的,而非旧的;不是因袭的,而是创造的;是分析的,也是综合的。

分析言之,我曾经对于所谓战时文化,作过九种规定。其实,这九种规定,无一不可以应用在抗战建国的文化上。抗战建国本是今日这个战时的内容。今日是非抗战不能建国,同时非建国,非建一个维新的国,也必不能彻底地抗战。今日所需要的文化上的特点,当然就是抗战建国文化上的特点。

我那九种规定,可以分为三组。第一组就是:一、战时文化必是抗战的,奋斗的,革命的;二、战时文化必是踏实的,积极的,进步的;三、战时文化必是动的,人定胜天的,理性情感合一的。这些特性,不但是抗战所必要,也是建国所必不可缺。今日是动的时代,死静的文化不但不适用,也必不可能。中国习惯的与境委蛇,也是不能应付这个时代的。或则鲁莽破裂,徒逞情感,或则只有冷静的理性,不能发动起什么,也必然不能适应这个时代,蹈空、消极、落后、萎缩、颓丧、泄沓、因循,当然也都是,特别在这个时代,要不得的毛病。因此,今日要建立的文化,必须具有与这些相反的特性,是显然的。

第二组规定就是:四、战时文化必是民族的、民众的、民主的;五、战时文化必是自觉的、自主的、自由的;六、战时文化必是统一的、统制的、系统的。抗战建国文化必须如此,也是显然的。今日建立一种新的文化,乃是为的自己,并不是为的他人。因此必须顾及自己民族的需要,适应自己民族的传统。同时也不是某一部落的,必须包括到整个民族的全体。更不是某一部分人的,而应普及于一般大众。今日既要全国动员,当然应该努力提高一般文化水准。中国今日不反封建,不反阶级观念,不反特权思想,是没有出路的。因此在文化上,必须努力于成立民主制度,发扬民主精神,养成民主习惯。同时,今日建立文化,本是有意的,有目的,有理想,有方法,有步骤,应该完全知道自己是怎么回事与自己所干的是怎样一回事。既不能依傍他人,也不应拘束狭隘。但为免散漫凌乱,不相系属,便又应统筹统辖,有通盘的计划。条理井然,次第分明,布置依法,循序而进。

最后第三组的规定都是从反面来说的,就是:七、战时文化必反迷信,反盲从,反奴化;八、更必反独断,反武断,反垄断;九、还必反成见,反偏见,反私见。抗战建国的文化必是反封建的。这些所反的便都是封建时代,封建心习下,思想态度上的特色。要建立今日需要的抗战建国的文化,当然都在所必反。在这些特色下,思想既不能开展,学问必不能进步;国家既难作到真正的统一,民族当然难达到自由独立的境地。要发扬理性,启发民智,廓清蒙蔽,必然地要反对这些。这是在消极方面,新启蒙运动所最要努力的事,也就是抗战建国文化所必要的事。

要抗战胜利,建国成功,根据时代潮流,考察现实需要,今日应该努力建立的文化便是一种如上的文化。而这种文化更可一言以蔽之,就是实的文化。实是今日一切之中最根本需要的事。诚实的态度、切实的习惯、朴实的风气、充实的做法、如实的脾气;脚踏实地,实事求是,实践、实干的精神,无一不是今日需要的。实本是中国过去最好的传统,可也是近年最缺欠的性征。今日要建立一种革旧鼎新的文化,当然就应建立一个实的文化。如果不实,一切都成空。

第二个问题是:做这个文化核心的哲学是什么?

根据以上所说,这问题并不难答。今日需要的抗战建国文化既是实的文化,今日需要的为抗战建国文化主宰或核心的哲学,也就是实的哲学。这样的哲学必不违背事实,必不根本上背反科学。必承认客观世界的独立存在，必就客观世界的本身而循求其本身的条理。这样的哲学必是大客观的：站在客观的观点，同时见到主观的作用，因此，它固不违背事实，但也不为目前的事实所限制，更能看出事实的可能，事实的出路，事实的趋势。由此标揭出理想，而鼓群力共趋之。当然，这样的哲学不是只解释世界的，更是指示出来如何变革世界的。如何变革世界？顺应其势而变革之。顺应其势，利用主观的力量，发扬理想的可能，而变革之。这样的哲学必指示给人，凡事要成功，在做法上，是必须要实而活的。

在今日的时代，今日的中国，这样的哲学，又当如何建立呢？这一方应对于中国的过去，有所批判，有所扬弃。凡属中国过去最好的东西，如实，如仁，如中，如易，如重人重生，如方法上的体辨，如元学上的体用相通，不管是中间曾经失传或未失传的，都应承受起来，发扬光大起来。同时另一方，对于外国的东西，也应加以批判，加以选取。凡属值的，凡属有价值的，凡属可以利用的，都应不惮利用之。我们应该“勿固”，我们应该“勿我”。天下的利器，天下人都得取而利用之，只令于己是有利的，只令真是利用的。我们万不可因为某种利器已被某些人利用了，便再不屑于也利用之。对物质的武器不可如此，对精神上的武器，也同样不可如此。在这个意义上，科学是可以利用的，唯物辩证法也是可以利用的。而况它本是中国一个未被阐扬的中心传统。

今日我们要建立的文化的哲学必是大的，必是大度的，必是大量的。其目的必依然像过去一般，是通。在方法上是分析的，而在内容上应是综合的。具体言之，就是，我们的新哲学应该是过去最好的传统、与科学、与逻辑、与辩证唯物论的一个革命的创造的化合体。

第三个问题：是抗战建国文化建立方式或途术的问题。由上面所说，这也是不难回答的。

这几十年来，谈建立新的文化的或主保守故旧，或主中体西用，或主全盘欧化，或主中西混成。但都没有收出显效来，没有把问题圆满解决了。而且不管对于文化的主张怎样庞杂，而文化本身却依然在这儿进展着。虽然未收到大效，当然也不能说历来的一些主张全是错的。只是各有所见，亦各有所弊。弊在笼统，弊在枝节，弊在对于文化未充分了解，弊在没有顾及时代环境，物质基础。

不论怎样厌恶故旧，但令中国民族存在，中国旧来的文化必会部分地存在。不论怎样拒斥欧化，一部分的欧洲的东西也是已经拒绝不了了的。因此，今日建立新的文化问题，就是如何可以使得中西两方可以合拍：中国最好的东西可以保持而且光大下去，西洋最好的东西也可以真正地移植过来，融合起来。要做到这个，中学为体，西学为用，中主西奴的办法，固然不会达到目的。一般的中西混杂，也不会成功，而且不伦不类，也应非我们所欲。真正要产生出一个新的文化来，与对于哲学一样，惟一可采的方式或途术，也只是有机的化合。先对于中西文化都有甚深的了解。同时注意到时代的趋势，历史的可能，两方都有所扬弃，有所取舍，更努力于物质基础的打点布置。今日真正要自觉地建立一个新的文化，只有如此。否则，或不管过去的传统，或不管当前的环境，必都是徒然的。

有人或以为一种文化自成系统，是一整体，要就全要，不要就全不要，不能节取。这是非全则无的主张。作这种主张的根本没了解西洋文化，根本没了解为西洋文化一个核心的科学。科学的出发点是分。因此，所注重的是数量，是分析，是分别，是分寸。为什么对于文化，要囫囵待遇？而且事实上，中国历来的文化已受过多度的外来影响，吸收了不知多少当时的新分子。从汉起为天竺，其次，在唐有大食，更次在明末清初有西洋。中国文化久已不是一个单纯的整体了。西洋文化，自希腊而发展衍变到现在，更是一个化合物。那么，今日怎么不可以自觉地把中国最好的东西清理出来，把西洋最好的东西慎选起来，根据新陈代谢的作用，化合出一个更新的东西来？

只是要做到这个，必须实践，必须革命，必须有哲学，必须有方法，必须打点物质的基础，必须实而不拘板，必须活而不虚空。

（原载1938年5月25日《战时文化》创刊号）

新启蒙运动与普及教育运动

不待言，新启蒙运动与普及教育运动有至极密切的关联。新启蒙运动要扫除蒙昧，启发民智。一个项目就是新思想新知识的普及。这显然就是普及教育，就是普及教育运动所要做的事。

可以说，普及教育运动就是新启蒙运动的一部分。也可以说，普及教育运动就是新启蒙运动的一个应用，一个具体的表现。现在新启蒙运动上，一个最要紧之点就是要由应用而展开的。一个最好的机会就是把它应用到普及教育运动上。

但是新启蒙运动与普及教育运动的关联固还不止于此。更要紧的乃是，至少今日的普及教育运动应该以新启蒙运动为主宰；应该以新启蒙运动所鼓吹号召的显扬理性，解放思想，普及新知，反武断，反迷信，反盲从，等等为中心。今日的普及教育运动，不应该只是教一般人民认识几个字，灌输一点常识，就算了；更应该努力于改变一般人民的思想习惯，着重于民族气节的提倡。现在不但生活行动应该军事化，实在，思想精神也应该军事化起来。只是军事化不同于机械化。军事化于机械化，正如所谓朱之于紫。普及教育运动而无新启蒙运动，也必是机械般无灵魂。

我始终坚信，中国近年教育的根本大病就是无哲学，无理想，无宗旨，无目的。至少也在不重视这些。因此所造就出来的人也常不免是无哲学，无理想，无原则，无主宰，无节操，无所守，无所不为，全无忌惮，直不知人间有羞耻事者；最擅长的只是投机取巧，不但可以随便卖党，而且可以随便做汉奸，卖民族！这是今日最令人痛心疾首的事，令人深思以身作则，中流砥柱，急谋挽救的。而挽救之的第一步，在势在理，不能不诉之于教育。

最近宣布的抗战建国纲领曾注意到国民道德的培养。这不但是对的，简直是绝对的必要。国民道德的两个主要项目就是政治操守与民族气节。既称国民道德，当然不能限于少数人，而应该尽量地把它普及出去。这是今日普及教育运动的一个使命。普及教育运动要执行这个使命便不可不接受新启蒙运动的指导。必须教人以理性疏导感情；必须教人轻生活，重理想。多年被咒诅的"失节事大，饿死事小"，其实并不是全无道理。新启蒙运动的积极要点更宝塔式地表示之，就是：一实，二理性，三新科学，四思想解放。推广这些，普及这些，都应该是今日的普及教育运动来担负的责任。

最近我深切地感到，我们进步的知识分子们，真要报国家，只有从事于教育，从事于训练。中国人是多的，但实在不够用，实在急切需要训练出一批新干部。而训练的要点，至少应该有哲学的风度、科学的精神、现代的知识、战时的生活四项。总要训练得具有忠实的态度、朴实的习惯、如实的观点、笃实的学行、切实的识见、平实的作风、结实的身体、充实的心性，这或者在普及教育上说不上。但普及教育也正违反不了这个。同时，这也是与新启蒙运动密切关联的事。

在历史上，启蒙运动的特征，也可以说就是哲学与人生的结合。而今日的新启蒙运动应该就是今日的哲学与人生，科学与社会的结合。照这样说，这不但是中国今日正有与应有的一个潮流，而且也是世界正有与应有的一个运动，一个潮流。在定期刊物上，自前年冬在纽约出版的《科学与社会》(*Science and Society*)与今年在伦敦创刊的《现代季刊》(*The Modern Quarterly*)就都是代表这个的。在人物上,法国的郎日万教授(P.Langevin,物理家),捷克的佛兰克教授(P.Frank,物理家),英国的莱维教授(H.Levy,算学家),柏奈尔教授(J.D.Bernal,物理家),海登教授(J.B.S.Haldane,数理生物学家),以及现在美国的斯特鲁克教授(D.J.Struik,算学家),等等,都是其代表。而罗素(数理哲学家),仍不能不说是其导师。

哲学与人生,科学与社会,结合的实效怎么表见呢?除了物质基础的打点外,第一步可希望的,也就在普及教育运动。

(原载1938年6月10日《战时文化》第一卷第二期)

启蒙运动的过去与现在

启蒙字面上的意义就是要开明。反过来说,就是要打破欺蒙,扫除蒙蔽,根绝愚蒙,廓清蒙昧。它本是德字Aufklärung的译语,原是弄明亮起来的意思。凡是启蒙运动必都有三个根本相关的特性。一是理性的主宰;二是思想的解放;三是新知识新思想的普及。这吾在一篇《什么是新启蒙运动》(原载二十六年五月二十三日《实报》)里已说过了。

启蒙运动不但要以发扬理性为积极的内容,启蒙运动其实就等于理性运动。因为要以理性为主宰,而解放思想,所以要脱离迷信,反对独断,批判传统,破除成见。因为要普及新知识新思想,所以主张知识学问的大众化以及语言文字的简易化。这些都是当然的结论。

德国最大的哲学家康德,被公认为西欧启蒙运动的完成者。一七八四年,当他六十之年,曾在柏林月报上,发表了一篇《对于什么是启蒙运动问题的回答》。说:"启蒙运动就是人的解脱其自造的不成熟状态。不成熟就是不能不待别人的指导而自用自己的悟性,这种不成熟状态,如其来源不在缺乏悟性,而在缺乏不待别人的指导而自用之的决心与勇气,就是自造的。因此,sapere aude!要有勇气自用你自己的悟性! 便是启蒙运动的标语。"这是历来对于启蒙运动一个最明切、最被传诵的指示。

启蒙运动的开展,常是由思想态度而及于一般生活,不但与哲学有最密切的关系,就说是一种哲学的运动,也未尝不可。历来开始这种运动的也概是哲学家。假使可以造一个"应用哲学"的名词的话,那么,启蒙运动正是一个应用哲学的问题。在哲学史书中,常是被郑重地注意着,讨论着。

就近例说,近年一本《启蒙时代的哲学》(*Die Philosophie der Aufklärung*)的专书(一九三二年出版)的作者,德国有名的近代哲学史家卡塞黎教授(Cassirer),就认为启蒙运动乃是把一种根据理性与悟性的世界观,与那靠着相信神示,靠着权威与传说来维持的,来对立的。美国实在论师马尔文(Marvin),在他的一本欧洲哲学史论里,也尝说,一种启蒙运动,照例在一大部分人的风俗习惯上,在一大部分人的宗教、政治、道德上,在一大部分人的世界观与人生观上,都要有一种根本的变革。他又在启蒙运动的许多特点中,举出了昭著的五种。就是:一、排斥迷信,获得对于事物的自然主义的或科学的态度;二、个人宗教从群的宗教里的解放,及思想的解放;三、人道主义的广布;四、功用主义的增进;五、民主主义与民主法律与民主制度的广布,这也是对于启蒙运动的一个颇能概括周到的说明。

广泛来说:这样的启蒙运动,就如同每天的黎明,本是时常可有的。大凡一个社会,与异文明有了接触,发展到相当的程度,要打破智愚的悬隔,而走进一个更高的阶段,于是一方要扫除旧渣滓旧束缚,一方要散播新知识新思想,在这个时期,便可以有启蒙运动的发生。例如中国五四时期的文化运动,所以被称为启蒙运动,就是因为当时有些这样的情形。

但在历史上,所谓启蒙运动,常是专指十七八世纪西欧的一种文化运动而言。因此常所谓启蒙时代,或理性时代,就是指的十八世纪。更狭的甚至专指德国的腓特烈大帝时代。不过,稍稍推广来说,西历纪元前第五世纪后半,希腊的所谓智者时代,也常说是希腊的启蒙时代。智者之所为，尚理主智，疑旧播新，也就是一种启蒙运动。

十七八世纪的启蒙运动是由英发动的。由英而法、更由法与英而及于德。在英开始，在法成绩最著，而在德最为自觉。平常确定这个运动的日期，找两个界标，就说是始于英国经验论大师洛克一六八九年的《论宽容书》，而终于一七八一年德国批判论大师康德的《纯粹理性批判》的出版。照这样说法也差不多正是一百个年头。

这个运动的发生，就思想学问范围说，本由于十五六世纪文艺复兴时期以来数理物理科学发达的影响。这个运动中的主要人物，在英国，除了开始的洛克以外，其次就是集当时数理物理科学大成的奈端（牛顿）；此外还有所谓理神论派，自由思想者，多兰德（Toland）、科林斯（Collins）、丁都（Tindal），以及道德学家莎夫茨伯里（Shaftesbury）等。到了休谟便登峰造极了。休谟代表英国经验论的最高点，实是哲学史中最大的怀疑者。

在法国，这个运动，通认为是以怀疑倾向的白勒（Pierre Bayle）开始的。但其最有名有力的人物则是第一个介绍洛克的新哲学与牛顿的新科学到法国的文家服尔德，次则是牛顿与洛克的另一景慕者，政治学家孟德斯鸠，以及有名的百科全书派与唯物论派人，狄德罗（Diderot）、拉美特利（La Mettrie）、爱尔维修（Helvetius）、霍尔巴赫（Holbach）、达兰贝尔(D'Alambert)、突哥(Turgot)与感觉论创倡者孔狄亚克（Condillac）等。还有同时的卢梭虽是浪漫运动的先驱，也是很有关系的。

在德国，建设德国哲学的是理性派博学的大师莱布尼茨（Leibniz）。德国的启蒙运动实受了他不少影响，而为把他的系统通俗化的弟子沃尔夫（Wolf）所展开，更由康德而完成。沃尔夫以前与莱布尼茨之同时的尚有多玛舒斯（Thomasius），也是一个极有影响者。此外有文家雷与（Lessing），哲学家曼德尔森（Mendelssohn）、赖玛鲁斯（Reimarus），书贾尼古莱（Nicolei），最为知名。腓特烈大帝，所谓莫愁宫的哲学家，由其思想的开放，政治的开明，对于启蒙运动者的优待，也常被列为启蒙运动的人物。

启蒙运动的重要意义本不仅在思想学问上，尤在它影响到人生的各方面。在各国,情形也各有不同。启蒙直接关系的是哲学与宗教。在哲学方面,在英是经验论,到法便成了感觉论与唯物论了。在宗教方面,在英是理神论(神只造世界,而不管世界),到法便进步到无神论了。推而到一般社会政治方面,在英养成了宽容的态度、自由的精神;而在法遂引起了大革命。在德较为平淡,少风波,但也有特色,特别在知识的通俗与理性的尊崇。

至于中国今日的新启蒙运动,内容当然更有所不同。中国新启蒙运动的发生,除了历史的原因外,至少可说是由于七种必要:一是民族自觉的必要,二是思想解放的必要,三是中西文化结合的必要,四是新知识新思想(新哲学新科学等)普及的必要,五是铲除残余的封建恶流的必要,六是推进民主政治的必要,七是救亡运动转向及扩大的必要。在内容上,中国的新启蒙运动不但要更深入、更批判,不但要与救亡运动相配应,更是民族的。以前的启蒙运动还有一个特点是个人主义,这在今日也必然要变成大众的,集体的,而且是建设的。而其主导的哲学,也要比十八世纪的更进一步。应是由经验论变到逻辑经验论,由唯物论进到辩证唯物论。

但就在今日,中国的新启蒙运动也不是孤立的。现在欧美表面上虽似无同样的号召,但实际上正有一种类似的运动进行着。美国的史家罗宾森(J.H. Robinson)、英国的文家威尔士(Wells),以及最近《大众算学》与《市民科学》的作者、生物家霍格本(Hogben),便可说是其主要的代表。此外美国哲学老师杜威的努力于教育的改造,努力于鼓吹把科学、把理智应用在社会上;以及英国哲学作家约德(Joad)的努力于拥护理性,也都可说是有启蒙运动意义的。罗素在显扬理性,普及新知与思想解放上的成就,更不待说。最近因为自然科学的发达与辩证唯物论的流行,科学与社会的结合已经成一种风气了。英美法代表这个结合的许多壮年学者,例如算学家莱维(H.Levy)教授,物理学柏奈尔(J.D.Bernal)教授等,都可以为启蒙运动者。

还有深受罗素与其高足维特根斯坦(Ludwig Wittgenstein)博士影响,

代表哲学界最新潮流的维也纳派与其同道者，虽其专门工夫乃在数理逻辑与逻辑解析，在其社会意义上，也正是向着这方面在走。维也纳派，显扬科学的世界观，鼓吹物理主义，努力于学问的统一，努力于“统一科学”的百科全书的编纂，且召集国际大会来进行，也很可说是现代启蒙运动的潮流。在这上头，特别有功的则是一位工作于荷兰的奥人诺乙拉特（Otto Neurath）博士，与近年讲学于美的卡尔那普（Rudolf Carnap）教授。

总之，中国今日的新启蒙运动，不但应乎中国今日的时代需要，也正适应着今日世界的一个重大的流风。

按：本文乃由一年前曾在平津刊布过的一篇东西修改而成。最先，曾以《启蒙运动之史的考察》的题目，作为星期论文登在去年六月二十七日的北平《全民报》上。经扩充后又登在同年七月中在平津出版的《国际知识》的第三期，南来之后，曾久寻不得，前集印《我相信中国》时即留题缺文。最近幸由一位未曾相识的张天俦先生自豫剪寄。因应读者的需求，并补《我相信中国》的缺文，兼志天俦先生惠寄的盛意，再略加补益，重刊于此。二十七年八月，作者自记。

（原载1938年9月10日《战时文化》第一卷第五、六期合刊）

论中国化

在毛泽东先生的《论新阶段》末后讲学习的一节中有下边的一段话（加重点是现在所加）：

> 学习我们的历史遗产，用马克思主义的方法给以批判的总结，是我们学习的另一任务。我们这个大民族数千年的历史，有它的发展法则，有它的民族特点，有它的许多珍贵品。对于这个，我们还是小学生。今天的中国是历史的中国之一发展，我们是马克思主义的历史主义者，我们不应该割断历史。从孔夫子到孙中山，我们应该给予总结，我们要承继这一份珍贵的遗产。承继遗产，转过来就变为方法，对于指导当前的伟大运动，是有着重要的帮助的。共产党员是国际主义的马克思主义者，但马克思主义必须通过民族形式才能实现。没有抽象的马克思主义，只有具体的马克思主义。所谓具体的马克思主义，就是通过民族形式的马克思主义，就是把马克思主义应用到中国具体环境的具体斗争中去，而不是抽象地应用它。成为伟大中华民族之一部分而与这个民族血肉相联的共产党员，离开中国

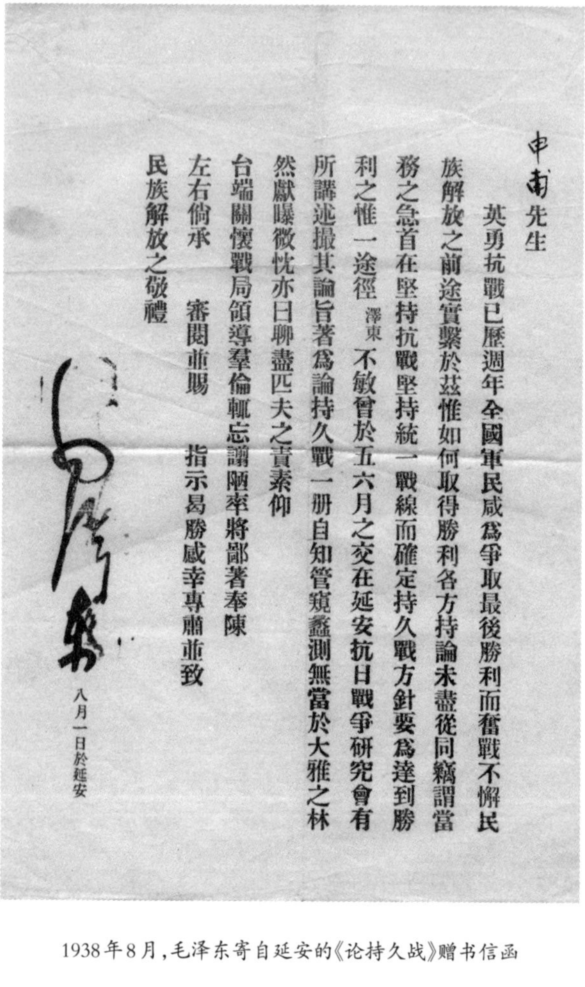

申甫先生

英勇抗戰已歷週年全國軍民咸爲爭取最後勝利而奮戰不懈民族解放之前途實繫於玆惟如何取得勝利各方持論未盡從同竊謂當務之急首在堅持抗戰堅持統一戰線而確定持久戰方針要爲達到勝利之惟一途徑 澤東 不敏曾於五六月之交在延安抗日戰爭研究會有所講述撮其論旨著爲論持久戰一册自知管窺蠡測無當於大雅之林然獻曝微忱亦曰聊盡匹夫之責素仰

台端關懷戰局領導羣倫輒忘譾陋率將鄙著奉陳

左右倘承 審閱並賜 指示曷勝感幸專肅並致

民族解放之敬禮

毛澤東

八月一日於延安

1938年8月，毛泽东寄自延安的《论持久战》赠书信函

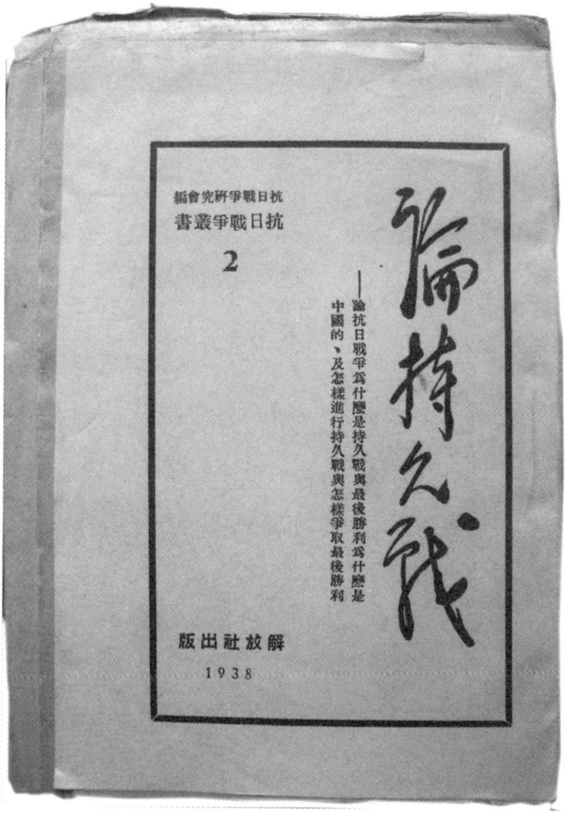

毛泽东所赠《论持久战》(1938年出版)

> 特点来谈马克思主义，只是抽象的空洞的马克思主义。因此，马克思主义的中国化，使之在其每一表现中带着中国的特性，即是说，按照中国的特点去应用它，成为全党亟待了解并亟须解决的问题。洋八股必须废止，空洞抽象的调头必须少唱，教条主义必须休息，而代替之以新鲜活泼的，为中国老百姓所喜闻乐见的中国作风与中国气派，把国际主义的内容与民族形式分离起来，是一点也不懂国际主义的人们的干法，我们则要把二者紧密地结合起来。在这个问题上，我们队伍中存在着的一些严重的缺点，是应该认真除掉的。

我们认为这一段话的意思完全是对的。不但是对的，而且值得欢喜赞叹。由这一段话，更可以象征出来中国最近思想见解上的一大进步。

我们所以同意这一段话有好几个意思。

第一，我们总相信，改革中国是为的中国。至少也是先直接为中国，其次才影响到全世界。同时，改革中国总要就中国找办法，虽然一般大法不妨借资他人，借镜他国。因此，许多外来的东西，我们以为，用在中国就应该中国化，而且如其发生效力，也必然地会中国化。

第二，我们认为，这一段话的意思与新启蒙运动的一个要求完全相同。新启蒙运动很可以说就是民族主义的科学民主的思想文化运动。对于自己传统的东西是要扬弃的。所谓扬弃的意思，乃有的部分要抛弃，有的部分则要保存而发扬之，提高到一个更高的阶段，五四时期的启蒙运动有的地方不免太孩子气了。因此，为矫正“打倒孔家店”的口号，我曾提出“打倒孔家店，救出孔夫子”，就是认为中国的真传统遗产，在批判解析地重新估价，拨去蒙翳，剥去渣滓之后，是值得接受承继的。

第三，我们一方面主张社会科学化，科学社会化，把科学与社会密切结合在一起；一方面主张中国科学化，科学中国化。科学中国化的意思就是要使中国在科学上有其特殊的贡献，使科学染上中国的特色。有的人不懂得这个意思，一听见这个话便希特勒治下的民族这个，民族那个地滥谈一阵，好像只有希特勒治下才可谈民族种族似的。完全是知其一不知其二，完全是幼稚机械的看法。

第四，新启蒙运动反对奴化，同时要求新知识新思想的普及，科学的通俗化，学问的大众化。要通俗化，大众化，当然必须先中国化，本国化，本土化。同时，反对奴化，不但反对作自己古人的奴隶，传统权威的奴隶，实在更反对作外来的东西的奴隶。此外，我所拟的新启蒙运动的纲领之一是“自觉与自信”，中国化岂不正是自觉与自信的一个表示？

第五，我们更常主张学问的人化。学问本身当然不能人化。讲说学问，叙述学问，把学问使人懂，却应该讲述得、叙述得有人味儿。英伦霍格本的《大众算学》与《市民科学》的受欢迎正是因为这个。亲切本就是挨得上摸得着的意思。在人化的意思上便也可讲人本主义。所以霍格本说他的书是代表科学的人本主义的。而在中国说人化，当然要先中国化。这还是就一般理论说。至于关于一切用的东西，用本是用于实际，不能因时因地而制宜，根本不切实际，如何能用得下去？

因为中国化的切实而重要，便又感到以下的几点。

第一，中国近年有些人有一种只读外来东西不读本国东西，或不重视本国东西的风气。不但不读或不重视本国古来的东西，更不读或不重视本国今人的东西。这种情形就在现在也不免，所以才翻译的文字比自己人写的更流行。总好像觉得远来的和尚才会念经。这实在是一种要不得的毛病，应该革除的心习，不自信而奴化的表征。我们认为马克思列宁主义是应该研究的，孙中山先生的著作更是应该研究的。在中国，如果承认真正切实可贵的实践知识是来自实践的，那么，多年在中国领导革命实践的人的著作，当然应该极宝贵之。但宝贵不应该只是珍藏起来，乃应该研读，乃应该学习。就像中山先生的《孙文学说》一本，便是极该读习的。《孙文学说》中所揭示的“行易知难说”实在是中国思想上一极大革命。我们今天，不但应该知道、学习、研究它，更应该身体而力行它。根据这个，并可以说，中山先生实在是新启蒙运动的一个先驱。

第二，中国社会是中国社会。意思就是中国社会并不是西洋社会。解说社会的理论，用在中国上便也应该中国化。就令在大体规模上，中国社会的发展与西洋社会的发展不无大同的地方，但假定中国社会一定要走西洋社会的路子，是不合理的。有的人以为，中国社会只是没有走到西洋近代社会的样子，中国还只有上古与中世，还没有近代。这也只是一种盲说，至少也是只知古而不知今。因为中国今日的社会是中国今日的社会，固不应该忽略今日事变的世界性，同时也不应该抹煞一国事变的地方性。因此我们认为中国的革命也只是中国的革命，随便拿什么别国的革命来比拟，都是不会切当的。我十余年来越来越相信一个"一个革命说"。意思就是：彻底解决中国问题只需要一个革命。这一个革命既是政治革命，又是社会革命。既不是有产阶级的革命，也不是无产阶级的革命，而乃是国民革命，而乃是民族革命，而乃是全国革命。在这一个革命过程中遂由三民主义的彻底实行，平坦顺遂地发展到大同社会：即所谓"以进大同"，而把三民主义的理想圆满实现。本来划分不清的阶级，便直进而消灭之，以成无阶级的社会。中山先生在三十四年前已经昭示："诚可举政治革命，社会革命，毕其功于一役"，把中国革命的特征、任务、目标，已经明白指定。中国革命的这个样子，不但在理想上应该，根据四千年来的中国的国情与二十世纪的世界的趋势，也实有事实上的可能。凡在中国从事革命实践，而重视革命理论的中国化的，都应奉这个为中国革命的一个最高准绳。

第三，根据自觉、自信、人化、中国化的必要，前几年一度提倡的中国本位文化运动，在大体上，在本意上，本是对的。当时反对或嘲笑之的不免是由于不了解，由于感情用事，而未就事论事。那个运动是已过去了，今日的新启蒙运动却应代行其一部分职权，希望今日对于新启蒙运动永勿再有像那时的情事。

但令自己作得了主宰，但令把用在中国的东西都斟酌着中国化，使它切合中国的国情，这样子，不拘什么外来的东西，都可利用之，既用不着什么疑惧，更不必作什么排斥。如此，大哉中国——中国本来是如此的。希望现在正在自觉地建立着的新中国一定更是如此的！

（原载1939年2月10日《战时文化》第二卷第二期）

新启蒙运动的再开展

新启蒙运动是随一二·九救亡运动之后而起的。本就是文化上的救亡运动,到现在差不多已经有两年半的历史。自从抗战以来,一些鼓吹者更直接地参加于抗战工作,新启蒙运动的鼓吹不免有沉寂停顿之感,至少不如二十六年春夏间的热烈普遍流行。

但是现在不但在抗战,同时也在建国。建国是必要有文化的,而且就是抗战,又何尝不要思想,不讲知识?文化的普及深入提高更是必要的。那么又怎能不需要新启蒙运动?事实上,抗战以来,新启蒙运动不但没有停顿,实在正在开展进行着,只由空喊变成实行罢了。这正表示出来新启蒙运动是客观的。

但是现在新启蒙运动要更自觉地更开展,又当如何?

这第一当知,新启蒙运动的理论已过了讨论时期,现在只须申说之,解释之,恢皇之。现在要使新启蒙运动更开展,只有应用之。

这第一,应把新启蒙运动应用于文化一切部门;使新启蒙运动与一切文化部门都发生密切联系;使一切文化部门都接受新启蒙运动的要求,尽量表现之。

第二,更推进科学运动。不但实施科学教育,更要鼓励专门科学研究;不但重视科学结果,更要发扬科学精神,普行科学方法。对于科学进步有预言力量与指导力量的哲学,也应更予以阐扬。对于把科学重加组织与使科学与社会相结合的企图,也更应加以注意。

第三,更推进普及大众教育运动与知识学问的通俗化与大众化与通俗读物的编撰与散布。大众教育应真深入于大众。知识学问在通俗化与大众化之前,应更中国化。在编撰通俗读物上,不但要讲说英雄故事,灌输一般科学常识;更要注意理想的教导:把新启蒙运动最根本的要求,实与理性,善加表达,使一般读者,养成心习,潜移默化。

此外还有一点。新启蒙运动是时代潮流,不是飘浮孤立的,应与一切其他前进的文化运动及其他一切建设运动相配合,尤其应与新生活运动,特别是从社会看来可称为战时的新生活运动的国民精神总动员运动相适应,相协助,以资共进。

“天下恶乎定!”“定于一。”必一,才有力量。就是二人结合,也必须随便用一种方式变成一个意志,才能维持长久。但一与多是相反相成的。要一,就要容许多。成一个国家,就要许多民众。今日中国只要一个革命,但在这“革命”中却不妨多次,多方面,多步骤,多阶段。正犹之乎抗战,当然只有一个抗战,但却可分成多期或多阶段。

中国这个时代的文化运动本来也只有一个。但在这一个文化运动上却也可有许多方面,许多作法,许多阶段。要紧的是:要多更要一。中国今日文化运动上的这许多阶段必须相衔接,相继承。这许多作法,许多方面,更必须相配合,相适应,相协助,相推进,相敬,相喻,相信。个个在己,“止于至善”;个个对人,“与人为善”。今日文化运动的各种方面,各种作法,彼此对待之间,必当如此,才可以帮助统一团结,才更利于抗战与建国。

这也是今日的新启蒙运动在再开展上所最应启发的事。

(原载1939年4月10日《战时文化》第二卷第三期)

科学运动与新启蒙运动

科学运动、科学化运动、新启蒙运动，三者之间，有一大部分相同，但却不同其范围。

科学运动，说起来，大概没人反对。但科学运动要达到什么目的，似乎仍有问题。

科学运动要加重科学教育，要普及科学常识，要提倡科学研究，这都不错。

但科学教育应当怎样，科学常识如何普及，科学研究怎么着手，注重什么，都应说的更明白一点。

我以为在科学运动上，最应注重的，不应只在科学结果，更应在科学方法，科学精神，科学态度，科学脾气。

加重科学教育，就应特别注重训练科学方法的实践，培养科学精神，养成科学习惯。

在普及科学常识上，最要普及科学技术。如何普及科学常识？要普及科学常识，就应使人常用什么由科学来的东西，就不但懂得那东西的科学道理，而且会加以科学处理。比方，一旦用坏了，自己就会修理。

科学研究，不是具有科学精神，习于科学方法，善用科学技术的人，当然不会得什么结果。

因此，在科学运动上，科学方法的提倡，乃是最要紧的一端。

不过，说科学方法的人虽多，真懂得科学法或科学方法的人却少。

最原则地说，什么是科学法或科学方法，原有一个最简单的公式，就是：

科学法＝算数＋经验主义

只是许多人不知算数一项。又有许多人虽不反对科学方法，却笼统地反对经验主义，当然难怪要虽不反对科学方法，而实际却常违反科学方法了。

科学法或科学方法等于算数加经验主义，自从三百年前伽离略开始实施科学法，建立近代实验科学，便如此了。

本来，科学研究的是事实，着重的是现实，科学精神要踏实，科学态度要确实，科学脾气要切实，科学习惯要如实。总之都离不了一个“实”字。因此科学教育也就是要教实。同时都要清楚，要条理；要精密，要谨严；要分别，要分析，要分明，要有分寸，要重分际，要讲分量；要归结于数。

这样的科学法等，当然也有它所从出的科学假定，那便是实在实有。分析明白说来，就是：

一、自然界的问题可以分开解决，而且应该分开解决。

二、自然界的事物是有条理的，而且条理是找得出的。

三、自然界事物的发生都有其原因，原因就在自然界本身，而且可以找得出。因果间的关系是不变的。

四、自然界的事物有种类的不同，却无高下之分；而且种类的不同都是由于结构的不同，数量的不同。

五、自然界的事物都可以观察实验，测量计算，比较统计；而且这样得出来的才最可靠。

这些，形成科学看法。

科学精神，科学态度，科学脾气，科学习惯，由科学看法而来，由科学方法而见。那么，怎样表见科学方法，则最好以榜样。在科学教育上，科学历史，科学故事，所以有极大的科学价值，半由于此。

具体说来，科学方法，就是科学结果的怎样获得。因此训练科学方法的实践，与讲解科学结果，其间虽显有不同，其实应极紧密地联系起来。

在科学化运动上也应如此。科学化，化什么？就是化得社会，化得人人，都习于科学方法，都熟于科学技术，都能实，都能准确，都能分明，以使事事物物都有科学的基础，都得科学的条理；以使科学精神，科学态度，科学脾气，科学习惯，在一切个人行动、社会生活上，都表现出来。

新启蒙运动是给科学运动，科学化运动，以哲学基础的。新启蒙运动，在积极方面，不仅要求思想解放，要求新思想新知识的普及，就是科学哲学的大众化；而且更积极更根本地要鼓吹实，表扬理性。

实与理性就是科学运动与科学化运动的根本所系。科学运动，科学化运动，而不能培养实在，熏陶理性，必不会有根本的收获。

就新启蒙运动本身的全部任务或整个内容来看，我以为至少可以分为三部分，或三方面，或三阶段。就是一、初级的；二、中级的；三、高级的。

初级的启蒙就是扫除文盲，普及教育以及知识通俗化，学问大众化，而目的在提高一般文化水准，使大众一般都有文化生活。

中级的启蒙就是使已有知识的人，知识得清楚，思想得清楚。廓清知识上的蒙翳，扫清思想上的朦胧，清除一切心习上的迷信、盲从、武断、独断、成见、奴化的毛病，而达到一般人知识、思想、信念的净化。

高级的启蒙则在知识之质上的，组织上的，逻辑上的进步，学问的解蔽与厘清，即弄清楚，肃清一切知识、学问、言语、思想、观念、概念上的不必要的笼统与漠忽。此所与中级的启蒙特别不同的，就是那是就主观说的，这是就客观说的。

我深信新启蒙运动的哲学与方法应是辩证唯物论与逻辑经验论的合流。

科学法是相反相成的算数与经验的结合。也就是数与实的结合。由这一结合,已开发了近代科学的新时代。

辩证唯物论是相反相成的辩证与唯物的结合。也就是活与实的结合。由这一结合,正有一个广大的一般的新时代在开发着。

逻辑经验论或理性经验论是相反相成的逻辑与经验或理性与实验的结合,也就是名与数与理与实的结合。这一结合是比算数与经验的结合更广大的。这一结合已由算数逻辑家的罗素,在三十年前自觉地开始。由这一结合,一定也会在哲学上开发一个新时代,罗素自己已经彰明地说过了。

逻辑经验论者以得自观察与经验的科学知识为哲学材料,以根据算数逻辑的逻辑解析为哲学方法,实在在逻辑经验论者哲学就是解析(分析)。

可是不要瞎猜,现代哲学中的解析派,要解析言语,要求名辞字句的意谓,并不是弄文字或记号的把戏。其实乃是找真,乃是找名辞字句的真意谓,乃是在一切现象中找不可误者,乃是在名辞字句所表达者中找不会错的,乃是要抽象的具体化。

解析本都含有综核。

照一种说法,科学乃是抽象的。哲学就是把抽象的具体化,找出实在点;讲具体的一般或一般的具体性。这与黑格尔的“真理是具体的”应差不多。而哲学之为人类行动最高指导,也应由于此。

具体化,现在不论在学问上,在生活中,都太要紧了。

时来流行的所谓中国化,其实是不够的,更不够根本。根本怎样?根本乃在具体化,否则必也只一句空话而已。

具体化,当然与新启蒙运动的号召“实”,是相通的。

今日的科学运动,科学化运动,自也都应不忽略具体化。如此,自与今日国际学术界最进步的潮流,不论是辩证唯物论或是逻辑经验论,在根本上也都可以合流,而自己也庶几建立了样本,达到了自己的最后目的,就是把科学方法应用在一切具体事例，社会生活中，进而形成科学与社会的统一。

纵然科学是抽象的，科学方法却要具体。

而且科学总是积极的，实证的，即positive。

（原载1940年7月10日《中国教育》第一卷第二期）

合孔子、列宁、罗素而一之*

我始终相信,孔子、列宁、罗素是可合而一之的。

我也始终希望,合孔子、列宁、罗素而一之。

如此不但可得新中国哲学,如此而且可得新世界学统。

孔子代表中国古来最好的传统。

罗素代表西洋历来最好的传统。

列宁代表世界新的方在开始的传统。

孔子表示最高的人生理想,由仁、忠、恕、义、礼、智、信、敬、廉、耻、勇、温、让、俭、中以达的理想。

罗素表示最进步的逻辑与科学,尤其是数理逻辑、逻辑解析、科学法与科学哲理。

列宁表示集过去世界传统最优良成分大成的一般方法,即唯物辩证法与辩证唯物论,以及从一个实落角落来实践最高的人生理想的社会

---

*节选自1941—1942年所著《家常话》,标题为编者所加。

科学。

三者之间,不但并无敌对冲突,三者之间,而且正待相补相充。

三者之间,解析且扬弃之后,又有什么不可综核,发展而为一的?

“没有解析,无综核”。

辩证的否定乃有飞跃的发展。

随解析而综核,由否定而发展,永远合造成一个空前的进境。

合孔子、罗素、列宁而一之的新体系定是新世界中的新中国的新指标、新象征。

五四当年与今日

五四是中国近代发展的转捩点。五四以前,五四以后,可以说,中国已有截然的不同,特别在思想见解学术文化上。

比较说来,中国在思想见解学术文化上,五四以前是封锁的,五四以后是开放的;五四以前是单纯的,五四以后是复杂的;五四以前是停滞的,五四以后是急进的。

凡是多少与五四有关的人,当都还记得,那时运动算是单纯,至少在其初的时候。那时大家但知爱国,什么背景也说不上的。简直大家就不知背景是怎么回子事。那时是什么派别也没有的。假使有的话,那只是新旧之别,而且大家确认新旧之间,绝无妥协之余地。不但说不上什么勾心斗角,纵横捭阖,而且就认为新旧之间就是无可以来往之余地。那时运动之所以有力,也许就在这个地方。那时运动不但是青年运动,而且很可以说是青年的运动,这种纯洁天真情形,也就是一个根据。那时运动真是青年运动、思想运动、文化运动。至少就自觉的方面说,简直完全与政治运动无涉,虽然影响也不免要见在政治上。

但是那时在学问思想上却也还幼稚的可观。比方拿一个例来说,那时早已读马克思主义,可是全国读过《资本论》的,可以说还无一人。全国懂得辩证唯物论的更是绝无其人。这后一层是难怪的,因为在那时就在国际上晓得辩证唯物论者也是极端地少数。虽然辩证唯物论从一千八百四十四五年已经开始了,但在国际上辩证唯物论的大行不过一九三〇以来近十二年的事。今日大不同了。今日全国读过《资本论》的究竟已有多少,虽然还难统计,但能够背诵辩证唯物论条文的确已多的厉害。这不过一个例而已。一般说来,中国这二十几年来,在学问思想上,确已大有进步,至少在范围上。就是抗战五年以来,中国在文化上在范围上的开发,恐怕就是处心积虑的敌人也不会料想得到的。二十几年来中国在学术思想上的进步,特别表现在出版物上。许多五四时没有的书,现在都有了。不用说,《资本论》已有了全译本。罗曼·罗兰的大小说《若望·基督夫》也全译出来了。最重要的西洋哲学古典也已译了差不多大半。但是这就够了么?当然还差的远!比方只拿算学来说,这是百学的一种基础,百学的最高法范,而在现代中国却是最不见重,极不发达的学问。就在这一门里,关于其较高分支的书,像方程式论,级数论,群论,数论,非欧几何等的,不论翻的,编的,也都有了。关于定列式,四元,最小二乘法的,在民初就已有了。关于概率论或决疑数学的则更早,在清末就有了。但是关于集合论,实变数函数论,不变式论或型式(法模)论,与方式(模胎)论,微分型式论或绝对微分法或张量解析,以及多度几何,形式几何,数理逻辑或算学基础等的,却都还在阙如。就是一本像样的世界算学通史也是没有的,虽然关于本土的算史已久有李乐知先生的力作。在这类地方不能不更有待于急起直追,迎头赶上,而且更希望不以迻译传授为限。

五四时期在学问思想上,也还有一种情形,便是不免浅尝辄止,不肯认真深造,而且不免被人领错了路。提倡的是科学(当然指的是自然科学),而却被人领了去整理国故!当时许多觉醒了的才智之士,曾都殚精瘁力于这个易于收效之门!而且整来整去,竟把大禹整成一个虫,而"无父的"墨翟也成了印度人!五四以来奴性的迷外,当然也是要不得的。这大概同是受了社会环境物质生活的限制。但是学问求的是所谓真理,不是快意或取宠的事。这种流毒,今日是仍要预防的。在这种情形下,所谓中国化真要再好好地讲一讲;更好是好好地作一作,而不止于一个口号而已。同时还必须说:不论中国化、大众化,最要紧的都在具体化。

在学问思想上,五四以来的进步是必不容抹杀的。可是如拿一个较高的标准来看,当然还差得远。前些日子,我为表示中国近年在学问上所已达到的境界,曾举出一本《学术季刊》来。但那可以表示进境,却也同样表示不进境。介绍西洋近年的新学说,是值得欢欣的;但如对于像算学或逻辑里已经常用的"公理"一类的名词,还无一致的译法,岂不是对中国已有的一点传统全未理会?这似乎至少也表示还很有些新学问向在中国还未大上轨道。认为中国的进步,已达绝顶,显然是错的;但如对中国已有的进步全不承认,或对中国在新学问上已有的东西全不理会,实在也不应该。

说到传统,不能不承认,因为时代社会潮流的需要,五四运动很留下了些好的传统。五四运动的积极目标与中心口号,就是科学民主与民族解放。这都留到今日了,这也都是今日应该承继的。说到民族解放,当然在一方面今日是全国抗战。那么不过街上走走,屋里写写,今日照抗战已及五年,而且势必还要抗下去的。至于科学与民主,如前所说,科学是已有一些的进步,民主则今日也还与当年差不多,还在各方大家号召之中,早晚也必是会达到的。因为,我可以,可以说全无所为地,简单干脆地说一句:谁要成功,谁要胜利,谁便必非有了科学、行了民主不可。由这次延遍全世界的为保卫文化保卫科学保卫自由保卫民主的世界大战看起来,民主确也是人类最高的理想之一,就令所采取的方式也许不同也罢。纵然五四时候对于民主的见解,也并不尽如此。

但如大家承认,五四时期确有皮毛肤浅,浅尝辄止的毛病,那现在在科学上、在民主上,便必须努力深造自得才是。深入具体,这在现在确是最最重要的了。

许多人说五四运动，在文化上，是中国的启蒙运动。这句话还未见招什么人反对过。这个五四运动的传统确也是今日应该不但继承，而且应该发扬光大的。而且这个运动，这些年来，尤其近几年来，在事实上，因为必然的遭际，全非人力之所及，显已收了些果效。不幸，所谓启蒙却太常常地重重地被人误会误解了。所谓启蒙本不是认识字、扫除文盲的意思，虽然教人识字、扫除文盲，也在它的范围之内。所谓启蒙的蒙并不是童蒙的蒙。就是七八十岁的人也是还会害孩子病的。大人要勿失其赤子之心。但幼稚病却绝对地要不得。积极说来，所谓启蒙本是开明的意思。岂但不认识字的人需要这个，认识字的人又何尝不也需要这个？事实上一般言之，恐怕今日越是认识字的人也越需要这个。今日全世界，恐怕也正都还是如此的。而且我也可以立在自觉超然的大客观的观点，仍可以说全无所为，而简单干脆地再说一个抽象的具体的道德，就是：开明也同科学民主一类，谁能开明，谁一定成功，一定胜利；反之，谁不能开明，谁也必一定不会成功，不会胜利。短时的成败胜负自不在值得计较之列。不拘谁，只令开明，都好办。启蒙运动或启蒙时期，最大最根本的特征就是我所乐道的理性。没有理性，怎会开明？对于这种理性，我已经竭尽绵薄不惮重重倡导过。今日全世界，除了希特勒及其匪帮（法西斯，其音是匪，其义即帮，但可恨它玷污了所谓帮）以外，想该已再无人愿反对或敢反对这个了。我才所谓愿效的，就特别指此而言。这对渺小的人类的进步，是再好不过了。顺着这个向上发展上去，暖气已经透了，阳光还会远么？

四月十七日

（原载1942年5月1日《群众》周刊）

科学与民主

——为纪念五四写的

五四时期的中心口号是科学与民主。吾虽然从那时起就常说,科学法是西洋文明最大的贡献;近年又总喜把科学界说为用科学法得来的一系之辞(或说,一套的话),而科学法是算数与实验的结合,从罗素说。但民主方面究竟也不可忽。

就在五四时期,也已有人认为科学与民主同是近代西洋的特征了。

科学与民主,很可说就像车的两轮,机的双翼,也颇像船的舵与楫。

在人类历史上,实在也是科学与民主总是并进的,或并不进的。就是:进则一块儿进,不进也一块儿不进。

科学与民主,相关的密切,从好几点可以看出。

第一,科学是民主的。

一、无论如何,在科学里不能主观,不能意想情愿,不能感情意气用事,想怎么样就说怎么样,愿意怎么样就认为怎么样。科学所讲的事实,不能只你看得见,吾看不见。无论如何,科学必求大通,必是客观的,必是实在观的,总要认世界为实在,为实有,总要尽可能地事实怎么样就说怎么样，就令进一步要变革之也罢。同时，确也是，真正的客观必是大客观，就是也承认主观的存在，认识主观的作用，以至人力的重要，创造的意义，理想的价值。

二、科学有进步性，也可说有积累性，相续性。在科学上前人的成绩，后人可以继续。就是：后人可以根据前人的所得，继续进步。至少在历来的哲学上还不能如此。在艺术上大概也不大能如此。这也是说：科学不但不能是一个人或少数人的，也实不是一个人或少数人的。

三、科学是普利的。科学的收获可以遍益一切人或大多数人。就令历来直至今日，也是人类的可以滥用科学杀人放火，造尽恶业；但科学本身绝不负其责任。科学实在也是，不但是为大众的，也是能为大众的。

四、英雄无种，科学家也无种。科学界里不但无贵族，也不能容贵族

中華民國三十一年五月七日　新華日報

科學專頁 第七期

科學與民主
——爲紀念五四寫的
張申府

今年在科學界

1942年5月7日，《新华日报·科学专页》刊载《科学与民主》

(或说,特殊阶级)。谁敢于实验,谁有胆子尝试,谁不怕面对新事实,创辟新道路,谁不惮于推翻陈腐了的阻碍进步的旧的,而建立适合真正科学要求或人类需要的新的,谁就可以作成科学中的革新者,成为前进科学的人物。这也说明科学的大众性(参看斯大林《祝前进科学》的演说)。

五、要科学进步,以至于要有科学,一定不可以轻视作,轻视动手,轻视劳动,轻视技术或工艺,轻视工具,轻视机器,因此,就是一定不可以轻视物质,轻视大众。从历史的实例上很可以证明这一点(参看拙作《科学与技术》,见本专页第二期)。现代或近代科学的根本中心点是场,而不是力;同时现代(或近代)科学研究的着重点也确是大数的,而非孤独的(参看安斯坦与因斐尔德合著《物理学的进化》)。

此外,换一样说法,还可以说,科学是平等的。不但科学里边不能容贵族,科学里边也无"王路";而且科学对它研究的对象,不但要客观,不但要持实在观,如实观,分别观,面面观,发展观,以至关联观,社会观,实践观,而且要抱平等观,事实上也确抱的是平等观。科学对它所研究的脑子与脏腑,思想与便溺,人与微生物,在方法精神上都是平等看待的,都是不作、不应作、也不能作感情地歧视的,都是守着伦理的中立的,就像罗素在哲学里曾经用力鼓吹的。这也就是说,科学是民主的。

第二,民主也是科学的。至少,这也可从两点来说明。

一、民主是与迷信与无知不能相容的。民主也就是与教条主义或独断作风不能相容的。破除迷信,扫灭无知,根本在于揭露事实。在一个社会里,如某些重要事实只为一个人或少数人所知晓,那个社会一定民主不了。科学可以说就是告诉人事实的,就是告诉人事实的规律的,因而还是使人能够预言将来的事实,预言事实可能的发展的,并因而更是使人能够变革事实的,所以才是科学都可作人类行动的向导(或指导)。虽然历来科学所着重的还只是大规模的事实,或一般的事实,总之科学是最能暴发事实的。因为这点关系,可以说,一个社会越科学,必越民主。同时,下边还要说到,一个社会越民主也会越科学。

二、科学是理性的,民主也是理性的。民主与科学,不但有同样力量,至少有这一个同源。从社会发展上也还可以得出第二个同源。在一个民主社会里,必须把人看成人,必须容许他人,敬重他人。在一个民主社会里,对人对事,必然要重视证据,必然要清楚明白,必然要作客观,实在观,如实观,分别观,面面观,平等观,以至关联观,发展观。如前所说,这些都是科学方法的精神。这些精神,或这些看法,这些习惯,也都可以借科学来培养。原来,科学要有这些习惯;现在,民主也要有这些习惯。所以,照这个意思,也很可以说,民主是科学的。

第三,科学与民主彼此相需。

这一层,由上边所说,已经可以得到了。但也还有一点可说。

这就是:世界越民主,则科学也越进步。反过来说,就是:要加速科学的进步,应该促进世界更民主。

如果世界或一个社会不是民主的,不容自由思想,甚至是迷信的,不使人,或不许人,瞧见事实,或敢面对事实,那就不会有科学,科学也不会进步。

事实上,假使世界没有法西斯匪帮,科学的进步必会少受许多阻碍,至少科学的进步也会多在于人有益的方面。这在今日以至在将来已是再明白没有的事实了。

此外也有时,阻碍科学进步的,也会竟是某一种的科学家或有司。现在在科学研究上,在实验室上,在成绩发表上,以及在研究经费支配上,有某些国度里,都需要更多些民主。英国一些前进的科学家,像量生教授海登,物理教授柏努,算数教授莱维,都很注重这一点。详情,他们的著作里都说得有。而要满足这种需要,又如海登所说,"只有待人民受了科学教育"。

"晓得了科学,就会见到:假使工业、农业、运输业,都为利用,而不为利润,而组织,可以应用于公益事业的知识,量有多么庞大"。海登为表明上点,并曾说到过(看他的《科学与日常生活》)。

是的，现代所谓科学研究的组织或组织化，所谓科学研究的设计或计划化，都是认为加速科学进步所必要的。所谓科学研究的组织或组织化，所谓科学研究的设计或计划化，其实也就是至少一种意义的科学研究的更民主化，或更集体化，或更有机化。

努力促科学更进步，努力使世界更民主，同时转动两轮，同时鼓起两翼，同时拨推利用相反相成的力量以前进的舵与楫，为发扬五四的好的精神，为光大五四的进步的传统，这就是我们今日必须担负起的责任，必不可辱没辜负了的使命。

（原载1942年5月7日《新华日报·科学专页》第七期）

中国与中国人

许多人不了解中国。在这许多人中包括许多中国人，尤其包括许多所谓进步的知识分子。

这些年来，就是自从思想在中国多少解放以来（其实解放得微末得很。许多人逃出这个笼头，却甘心情愿地钻进另一副笼头），许多所谓进步的知识分子已经把所谓孔子（姓孔名丘字仲尼）痛骂。

这是情理上可解的。孔子本曾，而且还在被不肖之徒利用以济恶；孔子本曾发生了不无过当的影响。当然要引起一种所谓反动；当然但令一旦思想多少解放，就要获得丑诋。这是难怪的。这正像西洋人在某时期之对亚里士多德。

而且孔子的时代究竟不尽同今日的时代，他本身就不免有可以指摘的欠缺。

什么是对孔子的正当态度，那就可看看今日少数西洋明白人怎样对亚里士多德。

但是不论怎样把孔子骂透，甚至把一切书中他的名字都给挖掉，更甚至把一切与他多少有关的书都烧掉（假使秦始皇再生或东方希特勒竟尔出现的话),也必无补于国家,无济于今日的危难。

今日的事,至少应由今人负最大部分责任。不满意于现状,而徒徒痛骂祖先,至少也是逃避现实之一种。就令快意,但快意并不能完全解决了问题。

孔子却曾被不肖之徒利用,却曾被不肖之徒假借,而且还在利用假借着。但论起责任来,利用者假借者的不肖之徒,总应负得多一些,而被利用被假借者应从未减。如果不敢严处活的利用人假借人的不肖之徒,而只丑诋死的被利用被假借的古人,得无近乎畏强凌弱乎?得无表现出所以成其为不足畏的书生乎?

说更正经话,在这种地方,总应把被利用被假借者的真面目揭露出来,看他那地方是好的,是还要得的,那地方是坏的,是绝要不得的;以至那地方可以被利用,被假借;同时也可以比较比较:有的古人确是可以利用,就是说他可以被利用的地方最多,有的古人则较差。如此予人以共见,也是予人以正见,毛病总可以渐渐少下去。

假使你懂得一些通俗进化论,你也应该相信,历史上不会有完人,就是将来也不会有。假使有人已经作到最好处,那还有什么进化或进步可说(把进化与进步看得差不多一样的意思,所以说是通俗进化论)。既无完人,既不能作到最好处,当然不应过于苛责了。但是如以此为毛病说辞,为罪恶解脱,那却是天大的胡闹,简直不止于胡闹而已。纵然不能止于至善,但止于至善究竟应是一个人每件事应达到的理想。

这些年来本来已有很进步的人郑重其事地在高唱中国化。不幸若干所谓进步的知识分子,既不精通政治理论,更不晓得政治实践,总想把中国过去一笔抹杀。其实就令那个可能,又何救于今日的困难。事实上,不但完全抹杀过去不可能,而且假使你能把过去完全抹杀,要解决今日的危局也就不可能了。今日总是承认过去来的。把历史一刀两断,痛快是痛快,但作不到。今日要紧的固在:一方面接得上历史的传统,而同时也深知历来传统的限制,对于一切古人不妨作善意的利用,但绝不因今人的罪恶,而空空抱怨古人。

假使我们的后代子孙还是不肖的，也不自省自责，自奋自强，而把一切责任都卸在我们身上，我们愿受么？

友朋谈起，常说，中国今日政治应采取英美，而经济应采取苏联。意思也许不错，但我不能同意这个说法。政治经济总是生活里的事。政治经济上外来东西可以实际采用的，实很难不限于原则。假使中国的政治经济而不在中国的实际生活上扎根，任何外来的办法，拿来强加上，必无济于事。而且外来的办法，凡是可采的都可以参考，也不能强分畛域。如果是来源不同的一种政治制度与一种经济制度，是否可以汇合在一起，或如何才可以汇合在一起，又何尝不是问题？顶多可说，中国最近应有的革新，在政治上，英美方面可以参考之处，比较多一些；在经济上，苏联可以参考之处比较多一些。并非谓在经济上英美全无可采，在政治上苏联全无可采也。政治经济又岂能够严格划分或割开？

但最要紧的究竟还在中国的本土，还在中国自古以至今日的实际生活。此所以为了解中国而研究中国历史，我也认为重要。但最要紧的究竟在近代史，就是与今日生活最有关切的一部分。至于拼命地向古史里钻，我不能不认为也是不得已（情有可原）而逃避现实的一种。犹之不自努力而徒称扬古人是脱卸责任闪避现实的又一种。好玩有趣，也许。必要，也有。若说有用，究竟间接。

对于远古，一点也不可迷恋，也不必迷恋。大体说来，或长久说来，人类社会总是进步的。就以最像不进步的哲学来说，以今比昔，也已大大进步了许多。

一般言之，中国古代固然要不得，西洋古代也一样要不得。岂但西洋人生哲学不成，中国人生哲学也何尝成。假使中国人生哲学成，不应该直到今日还这样地民不聊生，忍于最可耻最应引以为辱的生活。假使西洋人生哲学成，更不应该直到今日还在这样残酷的大战之中！

不懂得古代，现代的懂得不能完全，是的。但若说，不完全懂得古代，就完全不能懂得现代，那却完全非。

为了解中国的生活而作中国的历史的研究，既只在揭露中国历来生活，尤其百年来生活的真面目，那么在这种研究上当然要采用西洋方法，但是绝不可把西洋的所谓“范畴”，轻于向中国史实上套。事实弄明白，没有名词，可以的。绝不可以事实没弄明白，就轻加上外来名词。

实事求是，要紧要紧。

（原载1945年3月15日《国讯》第三百八十七期）

论纪念孔诞

我很赞成纪念孔子的诞生二千五百周年,理由有三。

一、我尝说过,合孔子、列宁、罗素而一之。今日仍抱这个见解。孔子代表中国好的文化。罗素代表西洋好的文化。列宁则代表已经开始的偏于西洋的未来世界的好文化。中国好文化最大的贡献是仁,这自应以孔子为代表。西洋古代文化最大的贡献是逻辑与几何,西洋近代文化最大的贡献是科学法。罗素适可以代表三者。亚里士多德的建立逻辑,为证明算学。二十世纪罗素所集大成与波兰学人所阐发的数理逻辑以及希尔伯特与卜罗洼两家的数理逻辑,也同在为算学找证明。同时罗素自己还代表与其数理逻辑一体而为现代哲学最大贡献的逻辑解析。至已经开始而偏于西洋的未来世界文化,其中心哲学与方法就是辩证唯物论,最可以为之代表的就是列宁。辩证唯物论,虽成自西洋近代,恰是中国古哲学与方法的真传统。

仁、科学法(即实验与算数的结合)、数理逻辑(包括几何及其他算学以及逻辑解析法)、辩证唯物论,既是历来以至未来文化中最好的东西,而且也缺一不可,当就应合而一之,也可以说,应将其代表人,孔子、罗素、列

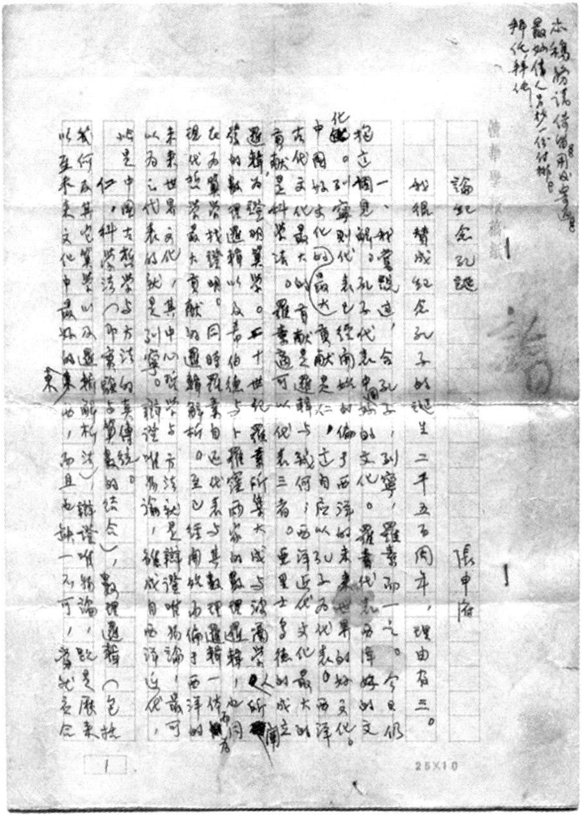

《论纪念孔诞》手稿

宁合而一之。尤其没有孔子所代表的仁，不但文化将不成其为文化，人也将不成人。孔子有这样重要意义，逢上了他诞生二千五百周年，还不该庆祝纪念么？

二、在抗战时期我又常说，“打倒孔家店，救出孔夫子”。孔门儒教，当然应该打倒。把孔子当教主，罢黜百家，定为一尊，严门锁户，使得学术不得进步，遗害中国已经两千年，当然要不得，当然要该打倒。也只有打倒了儒家孔教，打倒了对孔子的崇拜，可以自由研究了，再无所谓离经叛道，非圣无法之说，孔子的真面目，孔子的真精神，孔子的伟大，才真会被认识。今日对于孔子再不必有一点儿迷信了，也再不可有一点儿迷信了；这才真正可以见出大哉孔子，也才可以看出孔子的真价值，真正值得效法与纪念处。于是，孔子也才和同样害人害了两千年的亚里士多德一样，被救出来。

诚然，孔子及其仁是封建社会的产物，有其不可逃的时代限制。但逻辑与几何又何尝不是奴隶社会的产物，科学法以及辩证唯物论也何尝不是资本主义社会的产物？

三、在十几年前我还本着“国于天地，必有与立”的话，说过一个国家要立国于斯世，必有所以立者，必有可以立者，必有值得立者，也可以说，必有其代表的人物。代表中国的最大人物，断然是孔子，而不是嬴政、刘彻、李世民、武曌（则天）、朱元璋，也不会是屈原、李白、杜甫、施耐庵、曹雪芹。中国立国，所以立，可以立，或值得立的，应就是仁，就是中，就是生（天地之大德曰生）。而这些，以及易与实，断然应以孔子为代表。不用说易的哲学，就是正名的主张，也正是今日的需要。“孔子治鲁，三月而鲁治”。试问，今日是不是正用得着这个？这样，孔子出世的二千五百周年，还不真值得纪念么？孔子被历代帝王利用，也利用得够多了，够久的了。今日还不该轮到人民也来“利用”他？用他为人民服务？无论如何，可以把他作为一个象征。而况今日全世界正可以由他得路。

上述三点不过是我个人赞成纪念孔诞的私理由。其实孔子的可以纪念,值得纪念,应该纪念,本不待申说。无论如何,他不但是中国的伟大人物,也是世界的伟大人物。假使世界只纪念哥白尼、伽离略、牛顿,而不纪念孔夫子,这个世界,无论如何,不会是圆满完全的。

孔诞的应该纪念无须多言了。那么,孔诞二千五百周年的纪念,应该举行在哪一年呢?明年(一九四九)还是后年(一九五〇)?这个问题本不甚关宏要。但要认真决定,也要看三点。一、孔子究竟生于哪一年?二、如何算年或算岁数,即是否"古人周岁始增年"?或者说是在一岁的开始就作生日,还是等到周年即满岁(英文所谓Anniversary)?如以卒年与享年推生年,更要先定如何算年。三、诞生二千五百周年与二千五百年诞辰,似乎有个区别。

比较最要紧的当然在孔子究竟生于哪一年。自古及今,主要的共有两说,聚讼纷纭,莫衷一是,今日实已难能论定。一说生于鲁襄公二十一

1985年6月,张申府在孔子研究所成立大会上讲话

年(己酉),即周灵王二十年,即西元纪元前五五二年。此说源于《春秋公羊传》与《谷梁传》。一说生于鲁襄公二十二年,周灵王二十一年,即西元纪元前五五一年。此说本于司马迁《史记·孔子世家》及《史记·十二诸侯年表》等。他也许是根据《世本》。但《世本》已佚,只金时孔元措撰《孔氏祖庭广记》引有此言。(另外不重要不通行的一说是说生于鲁襄公二十三年)

孔子生年的两说,今虽比较通行后说(生西元前五五一),其实前说(生西元前五五二)为长。自公羊(高),谷梁(赤)之后,后汉贾逵《左氏解诂》,服虔《左氏传解谊》;唐司马贞《史记索隐》;宋王钦若《册府元龟》,刘恕《通鉴外纪》,胡安国《春秋传》,洪兴祖《阙里系谱》,黄震《日钞》;元程登庸《年表辨正》;明宋濂《学士集·孔子生卒岁月辨》,胡广《四书大全》;清李锴《尚史》,钱大昕《十驾斋养新录》,崔述《洙泗考信录》,吴英《经句说》,等;尤以清初叶江永作《孔子年谱》《乡党图考》《群经补义》,乾隆初孔继汾辑《阙里文献考》(卷二),道光间秋子奇作《孔子编年》(卷一),道光末高骧云撰《仰止篇》(卷上,《至圣先师生年月日考》),近则日本山口察常编《孔子年谱》,都主前说。持后说的,在《史记》后,《孔氏祖庭广记》外,有晋杜预《左传注》,王嘉《拾遗记》;宋苏辙《古史》,袁枢《通鉴纪事本末》,孔传《东家杂记》,郑樵《通志》,朱熹《论语序说》,罗泌《路史馀论》,金履祥《通鉴纲目前编》;明夏洪基《孔子年谱》,黄宗羲《南雷文约论孔子生卒书》;清阎若璩《困学纪闻笺》及《潜邱札记》,梁玉绳《古今人表考》等;尤以清咸同间孔广牧作《先圣生卒年月日考》(卷上)。罗列众说殆备,也主生襄公二十二年之说,但理由却不过据久佚的《世本》,其实,只据它书称引的一个《世本》与难知所据且难说可靠的一个《史记》,何如根据明白一致的《公》《谷》二传?一个纵被后来两人重述的间接证言,似总不如两个一致的比较接近现场的直接证言。

孔子的享年,或说活的岁数,也有七十二、七十三、七十四,三说。假使照钱大昕所说,“古人周岁始增年”,并不全像现在国人似的,生下来就算一岁（不是一年），那么，假使生在西元前五五二，生日是八月（或十月）二十一，到明年一九四九年八月（或十月）二十一，整满二千五百年；而二千五百岁的诞辰则在今年，业已过去。但如假使生在西元前五五一年，生日是八月（或十月）二十七，那么，就要到一九五〇年八月（或十月）二十七，才是二千五百周年；而这样的二千五百岁的诞辰则在明年。

是则要按时纪念孔子的诞生二千五百周年，如认他生在西元前五五二，便应在明年，一九四九年八月二十一举行。如认他生在西元前五五一年，还可等到后年，一九五〇年八月二十七。但如准时庆祝孔子二千五百岁诞辰，照中国现行习惯，则只有在明年办。且只能算他生在西元前五五一年八月（或十月）二十七。

三十七年十月三日

（原载1948年10月15日《大公报》）

从墨家看科学

不管中国古代有多少等奴隶，说周季，即春秋战国之际，是从蓄奴社会过渡到另一种社会的时期，当已无太大问题。

西洋古代希腊也是蓄奴社会，其后期也是从这种社会到封建社会的过渡时期。

在蓄奴社会里，学术思想上的显著特点就是：轻实验，轻实践，轻实用，轻手作，轻劳动，轻技术，轻机械，轻物质，轻大众，而重幻想，重理想，重观念，重心灵，重永恒，重等别。

但到了一个过渡时期里，总常是学派继起，百家争鸣的。也就是，在学术思想上是一个“相反相成”的时期，是一个最反复的时期。有沿旧习者，也有反旧习者。

周季墨家，也不管所谓墨，是姓也罢，是像儒一样的名称也罢，或宁是二者的统一也罢，乃是当时最前进、最革命的学派，这也是近年来许多人都能承认的了。而墨子盖约略与希腊埃勒亚派的芝诺同时。

墨子本是学于儒而非儒的，对人事的中心主张就是，兼爱（易别），非攻（交利）；尚贤（事能），尚同（一义）；节用，节葬；非乐，非命。（此外还有不得已而不足称的尊天，事鬼——天志，明鬼。)

但要紧的尤在他的出发点与作风。墨子是贵“自为”的，是要“强本”，要“当染”的。他更要“以绳墨自矫，而备世之急”，“瘠墨不文”，“先质而后文”。

墨子说“甘瓜苦蒂，天下物无全美”，“万事莫贵于义”。他因“为义”而重“取”；要“信身而从事”，“择物而从事”；又要“人为其所能”，“使各从事其所能”。并“使人各得其所长”，“钧其分职”。“有力相营，有道相教，有财相分”。庄子又说他：“日夜不休，以自苦为极”；“其生也勤，其死也薄”；“其道不怒”；“虽枯槁不舍也”。

他还说：“以身戴行”；以“行为本”，“遍物”要“博”；“默则思，言则诲，动则事”；“言无务为多而务为智，无务为文而务为察”；“言足以迁行者常之”。庄子更称他：“好学而博，不异，不与先王同，毁古之礼乐”。而墨子自“以为古之善者则述之，今之善者则作之”。

荀卿也曾称他“上功用，大俭约，而僈差等”；又说他“有见于齐，无见于畸”，“蔽于用而不知文”。但他却是“赴火蹈刃，死不旋踵”，“摩顶放踵，利天下为之”，且说“利于人谓之巧”。

同时，墨子的言说却在当时已被认为“贱人之所为”，“役夫之道”。

在方法上墨家规定了“辞”的“以故生，以理长，以类行”。墨子并曾说言有所谓三表或三法，就是本、原、用。要“上本之于古者圣王之事”，“下原察百姓耳目之实”，在用上则“发以为刑政，观其中国家百姓人民之利”。

综核而观，墨子或墨家的学说事为确是唯物的，大众的，革命的。最重实验，实践，实用，实利。

诚如庄子所赞，“墨子真天下之好”，而且是古今中外最彻底最实际最能干的反对战争的和平主义者。他不是空口“非攻”“无斗”，而乃的确“善守御”：深知“备者国之重”，“兵者国之爪”。看他行十日夜往楚救宋，使楚确感到攻宋无利而止攻，就是一个辉煌的实例。

墨子的守城能力实在犹在希腊后期西洋古代唯一实验科学大师阿奇

默德之上。

但他究竟怎样能拒攻呢？他的守圉之器是怎么来的呢？他的种种守圉之法又怎样才尽可能？他又怎样表现他的尚实验，实践，贵实用，实利呢？

是都在其学，在他是“才士”。

很难说中国过去曾有科学。但同样很难说中国过去没有科学知识。——假使全无科学知识，不知怎样“制而用之谓之法”。“备物致用，立成器，以为天下利”？

而且纸、印书、火药、指南针、煤，又是怎样来的、用的？

实在，假使太远的不论，追源究底，不太数典忘祖，不夸不奴的话，很可以说，至少有一部分，西洋近代科学，就是从中国去的东西引起来的！

而在周季诸子中表现出来最有科学知识的就是墨子。最能种下了科学的根苗的就是墨家或墨者。

这在著书里大部分就表现在当时墨家诵习的“经”与“说”上下四篇里，即晋朝鲁胜所谓“作辩经以立名本”者。《经上》主要是名词界说与分类书；《经下》是命题或定理书；而《说》是说明或证明。《经上》已说：“说，所以明也。”后又有《大取》《小取》两篇，更就语经、辞、辩等有所申论。

为什么中国古代科学特别表见于墨家？这当然不是偶然的。这显然与墨家或墨子一般言论行事大有关系。

而且在墨家不但表现出力学、光学、宇宙论，经济学等的识知来，而且更表现出逻辑（辩说，语经）与算数、特别几何的能力来。例如，试看《经下》所记：

以言为尽悖，悖。说在其言。……

谓辩无胜，必不当。说在辩。……

学之，益也。说在诽者。……

诽之可否，不以众寡。说在可非。……

非诽者谆。说在弗非。……

通意后对。说在不知其谁谓也。……

是是与是同。说在不州。……

尤其其说明或证明，都是多么精湛至极之论，直使人疑惑是维特根斯坦博士绝著《名理论》的原本。

记住一切现象的互相关联，互相影响，互为因果，互相制约，以及变动不居，量质相转，剥极必复，相反相成，而事变缘因常非单纯，由上所陈当很不难看出科学的性征来。

一就是科学与实验，实践，实用，手作，劳动，技术，机械，物质，大众（黎民、齐民、庶人、黔首）的密切关联。

二就是科学与逻辑与算数的密切关联，也就是更进一层的理论与实践的关联。

而由墨家的怎样解释事物，还更可以为科学下一个动的界说。墨家解释事物必要答出一个“所以为之”，就是必要对答出个“干什”“干么”来，才算得其所以对。

平常解说科学，或说科学是部分的偏备的知识，或说科学是有组织有系统的知识，或说科学是循求原理原则的学问。又或反对说科学是宇宙的预言，而说“科学真理是人类行动的方案”，“一条科学律表示一个作东西的便方”，科学就是“有一种利用的倾向”的知识。这当然都是不够的，不够完全把科学特征标揭出来。

我尝说一种学问就是一系之辞，或一套的话，或若干命题的一个统系。（现在所谓“命题”正等于周季许多通用名词之一的“辞”，又等于普通话中的“话”。）而科学就是用科学法而得的一系之辞，或一套的话，或命题的统系。这当然也是就科学本身构成说的，未能说明科学的功用或机能或其对人生的关系，不合墨家之义。

准墨家之义，安本丰末，我以为乃应说：科学是最能“正德、利用、厚生”的。

这第一应说明的就是所谓正德的德不必是道统的统，乃是性德的德性，就是严几道根据《乐记》《释名》等所常喜说的“德者得也，其(物)类之所同得者”。或套《墨经》的话，就是物“所得而后成”者。这样所谓德也是严几道所最常用。

照这样子，说明白了，那么，科学就是最能确定物性使人利用之以便利日用而富裕敦厚人生的。

近年中国科学社诸君子似乎喜说科学有二特性，即：格物致知，利用厚生。但关于所谓格物致知，我却觉有三不可。一、意谓过分含混，从来解说不一。二、把物外看，与心或人对立，似易有不当二元之嫌。三、又似只是静的看法，置知于行外，只由格物而致知，不由一般实践中体出知来(体验)。

而且格物致知与利用厚生，如果过分分立，也不免又陷于强分科学为二，理论(纯粹)与实践(应用)，不当地打成两橛。

所以本墨家之义，观墨家书里所明显表现的关联，我因愿为科学立一用的界说(Working definition)如上说。

虽然在清季输入科学时是曾以“格致”两字翻之的。

也许格物之格可据《苍颉篇》作量度解，但当解作格斗。

（原载1942年8月15日《新华日报·科学专页》第十四期）

中国与西洋

——世界文化的再检讨

现在中国，对自己的古代说，是可耻的。现在西洋，对自己的近代说，是可耻的。

西洋在近代三百多年来，科学知识已到了多少可观的程度，工艺技术已到了颇可利用厚生的地步；然而却不用来好好地和美过日子，在二十五年里也竟发生了两次大规模的自相残杀。这还不算。在第二次世界规模的大惨杀之后，虽非两败，却是俱伤，元气未复，三年未满，竟又已闹起冷战来，竟又已积极准备更大规模、更加惨酷的第三次自相屠杀！中国在古代，本已有那样高明美妙的人生哲学；如果代有进境，就令没有奇技淫巧，也大足以过与境与乐的优闲生活。然而与古希腊一样，在一度群葩怒放之后，也是因为连年大战与一统的缘故，不但萧索停滞，遂也逐渐跌落下来，自宋以来，更显明地在走下坡路，再也振作不起来。到了现在，已经百不如人，几乎事事落后；独独在砍杀上偏偏不甘人后，甚且更进一步！

看看，一方面，自然科学知识的精进！看看，另一方面，一般人间生活的不良。这样的偏枯、失调、不称，整个历来世界的文化，尤其今日主宰全世界的西洋近代文化，岂不大有重加检讨，从新估价的必要？

一般说来，中国文化所表现的最明显的缺欠，就是不进步、故步自封、容易知足苟安、过分与境为乐、太少勇往直前的向上气概，到了今日遂处于落后劣败的地位。而历来西洋文化暴露出来的窳点，却也有野蛮、迷信、蒙昧、贪婪、自私。

近代西洋文化，在坏的方向，就是这几点的进步，就在这几点的更大规模化。到了今日，近代西洋文化虽已逞了强，却也碰着了壁。就令不至归于毁灭，诚然会有英伦已故哲作家本斯博士(G.Delisle Burrs)的新刊遗著《第一个欧洲》中所述情形的复演。很怕也许要经过几度那样情形的复演，然后人类社会才会走上理性的道理。由本斯的大著可见，欧洲有今日，在好的方面，固甚不易。但望那样艰难的过程，不必要再经过几度！

这个过程，可以说，就是由宗教而科学，而哲学。西洋近代文化就是已度过了宗教时期而进到了科学时期。现在要紧的是由科学时期再进一步，顺遂地进到包括美学的哲学时期。最怕的是逆转，由现在的科学时期再回到一种宗教时期，复演一番由宗教而科学的进化过程，差不多就像古代刚刚有了科学就为宗教所吞噬一样。

如我年来所说，哲学就是学哲，哲学最大的社会功用就是使人哲。古语说，“知人则哲”。哲就是明哲，就是智慧。也说是灵活、圆通、周到的人生智，是体验与知识与明断的结合，也是看得开、想得到、有见无蔽，作面面观，洞见腠理，实而且活的高级的知识。这本是历来以至现代人类最缺少的物事。罗素不论在他的大著《西洋哲学史》，或宏巨的集体作《罗素哲学》中他自己的答语，或近作《科学为西欧的一种成果》(见《收听者》今年一九四八，五月二十七日号)，都曾提到这个。尤其在最后一文中，更曾明显地说：“力量而无智慧是危险的，而我们的时代所需要的就是智慧，简直比是知识还甚。有了智慧，科学赐予的力量，乃能弄来一种新程度的福利，给全人类；没有智慧，便只能弄来破坏。”

我以前尝把人类思想的进展，从古至今，分为有灵论的、机械论的、辩证论的,三个阶段;并认为现在已开始入了辩证的阶段了。照那样看法,人类前途,本已很可乐观。但如不能发扬哲学的使人哲的功用,而竟复演由宗教由科学的过程,重转到蒙昧、迷信、独断的宗教去,人类前途也非全不可乐观,可是时间必要远一点。历史纵或复演,却非重演;前后纵或相似,却不必相同。过去宗教时期,即有了希腊哲学与初步科学以后的宗教时期,要用一千五百年;现在假使再有一个新宗教时期,也许只有一百五十年已经成了,因为无论如何,已经有了进步的科学,而且已经有了唯物的辩证论。要使人类历史不但不至重演,而且不至复演;要使世界人类即由目前科学时期直接进到包括美学的哲学时期:这需要高瞻远瞩的知识分子,精神劳动者,特别地努力,尤其需要懂得哲学应以体与辨为方法而以通与中为归宿的东方哲学家,好好地努力。

新近八月末在旧东德的名城布累斯劳Breslau,即新波兰西南区的乌罗兹拉夫(Wroclaw,报纸翻作劳克洛或罗克洛,错。登作窝赤亚威克Wloclawek,更错)举行的国际知识界和平大会,是值得重视的。最近已看到两篇直接报道。一篇是叶君健先生的《波兰之行》;另一篇是英伦新国士与《国民周刊》主编马丁先生的感想(已有两篇译文)。听说陶大镛先生也有一篇记载,还未得见,就据那两篇报道,固然已可看出这个大会的意义来。但同时也或不能不感到,就在国际进步知识分子间,也还多少被成见、偏见、感情、意气、隔阂,给笼罩着。虽然可说,国际知识分子合作反战的前途并非无望,但肯努力,必有收获。而要打破那种迷蒙,那就端赖使人哲,使人看到大处远处,使人灵活、圆通、周到、作面面观而不过作人我、物我的无谓计较的哲学,发挥作用。

中国学人于此,是有他可尽与应尽的责任的。中国学人,今日对于文化,至少负有三桩不可旁贷的任务。既须,一、本着最新最进步的观点彻底检讨自己的文化,重新认识自己的文化理想,阐发自己从来未经发扬的真传统;也要,二、对于西洋古今文化成就,更作深切的了解,系统的介绍,同时也切实明了其所有的限度。但是当前,最进一步,最要紧的还在,三、根据整个世界文化的再检讨，适应今日的需要与可能，求得一个世界文化的新综合，而实践地努力圆满实现之，既使西洋近代文化有了出路，也使中国旧来失传的文化获得新生，重作自己应作的更进一步的独立贡献。但要作到这个，中国学人必须虚心而切实，“致广大而尽精微”；必须既不妄自尊大，也不妄自菲薄；必须一洗近五十年来因被侵、因战败、因相形见绌，而普遍养成的奴性，承认外国事事好，外人处处强过我之类。其实，就令中国不好，西洋也并非尽好。就令中国今日百不如人，事事落后，但也不可养成一种下劣感，也不要以为中国就总不如人，或应该不如人。要知道：中国旧来未得发扬的真传统上，中国旧来未得践履的人生哲学上，未尝无一日之长。西洋文化今日正走到一个尽头，中国真传统人生哲学上的一日之长，很可能就是今日世界文化的需要，而为今日世界文化新综合的必要成分之一。

三十七年“双十”前后

（原载1948年11月1日《中国建设》第七卷第二期）

我们为什么革命

我们所以革命既为与社会变动相应而促社会进化，又为一种广远的主张——『生之扩大』的人生观。

一九二九年一月

我们为什么革命

现在是再度革命的酝酿时期,不论对于革命的理论,或是对于革命的行动,都有清算与整理的必要。"没有革命理论,没有革命行动"。我现在想先对于革命理论,略说一些话。

我第一要说的是为什么我们革命。在这个题目之下,我要说两层意思:第一说我们革命的缘故,其次说革命的对象。

我相信这两层都是该说说的。一个人不拘做什么事,说什么活,最好是先自己弄明白所以要那么做那么说的缘故;就是对于人,也应该如此。你如要批评别人的行为,判断别人的言论,你最好先弄明白他所以有那样行为或那样言论的缘故。我以为人如能保持住这种态度这种办法,一切问题必定都容易解决的多。那么,我们革命,我们为什么而革命呢?我以为不拘谁,如要革命得彻底,不因循,不苟且,不投机,不妥协,都必不可不先对于这个问题,有个彻底的自觉的解决。至于关于革命的对象,我觉着现在有一种很流行的错误见解。为求革命前途,少生枝节,免除无谓的纷纠起见,对于那种错误见解,也实有急速加以矫正,并将真正的革命对象,斩截地明白指出之必要。

我们为什么革命呢？要晓得这个，不可不先明白所谓革命是什么。革命是社会结构由积渐而致的骤然变革。在这个界说上，第一要注意：革命是关于社会结构的事，社会结构不变更，无论社会政治上，怎样的混乱，也算不得革命，至少在今日，革命的意义是应该如此的。在这个界说上，第二要注意：一个社会之所以革命，并非一朝一夕之故，乃是积渐而致的；只是以革命本身而论，则革命却是一种突然骤然的变更，有人比之于冰山的翻筋斗，可以算得一个确喻。冰山之所以翻筋斗，当然不是一天两天的缘故，但在翻的那一顷刻，则不能不算是一种突然的变化。人类社会中的革命，便也如此。

本来，社会结构的所以形成，一方有社会生产力，一方有与之相应而成的社会制度，社会制度乃是一种有惰性的东西，是懒怠变化的。等到生产力逐渐增长，原来与之相应的社会制度，不但越来越与之不相应了，而且越来越变成窒碍，于是双方的矛盾抵牾，逐渐增加。等到这种矛盾抵牾，增加到某种数目，也就是社会生产力，增长到某种数目，于是旧来的社会制度遂必然地而不得不破裂；同时在那逐渐增长的生产力下，养成的一种新社会力量，便自然而然地把一种在旧社会制度中孕育了的新社会制度揭发出来，而一种新社会结构于是遂得逐渐地形成。即这便是今日所谓革命。今日所谓革命，是不能外乎这个的。在这种意义之下，显然，所谓革命乃是一种必然的社会现象，放开来说，也就是一种必然的，人不怎么能如之何的自然现象，只是这种自然现象，特别与人关系密切罢了，以集合人与人的关系而成的所谓社会者为主体罢了。

那么，革命既然是一种必然而无可如何的社会现象或自然现象，人在其中似乎也不过随波逐流，出于不得不然而已，又能有什么意义？又能有什么所为？但是这却不尽然。人之革命，固然在一意义下，也可说是行乎所不得不然；可是为什么有人革命，有的人却不革命，甚而至于反革命？这其中必然有种缘故。进求这种缘故，当然最显然可见的，乃是人之所以革命乃是环境使之，乃由生活情况凑合而成。但是凑合成的又是什么呢？我以为这除了不得不然的成分以外，即除了不自觉的成分以外，必然还有个对于社会变化的自觉。这就是说，一个真正的革命者，不但必具开阔的胸襟、热烈的心肠、冷静的头脑、坚决的意志，必然还更有一种比别人灵锐的感觉：他之所以革命，必然是在社会变化上，觉察到了什么，必然是从社会变化上，感觉到了一种反革命或不革命的人所不能感觉或没有感觉的刺激，因此才有革命的反应，因此才有革命的行动。我相信，客观地看来，我们的所以革命，实在于此。

现在当看一个革命者在社会变化上究竟感觉到了什么。如前所说，社会之所以发生革命，乃由社会生产力的增长。可是社会生产力为什么增长呢？社会生产力的增长，主要的原因，不外生产技术、生产器具的改善。而生产技术、生产器具的改善，主要原因又不外乎科学的进步。所以如此说来，促进科学，最是使社会革命的妥靠的方法；而社会一度革命也就是社会一度显著的进化，只是因为人类的愚蠢，因为人类的惰性，因为人类的对于自己的事情，特别不能客观，也就是因为人类远未能把由数学与实验相结合而成的“科学法”普遍应用，历来的革命，不免牺牲得过大一点罢了。

社会一度革命，就是社会一度显著地进化。我相信，一个革命者在社会变动上，第一所感觉到的，就是这个。因为感觉到了这个，因为要促进社会的进化，这便是一个革命者所以要革命的第一个缘故。社会本是必然地自要变动的，本是必然地自要进化的。但人固是社会关系的构成者，在社会变动上，自也有其应尽的本分。本分是什么？便是使得社会进化可以顺利地进行。一个革命者便是能够履行这种本分者，履行这种本分，也就是革命者的历史使命。在唯物史观上，所谓历史，本就是社会变迁的意思。所谓革命者的历史使命，本就是革命者在社会变迁上的使命。照这种说法，可以说一个革命者就是社会新结构的一个助产女士。社会革命本是社会矛盾的解和，社会革命者（即今日一切真正革命者）也便可说就是这种解和人。

中国有句老话，就是说，“汤武革命顺乎天而应乎人。”这种话听着，自然不免似乎腐。中国还有一句俗话，说“替天行道”。这种话听着，自也不免于土。但是不管其土不土，腐不腐，现在的真正的革命者，其实也还是如此的，但令晓得所谓“天”，不过是“自然”的意思。所以革命者之所以革命不过是为的与社会变化相应，而使其进行得顺利。中国还有两句古话，说“顺天者昌，逆天者亡”。革命者只是要顺乎自然，而不肯反逆自然；只是要昌，而不甘于亡。

马克思也说过：“哲学家们只不过种种地解说了世界；要紧的乃是去变更之。”可是照马克思的“辩证法”（“对勘”），世界本自是时时都在变更着的，为什么又要人变更之；所以要人变更之者，也不过是要人行为得与世界的自然且必然的变更相应而不相背而已。而且所谓世界，人本是其一部分。说世界变更，人之变更，自在意中。因此，要人变更世界，盖也不过要人对于已也在其中的世界变更，有个自觉，而更勇猛积极进行之。同样，前所说一个革命者对于社会变化的觉察，也便可说，就是觉察到在社会变化之中，自己也有其分，为与这种变化相应，为尽这种变化的本分，所以才不得不助着社会革命，以达社会进化的目的。

可是，社会为什么又要进化呢？社会进化的目的又何在？社会变迁，究竟要变迁到哪里去？换言之社会革命的究极目的，又是什么？说到这一层，便势不能不讲到人生观或人生理想的问题，有的人或不免以为这个更玄虚了。然而其实不然，人生观其实是最切于人生的事。一个革命者，如要革命得彻底，必须对于人生有种至极深刻的认识。当然，这种认识之得来，必是本着自己的锐感，而从生活本身中得来，绝不能凭空瞎想的。一个人而无对于人生的认识，而无对于人生的理想，必是一个“无主宰”之人。“无主宰”之人，如何能革得命来，当然更不能做革命的领导者。这样的人，其实可说就没有认真地在人生中生活过，就没有尝到过人生的滋味，他又怎能如人生何？这样子说来，一种人生观对于一个革命者，尤其站在革命前锋的人，确是必要的。问题乃在所需要的是那样一种人生观。对于这个问题,我不能不在此简略地也说几句话,以表明我们所以革命的又一个缘故。详论则当俟另篇。

当然,一个革命者的人生观,必是革命的;还可以说必是客观的,因为不客观便得不到实际的缘故;更还可以说,必是美学的,因为美是圆满的人生中最后的标准的缘故。这样的人生观,如何可以得到?当然,必须根本人生的实际,如前所说,必须认真地在生活中生活,必须切实地体验那种生活。如此才可以见到人究竟为什么而生。人为什么而生?人为什么而活着?人只是为生而生,人不过为活着而活着。所以生之一字,乃人生最伟大最重要之一字,凡是一种切实的人生观,必不能不根据这桩简单而概括的事实。根据这桩事实,而定一种切实客观的人生观,那便只在使人人都得遂其生,使人人都得善其生,简单言之,便在"生之扩大"。即这便是人生理想,即这便是人生归宿,革命的最后的目的,是不能外乎这个的。我们的所以革命,这便又是一个极要紧极根本的缘故。反是而言革命,必然只是自欺而欺人的话。我们为什么要喊叫解放一切被压迫者?我们为什么要反抗任何侵略与剥削?我们为什么觉着现状不可一朝居?根本上实在因为什么压迫侵略剥削现状,都太与那种理想归宿相违反了。都太与"生之扩大"的人生观,相去的遥远了。在现状之下,大多数人是不能遂其生的,更说不上什么善其生。这是应该的么?实在没有一点的道理。照今日世界的生产力,全世界人类,本已都可过得很好的生活。然而现状竟不许,我们感觉到这个,我们相应社会的变化,我们如何不思把现状务革而去之?我们如何不谋把造成现状的一切制度习惯,悉扫而空之?我们既为此而革命,我们要促成的社会制度,自不难见。当然一定不是什么流行的资本主义,更不是由资本主义长成的帝国主义;自也不是,要维持"残余的封建制度",以及什么从以前的制度遗留下来的思想习惯势力;而乃是一种所谓大同主义或"共通主义"。

这说得太空了么?这说得太乌托邦了么?我以为这是不能这样子抹杀之的。所恶乎乌托邦者,恶其不切实际。所恶乎空想者,恶其不能实行。但是一种比较宽远的眼光,一个革命者却绝对不能没有。一眼只望到远处的人,固然可以跌在坑里(相传希腊一个哲家阏利史的故事)。一个完全没有理想归宿的人,也必会弄得茫茫欲何之,寸步不能移。须知政治并不是一切,眼前的政治尤不是一切。只顾到眼前的人,必不能解决眼前,因其除了眼前,更不晓得出路。一个革命党,要紧的是既有远大的目的,又有当下的办法;反过来说,就是既有远大高尚的理想,又要有当下可行的方略。即以国民党左派而论。国民党左派如果要整顿国民党,如果要恢复国民党的信用,如果要与天下人以共见,如果要贯彻革命的主张,那便应一方明明白白地揭布出自己最后的理想,自己的斩截的态度,一方更应详详细细地对于一切经济建设、政治改革、文化政策、土地问题、国际关系,种种等等,都订出审察周到切实可行的方案;不当政时,做预备工夫,一旦当政,便悉举而实行之,像俗话所说的,一登台便拿出几手来给人看,如果能够这样子,中国的复兴,革命的成功,实在不是难事。本来,远之于近,辽远的理想与目前的计划,貌似相反,其实相成,缺一不可,相离也不可。所谓"没有革命理论,没有革命行动",也就是这个意思。我所以说我们所以革命既为与社会变动相应而促社会进化,又为一种广远的主张——"生之扩大"的人生观,区区之意,也不外乎此。

照上所说的两层,好像人之所以革命,都不是为的自己,都不是为的个人,这其实也不尽然。如果一个人,图的不外子女玉帛,丰食广居,革命当然不能为这样的个人的这样目的。这样的人最好不必革命,他其实也绝不会革命。但革命却并非因此就全不为个人。本来,就一意义说,我所谓为一种人生观而革命,就是为的那种人生观所要代表的一个一个而彼此有关系的个人,而绝不是为的一句空洞的见解。但现在所说的为个人,还不止是这个意思。照一般所晓得的,革命显然是为大众。一个社会里,如果非大多数人自觉地或不自觉地都需要革命,革命绝不能成功。少数人的革命是没有的事。假如你是革命的,你当然是革命的大众中的一分子,有的人开口从民间来,闭口到民间去,我真不知其自居于何地。如此,革命是为大众的，你是大众中的一分子，当然的结论：革命也为你自己。那么，为你自己什么呢？为满足你自己的欲望。为满足你自己的什么欲望？特别是生之欲望。人不受压迫，生活不穷困，大概是不会革命的。恐怕人的所以革命，第一步大概都如此。

或者以为革命不免要牺牲，既为自己，岂还能牺牲？我以为此疑不然。革命虽也为自己，并非单为自己，单为自己的人，你不用想其革命。而且革命之为到自己，人由一个革命者不能自居于大众之外，因为大众乃为到自己。既非专为自己，显然，要牺牲时，是还可以牺牲的。这并不是唯心的说话，只不过表曝事实。革命最忌矫情与客气。矫情客气的人也是绝不能革命的。革命者明明都为自己，明摆着的事实，你如何不承认之；所以如说唯心，不在我而在你。

总上所说，可说都是说的我们为什么革命的正面。以下当进而说说负面，便是革命对象的问题。

我们革命，我们究竟要革哪个的命？关于这个问题，我于开篇，曾说有一种很流行的错误见解，不能不加以矫正。中国这次已经失败的革命，开初的口号，本来有两个，一个是打倒军阀，一个是打倒帝国主义。这本来就不全对；近来简直竟有中国人，连这个也都不许提了，当然更不对的利害。但我所谓流行的错误见解，却还不是指的这种人的见解而言，因为这种人本来不是革命的，在革命理论上，用不着与这种人去计较。我所指的错误见解，乃是把革命对象说的好像革命在对人。这实在是一个极大的错误。第一，因其忽略了根本；第二，因其违反了革命的本意。因此两层，都不免使得革命多生枝节，多所纠纷。例如打倒军阀一个口号，就不免犯了这种错误。只说打倒军阀，而不更注意于产生军阀的制度，结果旧的军阀，表面上似乎是打倒了，而却继生了一大群的新军阀，究竟于实何裨！

那么，真正的革命对象，到底是什么？我以为但令人切实地明白了如前所说的革命的意义，这个并不难晓得。我可以极郑重斩截地说，革命乃是对于制度，绝不是对于人。中国的革命是要打倒帝国主义与“残余的封建制度”。所以要打倒帝国主义，就是因为帝国主义是一种制度。你如真要打倒军阀资本家与地主贪官污吏土豪劣绅，你也只有从根本上打倒产生这种种什么军阀资本家等等的制度。如果只知对人，而制度不管，结果必致表面上旧的像是打倒了，而新的又复产生，而且说不定你自己就也变成你自己所要打倒的人。一个人无论他怎样，我始终坚决地相信“个人无罪”。一个人之所以有罪恶的行为，都是社会制度与习惯使之，个人实在不能负那种责任。个人习惯的养成当然不外由于社会制度与教育；而教育自也是一种社会的制度。所以一切罪恶，究其实，都不能不加在社会制度的身上。要使世界无罪恶，只有革社会制度的命，由好的制度，好的教育，以养成好的习惯，这样子乃能使人无复罪恶的行为。若像现在对待所谓罪人的方法，只不过由于人的懒惰与不科学，事实上只有延长罪恶，一点好效果也不会收得到。

一种革命，虽不能由一切人来干，但是一个社会里的革命确是为的所有一切与那个社会有关的人人。你于此一定要问，难道现在的革命也为帝国主义者军阀大地主资本家么？为的，为的，不管你怎样骇怪，我也要这样说。为的什么？为的使它不再做帝国主义者军阀大地主资本家，为的使它不再做侵略压迫剥削的事，以至于使全世界上从此再不复有侵略压迫剥削以及一切残忍酷暴的事。当然，在革命之际，对于反抗革命者，对于拥护旧制度者，不能不加以制裁。但是所制裁者，乃是裁制其反抗革命而拥护旧恶的制度，并非先天地特别有恶于其人。现在压迫者，但令其不复冥顽不灵，但令其能不死恋其现在夤缘以为利的制度，本可与被压迫者同等看待。只是人这种蠢东西，不见得这样能变罢了！不过，人之有不良行为，由于有不良习惯，有不良习惯，由于有不良制度：这究是一桩不可不特别注意的事实。

现在世界上，最高尚最可钦佩的人，本只有劳动者；至于什么侵略者，剥削者，勾心斗角买空卖空以侵蚀别人劳动的收获者，实在均是最堪怜悯的人，不管他们自己觉着怎么得意，怎么趾高气扬。劳动者现在不过因社会制度而受苦；而这种人却是因社会制度而为恶。所以我觉得革命对于这些，是同应当想方法的。我相信，一个革命者而能透彻地见到这个，而能胸襟这样地开阔，而能把注意特别集中到社会制度上，必会自觉着心安而理得，必会益感到自己责任的重大，必会艰难困苦，悉所不计，勇往直前而无所于悔，必会免掉了一切不好的情绪，必会进行得妥帖而顺利，也必会益作得热烈真挚，圆满周到，鞠躬尽瘁，死而后已。

总结我的话：我们之所以革命，第一，是为个人而革命；但第二，绝不止于是为个人而革命，更是为革命而革命；但第三，也不仅仅是为革命而革命，更还是为人生的最高理想，即是“生之扩大”，而革命。而我们的革命对象，绝对在制度，而不在人。

（原载1929年1月6日《民众先锋》）

人生的哲学

一　为什么生活呢？

“为什么活着呢?”要回答这个人生意义的问题,第一先应该分开“是”的方面与“应”的方面,就是“是怎样”的方面与“应怎样”的方面。这两方面虽属相联,却很不必一致。普通问“为什么生活”的问题,常常是把这两方面混在一起。本来“为什么”三字原可有两个意义。一个在先的,“为什么原因”;一个后的,“为什么目的”。大体言之,可以说,“是”的方面就是原因方面;“应”的方面就是目的方面。同时,也还可以说,“是”的方面就是事实方面;“应”的方面,则是道德方面。

事实上,人为什么活着呢? 简捷地答,第一层,就是为活着而活着,为生活而生活。但还有个第二层,则是为遂其生,为美其生,为扩大其生,乃有生活上的种种。这也不但于人为然,凡是生物其实都是如此的。一切生物第一件要紧的事就是生。一切生物所以生活第一件都是为的生活。这似乎有点儿盲目,但是事实却是如此的。这似乎对于原问题并没有回答,但是事实方面,即“是”的方面的回答,却只有如此。不过,天下事常是相反相成,常是由矛盾而进展。事实上人是为生而生,但同时也是为死而生。人从生以来,便天天要死,天天预备死,也天天在死着。只是这一层,在人更是不自觉的无意识的了,但也确是应该补充的事实的一面。

这个为生而生,在人诚然是无意识的不自觉的。但直到现在,人的许多比较根本的活动事实上岂不都还是无意识的不自觉的?其次可以讲讲这个问题的自觉的方面,就是应当怎样的方面。人应当怎样虽不能以是怎样为限制,但是却不能不以为根据。否则便不免徒逞空想,远离事实。事实上人既是为生而生以至为善生大生而生,因此人生的目的便应当是使人人都得遂其生,善其生,美其生,扩大其生,而所谓善与美者,也就是使生活易,使生活易于进步的意思。人人都得生得活着不但是人的义务也是人的权利;不但是人的本分也是人的使命。这样说来,为生而生等等,不但事实上是这样的;道德上,理想上,也是应当这样的。本来是无意识不自觉的,要紧的乃是由无意识而到有意识,由不自觉而到自觉。本来虽似乎盲目,但就是这样子,吾们也有吾们的事作,而且大大地有吾们的事作。睁眼看看!不用说善其生,美其生,是不是许多人都还不得生,都还不得遂其生?一切莫谈,就根据这个生物学的意思,吾们的责任,吾们的使命,吾们的理想,吾们的目的,已就明摆在眼前!

以上是对于这个为什么生活问题的一般的哲学的回答。原来提出这个问题的人也许会感觉着不满足,也许会感觉着空泛。但是如果要个别地具体地来回答这个问题本来是难的。因为人与人的情形常有不同。因此便有回答,也常是部分的,而不是说的整个的人生的意义。假使问这个问题的意思本来不是一般的,而是问一个人应该作什么。如很具体切实地答,这当然是要看各人的情形为断。但于此却也有一个原则,便是不拘作什么,总不可背乎时代。追逐潮流是要不得的,但背逆潮流更要不得,可要的乃只在驾驭潮流,抓住时代。

大概一个青年人而提出为什么生活的问题,常是因为生活上有了什么不满足,或遇着什么困难了。但是可以真正解除困难满足不满足的,乃在奋斗,乃在实践,同时也增加认识,深刻认识。只是空想,只是自己与自己说话，那一定不成。而奋斗实践最低级的第一步便在找一件身外的事情，注意作作；总在自己身上打算盘，不但不可以，而且必会出毛病。因此最后我还愿奉赠这次提出这个问题者几个字，便是“From Struggle to Light”（由奋斗到光明）。如果要问“为什么奋斗”？我的回答是：且奋斗了再说！假使再问：“未免盲目。”我的回答是：“难得糊涂。”

二　再谈人生意义问题

说人生就是生，说人生就是为的生，这恐怕有许多人会感觉着不满意，以为人生如果如此，未免太无意义。人生究竟有无意义呢？要解答这个问题，第一层应该弄清楚的仍在文字。

所谓“意义”本有许多意义。它的一个意义就是回答“是什么”这个问题的。譬如问“风是什么？”你回答说风是空气因各地方寒暖的不同而发生的流动。这便可说是风的意义。因此，说生就是生，或生活就是为的生活，照这个意义，都可说就是生的意义。那么，照这个意义（或说意思），怎能说生没有意义？当然说生就是生，是认生是一种根本现象，所以再不能拿什么别的现象来解释，不拘说它是什么别的现象，或别的些现象，都是不能恰当或概括的。说生是为的生，当然与这个不同，但既是生的一种解释，也就是生的一种意义。照这种说法，说生没有意义，实在没有意义。说生没有意义，如有意义的话，定是用的另一种意义。

意义的另一种意义，便等于重要，或价值，说生没有意义，就是说生不重要，或认生活没有价值。如果生就是生，或生就是为的生，这对于有些人显然便会觉着生不重要，生没有价值，也就是生没有意义。可是什么是重要？什么又是价值？凭空一桩事会有什么重要么？单独一个东西会有什么价值么？一桩事情，你要它，便是重要的。一个东西，如果摆得适值，也就是适合恰当，便不失为有价值。由此推想，很不难见到：不论什么重要或价值，都是对待的话。一个人或认为生活重要或不重要，一个人或认为生活有价值或没有价值，在这个地方所谓重要与价值，显然都是对于人的;换言之,也就是都是主观的。那么,照这个意义,生的重要不重要,有价值没价值,有意义没意义,既都是主观的,究竟与生或生活的本身何与? 所谓实现人生价值,也不过是人给了生活一种价值(就是认为把生活怎么摆置才适当),而后求其实现;换言之,只是实现人的生活理想罢了。

但是为什么有的人认为生活重要有价值,又有的人认为生活不重要无价值呢? 这应晓得所谓意义还有第三个意义。意义的第三个意义就是意味,就是意趣,或趣味。因此,有的人之认为生活没有意义,实在是感觉着生活没有意味,没有趣味,因此,也就说生活没有价值了。而人之所以感觉生活没有趣味显然也是个人的,主观的;与生活本身也直可说无与。生活之所以使一个人不发生兴趣,必是对于那个人的欲望,有所不能满足。人的根本欲望乃在生与性;其次才是名与利。凡是认为生活无意义(无趣味)的人,所以根本上却是因为在生或性上有所失望,就是这个缘故。

根据这个解析,可以晓得,生活或人生,在客观上实在不能说无意义。反之,说生活无意义,其实都是主观的。也可以说,生活无意义的问题只是个人的与社会问题。就大自然说,实在说不上生活无意义。因此要使一个人不觉着生活无意义,必须使他的生与性的根本欲望相当满足。要作到这个便又在把个人与社会加以改革;欲望固然是越遂的多越好,但欲望较少当然便可遂的较多,所以个人方面的改革也属大大必要。人要能反省。人但能反省,便也不难见到,这是使生活不至无意义问题的一个显明而当然的第一步的解决。

假使更进而追问自然是不是也可以改革,那便第一应知"习惯成自然",改革自然就是改革人的习性。第二应知,改革自然不外促进科学,改造工具。总之,仍是人的问题。

三　为幻想活着

——三谈人生意义

"真理不必有趣儿。"说人是为生活而生活,就令不认为是搬弄字眼,总有许多人会感着:人生如此,未免乏味。但如前说,这却是一个无可如何的事实。不过,这个事实究竟太根本了,难怪差不多人都不能觉得。这儿还有个比较近于表面的事实,那便是人人的所以活着,至少有一种幻想。

这个事实虽比较近于表面,仍然不是十分容易觉得的。但是你若下细体察,总可以看出每个人的所以继续生活,至少在他心里总伏着一种幻想——至少一种。不论圣贤豪杰,以至常人,假使不是他至少有一种幻想,那他立刻会活不下去的。你随便找一个人,问他为什么活着,他大概答不上来。但在你加了些考察之后,总可以看出,至少有一个幻想在他心中。破灭幻想,在人生实在是一桩了不得的大事件。就说,幻想破灭就等于人生破灭,也没有什么不可以。

有的人自以为有大志。有的人自以为有理想。有的人活着为的有所期望。有的人活着为的有所希冀。其实,什么大志,理想,盼望,希冀,说穿了,揭破了,都是些幻想罢了。幻想也可说是幻象。大志,理想,盼望,希冀,是比较主观的,说幻想或幻象,乃比较着客观一点。吃饭穿衣不是幻想,但大志理想期望希冀显然不同于那个。有的人,比方说,可以说是为吃好吃的而活着;但试想,他吃到了好吃的之后,还想什么?这样子推想下去,可以晓得:他最后的追求也不过一个幻想罢了。有人常把人生比于飞蛾扑火,最后扑到的,总之不是空就是死。

常见有人,一家数口,胼手胝足,天天劳碌,仅免冻饿,或且不免于冻饿。你试想想,他这种生活是为的什么?你试想想,他这种生活还有个活头么?然而他却是仍然活下去的。有的说,等到孩子大了就好了。有的说等到收成了就好了。甚至有的说,等到真龙天子出世,年头好了,或发了财,就好了。你试想想,这些岂不都是些幻想?固然这也可以说是希望,但它与什么大志雄图等等其实也是一样地没有坚强的根据。“多年的路走成河,多年的媳妇熬婆婆”。但是熬到了婆婆又如何?

诚然,也许有人,噩噩蒙蒙,简直是无所为而为;即所谓“不识不知,顺

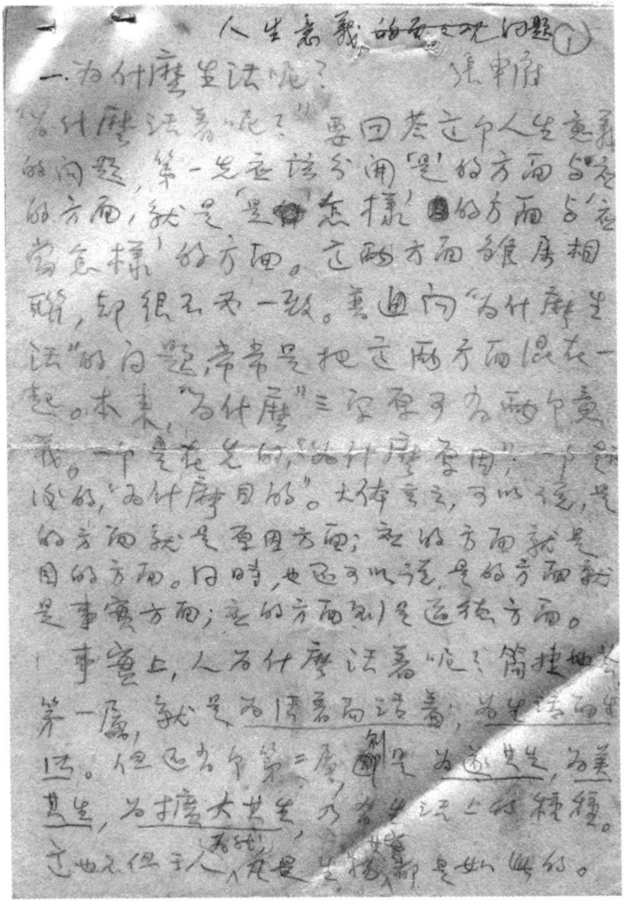
人生意義的研究問題

一.為什麼生活呢？　張申府

“為什麼活著呢？”要回答這个人生意義的問題，第一先應該分開‘是’的方面與‘應’的方面，就是‘是怎樣’的方面與‘應當怎樣’的方面。這兩方面雖屬相聯，卻很不必一致。普通問“為什麼生活”的問題常常是把這兩方面混在一起。本來“為什麼”三字原可有兩个意義。一个是在先的，“為什麼原因”；一个是在後的，“為什麼目的”。大體言之，可以說，是的方面就是原因方面；應的方面就是目的方面。同時，也還可以說是的方面就是事實方面；應的方面則是道德方面。

事實上，人為什麼活著呢？簡捷地說，第一層，就是為活著而活著，為生活而生活。但還有个第二層，則是為求其生，為美其生，為擴大其生，乃至為生活上的種種。這也不但是人，凡是生物都是如此的。

作者因领导“一二·九”运动被捕入狱，此为写于狱中的本文手稿帝之则”。可以说，这种人生活只是习惯，这种人的继续生活只是由于惰性。这种人如果连想象都没有，当然更说不上什么幻想。但是这种情形，对于为生而生的事实，不但没有违反，简直更是一个显例。就是说为幻想而生活，也只是为生活而生活的一个补足，而不是徒然立异。其实，完全没有意识，以至无意识的人，大概是不会有的，那么不为幻想活着的人恐怕也就同凤毛麟角了。

本来，也可以说，人生只是赶鬼火。赶了这个赶那个，等到一天不赶了，也就完了。平常人是一天也离不得幻想的；一天没有了幻想，便是生活的幻灭。集合来看，人生本是一个战场。但是在打仗的时候，人是清明的么？还不都是在那里捕影子！

这种说法，不但没有趣味，也许会有人以为悲观。其实，对于自然世界本说不上什么悲乐。对于自然世界，不论悲观乐观，都算不得正见。说人为幻想而生活着，不过揭开一个事实，纵令由这个揭开也许会引得一种人趋于悲观。但是事实只是事实。飞蛾扑火乃扑其不得不扑。人的为幻想而活着，也是活其不得不活，为其不得不为。幻想本常非人所自觉。听说个为幻想活着，便悲观了，不活下去了，这样的人也正不多。

四　生、活、生活、生命、生存
——四谈人生意义

“天地之大德曰生”，“生生之谓易”。古多单语，生字本是古来常用的。活字便用的少了，但诗中也有“实函斯活”一语。生与活虽也常常通用，意思显有不同，尤其在现在。生是可以赅活的，活却不能赅生。一个东西必先生了，然后才能活。生以后仍可说生，活以前却不能说活。现在可以说，生是体，活是用。不过天地大德之生与生生为易之生，可以说都是用，并没假定什么体。照中国哲学，本来也是，体不离用，用不离体，体用一体而两用。如此，就认生为体的话，有活必有生，有生也必有活，生与活是分不开的。现在生与活两字不能通用的地方却是多的。别的不说，

“活泼泼地”不能说“生泼泼地”;唯物辩证法内里的精义是活,也难说是生。活物可以同于生物;生人却不必同于活人。

假使只有单语就够用够方便,只有生与活两字已经足够了,什么“生活”“生命”“生存”等等实在是多余的。不过就在单语中,后来也又有一个命字是一般常用的。所谓“救人一命胜造七级浮屠”“猫有九命”,以及“拼命”“要命”之类都是。这是与所谓“乐天知命”之命大不同的,实在含着一个很不好的意思。“要命”不过是使你不能继续活着;“拼命”只是拼个你死我活;“救人一命”只是设法使人活下去;“猫有九命”当然是迷信之谈,但意思也不过一条猫等于九个生物。这样看来,有生与活已经很够解释一切生物现象,用着假定什么不可捉摸,超乎生活以外的“命”?

“生活”“生命”等词当然都是为用着方便而起。生活略当于生与活,但有生的意思,它却不能赅。生命略当于命;天命,命运的意思当然它也是没有的,纵然不是没有一点关联。生活与生命,在西文本只是一个字,譬如英文的life,德文的Leben,法人的vie。本篇的意思也只在只有一个字就够了,用不着在生活以外更讲什么生命。假使在现实具体的生活以外,更假定一个什么超悬抽象的生命,那便是所谓生力论或生机论之所由来,那便真糟的不堪。同生或活对命一样,说生活是为的维持生命,也不过是说,生活是为使生活继续下去罢了。没有生物的地方当然没有生命,但生物的具体表现也岂外乎生活?这实在都用不着更假定什么生命。说生命是生活的前提,那不免表现了一个太玄学的意思。

古也有性命联言的,本是两桩事。至常言中“性命”一词,意思实完全与生命一样。所谓“性命交关”,不过是“生死关头”的意思。但由这个地方却又可看出,生之与死,与大与小,厚与薄,一般是相对的,是相反相成的。说生便含着死,没有生的地方固没有死,没有死的时候大概也就再难说生。说生为的死,意思一在说死是生的还原,也在说生与死的相关,缺一不可。生绝不是死,死也绝不是生。生中无死,死中也无生。但同时换一方而观之,生中既有死,死中便也有生。生物现象便是这个生与死的矛盾的统一。

至于所谓“生存”，当于英文的subsistence与existence与德文的Sein，一种只是继续生活或生活的意思。所谓“物竞天择，适者生存”自然就是适者继续生活下去的意思。所谓“非人的意识定人的生存，乃人的社会的生存定人的意识”当然只是说的生活。生存的另一种意思，同于存在，那就比生活根本而普遍的多了。活着的必存在，存在的却不必活。生活只是存在的一种。就有也只有不存在的，却是活必不离开存在。不存在的生命只等于龟之毛兔之角。

知道生必存在，不是悬空的了，但是生究竟是怎么一回子事呢？答“生是什么”的问题说“生就是生”，回答“人生为什么”的问题说“人生为的生”，便得到了人生的两种意义，两种意义与原来的两个问题一样，虽颇相像，却是不可相混的。现在乃是抛开人生的问题，且一看生的一般的意义，也就是生在自然界的意义；看看生是怎么有的，是怎么构成的。本篇第一个意思本在表明假定一种生的原理的生力论之无当。但是与生力论对立的机械论也一样是站不住的了。生不是机体以外的另一种东西。但也不仅于几块骨头肉。生之所以为生实在结构(因此吾称为结构论)。机体的部分加起并不等于全体。但几个部分，物质的部分，配成一种适当的结构，便会有生物的现象。所以生物现象不是不可以物理解说的，生之构成实在于一种结构。只是这种结构太细密复杂了，至今还未能发见得出。等到一天算学物理更发达，生的结构发见出来了，自然便可以有人造的非人的生物。人生扩大其生的目的于是便也可更进一步地达到！

（作者因领导“一二·九”运动被捕入狱，本文写于狱中，原标题是“人生意义问题”，后经整理刊载于1936年11月《世界动态》月刊创刊号）

一二·九

一二·九！这是一个多么不可忘的数目！这是一个多么值得纪念的日子！

自从九一八以后，中国有三桩事是特别值得纪念，特别具有重大意义的。一是淞沪之役，二是长城之战，三便是一二·九的学生表示。而一二·九尤是一种新运动的开始。

近几十年来，中国的怯外，太普遍太深入了。内乱虽然迭起，总觉着对外是不堪一战的。淞沪喜峰口两役是把这种谬见完全打破了。中国不但可以一战，而且战并不必即败。但令全国一致，但令全国有决心，一旦战起来，而且持久战下去，胜利实不必属于彼强。但令和平可能，为全人类打算的人当然没有反对和平的。中国且本是和平的民族。不过，既然实迫处于此，受侵已多，除了战以外，又有什么别的可说？这在淞沪喜峰口两役都已明白告诉了国人了。

至于一二·九的意义，尤在明白表示出来，在大家垂头丧气，忍气吞声，空气万分严重，都感觉着没了办法的时候，徒手空拳的青年是犹可一吼的。根据量变质的原则，这一吼当然非出于偶然。由这一吼泄出了多少人压抑多日的郁闷之气。由这一吼表示出中国人并未死尽，至少在学生青年。由这一吼使得救亡的运动遂蓬勃于全国。这一年来，就令侵略的恶流并未抵住，至少内外的观感已大异于前。联合抗战作为全国最高的口号，恐怕已是大多数人一致的了。还有，只有行动才可以打开沉闷的局面，由这一二·九的一吼也已表示得明明白白。

但是纪念一二·九还有消极的两点不可不注意，不可不说明。第一，一二·九学生的表示，本显然是由于热血的青年再忍不住了热血的沸腾，因而才不顾一切，冒很大的危险，作一种新的尝试。不幸，有人乃忽视了青年动机的纯洁，不察实情，认为被利用，有作用。这就不说是诬蔑，至少对于运动，对于青年，是极有害的。更不幸的是有些妄人，看见一二·九行动成功了，便为个人打算引以为己功。这真是贪天之功以为己力，结果适有完成其为不祥的妄人而已！

第二，还有人以为一二·九的行动，目的在于地方。这也是一种忽视情实的说辞。而且具有转移目标，挑拨离间，偷梁换栋的作用。其意不但在把一个蓬勃的运动打消，而且企图使其失掉真正正当的意义。中国救亡岂只是救的一个地方？救亡的运动自也没有只在对付一个地方的道理。一二·九一年的行动与淞沪之役长城之役原是一系相承的。参加淞沪长城两战的将士与参加一二·九行动的青年原可结为一体，只有有意中伤者与意图破坏者才会采取挑拨离间的手段离而二之。中国今日的问题乃是全国的问题，而不是一个地方的问题。中国闹到今日这个危急局面，应该负责者自也特别在那负全国总责者，而不应诿之于某一方面。没有全国整个的办法，是必然解决不了部分的地方问题的。晓得了这一点乃可把握到一二·九以来的全国救亡运动的真义，同时也可恍然于把一二·九行动看成是对付地方的错误的有害。

更从积极方面来说。纪念一二·九不应追怀过去。纪念一二·九，固然应了解一年前一二·九开始的伟大运动的意义。同时更应认识一二·九一年以后的今日的更危急的局面。尤更应担负起在这个更危急的局面下的当前任务。前已说及,联合抗战应是今日全国最高最主要的口号,今日的联合战线当然应以全民族为度,而不应以一部分人为限。当这个生死存亡的紧急关头,当然再不可在全民族中分什么此疆彼界,这党那派。凡是认清目前危急局面,愿意推进救亡实践抗战的,当然也再没有仍只知反对政府之理。救亡是人人的责任,是人人的义务,是人人的权利,是人人都有份儿的。换言之,就是人人都有爱国救国的自由。政府只可不许人不救国,而不可不许人救国。对于努力于救亡运动者,政府应该加以奖励,而不应予以限制。凡是努力救亡的本都是捍卫国家的力量,也就是维护政府的力量。否则皮之不存,毛将焉附?国家不存,政府何有?因此,一方为救亡而联合抗战,一方为联合抗战而要求政府取消对于救亡运动的取缔,开释拘捕的救亡运动者,公开承认人民爱国救国的自由——这两点岂不就是今日每个参加一二·九纪念者都应当担负起来的任务?

(原载1936年12月《清华副刊》第四十五卷八、九合期)

我相信中国

我相信中国。我相信这个信念,在对敌抗战的时候,是极其必要的。

这些年来中国有一个最要不得的风气,便是己国的轻视。至少有一部分知识分子总把中国的文明看得一钱不值。只一提起“中国的”来,他便表示出不屑的样子。好像中国的东西都是要不得的。好像任什么外国的(至少是西洋的)都比中国的好;任什么外国人都比中国人强。其实,这种人对于中国也不求了解。一切只是依样葫芦地祖述他人,依傍他人。就如三年前的中国本位文化运动,不论是怎样发动的,用意究不能说差。但在北平方面有一些知识分子,竟也无的放矢起来。直到那个运动消散之后,他们还每每以本位文化为讥笑之词。其实在运动者本说的是中国本位文化。他们乃截去其头,使成不辞,以资笑谈! 照这种人这种把本土的一切都蔑弃的办法,中国何用待人来亡,中国早已自亡了!

我自信我非守旧之人,但我则大异于是。

我是相信中国的。我有时简直迷信中国。我并不说中国一切都是好的。但我相信中国有其过人的长处。我相信对于文化,中国有其特殊的贡献。我更相信,中国有其可以立国处,有其特别值得立国处。我们的祖宗，虽也有其时代的限制，虽也具有人类或畜生的共同劣点，但大体上决不能说差。中国所以弄到今日，大部分是由于后世子孙的不肖！这只有对不起祖宗，怎怪得祖宗？

但是中国本来的特优处是些什么呢？

第一，中国有其仁的人生理想。

第二，中国有其易与“有天地然后有万物”的元学。

第三，中国有其中的行动准则。

第四，中国有其实的规范，与体度参验的方法。

第五，中国有其人与生的重视。

第六，中国有性近习远，“真积力久则入”的教学原则。

第七，中国有其“充实之谓美”的美的标准。

第八，中国有其活、时中、不迷信、不拘执的态度。

第九，中国知道尽人力而知天命，而与境为乐，而不于人世之外别寻天国。

第十，中国既重生，因很了解人生的享受，与闲暇的利用。

总之，中国的文明是人的文明，是生的文明。

中国诚无科学。但这也不可轻率论定。这里边是有个数量问题的。如果科学的发达，明理以外，更可以致用，足以利用厚生，改善器用，科学当然是非有不可。但如科学的发达，被人误用，只用以造些轰炸机，死光，毒气，那就科学的发达，适足以毁坏人类，毁坏文明，也毁坏了科学自己！

有人说中国文明是静的文明。但静的岂一定就有害？你不愿意安静么？你不愿意恬静么？你不愿意风平浪静么？静而不至于死静，静而犹能生动，静的正是好的。动而至于乱动，动而至于嘈杂不堪，那才真要不得。而中国本来之重视动，在《易》，在《论语》，在荀子书里，也很可以看得出。

中国的社会组织，基础在于家。这似乎也已不适于今之世了。但夷考其根本，其实也未可厚非。因为人的关系，固莫要于父子，真所谓天伦

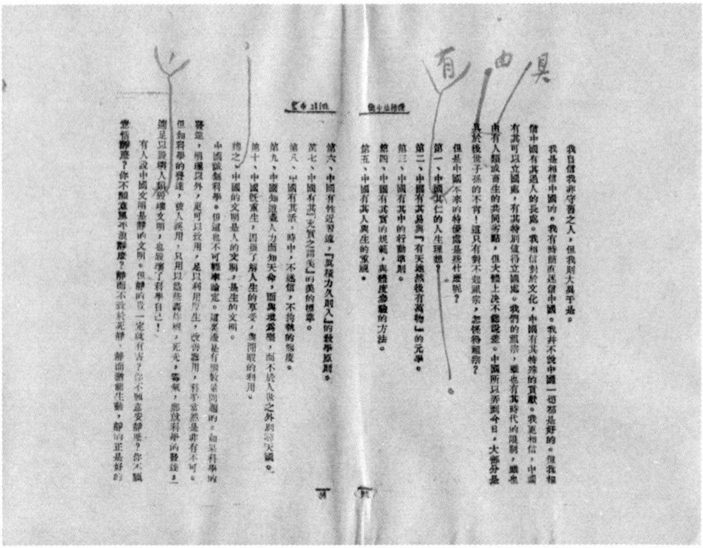

我自信我非守舊之人，但我則大惑于是。

我是相信中國的。我有時簡直迷信中國。我并不說中國一切都是好的。但我相信中國有其過人的長處。我相信對於文化，中國有其特殊的貢獻。我更相信，中國有其可以立國處，有其特別值得立國處。我們的祖宗，雖也有其時代的限制，雖也有人類成育生的共同劣點，但大體上決不能說差。中國所以弄到今日，大部分是由於後世子孫的不肖！這只有對不起祖宗，怎怪得祖宗？

但是中國本來的特優處是些什麼呢？

第一、中國其仁的人生理想？

第二、中國有其易與「有天地然後有萬物」的元學。

第三、中國有其中的行動準則。

第四、中國有其實的規範，與體度參驗的方法。

第五、中國有其人與生的家統。

第六、中國有性近習遠，「真積力久則入」的教學原則。

第七、中國有其「充實之謂美」的美的標準。

第八、中國有其活，時中，不迷信，不拘執的態度。

第九、中國知道盡人力而知天命，而與求爲樂，而不於人世之外別尋天國。

第十、中國既重生，因預了解人生的享受，盡閒暇的利用。

總之，中國的文明是人的文明，是生的文明。

中國誠缺科學。但這也不可輕率論定。這實在是有關數量問題的。如果科學的發達，明環以外，更可以致用，是以利用厚生，改善器用，科學當然是非有不可。但如科學的發達，使人誤用，只用以造些毒性械，死光，毒氣，那就科學的發達，適足以毀滅人類的壞文明，也毀壞了科學自己！

有人說中國文明是靜的文明。但靜的是一定就有害？你不願意要靜麼？你不願意有靜麼？你不願意算不很靜麼？靜而不致於死靜，靜而猶能生動，靜的正是好的

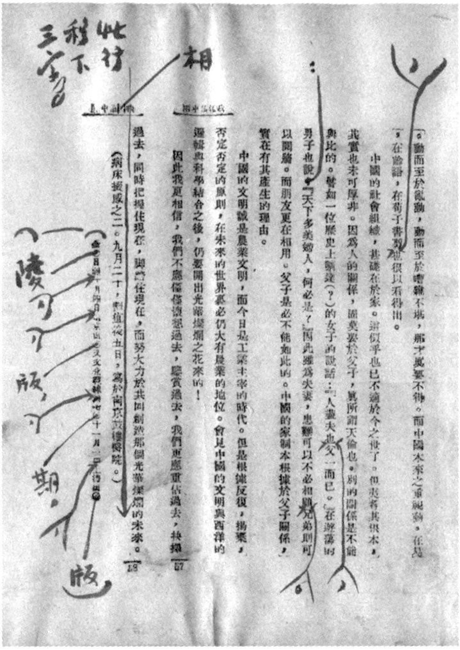

。動而至於亂動，動而至於嘈雜不堪，那才真要不得。而中國本來之重視靜，在孔子，在論語，在荀子書裡，也很以看得出。

中國的社會組織，基礎在於家。這似乎也已不適於今之世了。但其實考其根本，其實也未可厚非。因爲人的關係，莫要於父子，真所謂天倫也。別的關係是不能與此的。譬如一位歷史上驕貴(?)的女子的說話：「人盡夫也，父一而已。」在遊蕩的男子也說：「天下多美婦人，何必是？」因此雖爲夫妻，患難可以不必相顧，兄弟則可以鬩牆。而朋友更在相用。父子是必不能如此的。中國的家制本根據於父子關係，實在有其產生的理由。

中國的文明就是農業文明，而今日是工業主宰的時代。但是根據反復，揚棄，否定否定的原則，在未來的世界裏必仍大有農業的地位。會見中國的文明與西洋的邏輯與科學結合之後，仍要開出光彩燦爛之花來的！

因此我更相信，我們不應僅僅懷想過去，應實過去，我們更應重估過去，抉擇過去，同時把握住現在，腳踏住現在，而努力大力於共同創造那個光華燦爛的未來。

（病床撥感之二。九月二十，剩值後五日，寫於南京鼓樓醫院。）

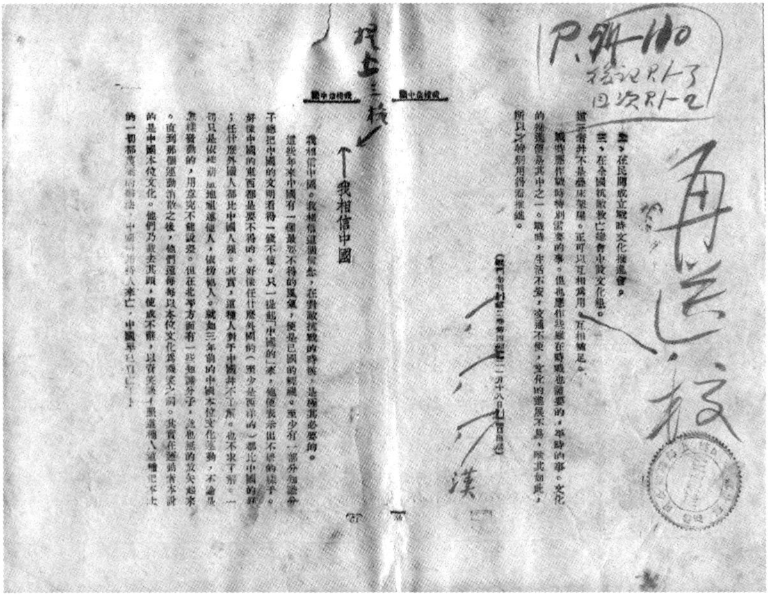

本文后收入以本文标题为书名的文集中，这是作者校订的书稿校样

也。别的关系是不能与比的。譬如一位历史上旷达的女子的说话:“人尽夫也,父一而已。”在游荡的男子也说:“天下多美妇人,何必是?”因此虽为夫妻,患难可以不必相顾。兄弟则可以阋墙。而朋友更在相用。父子是必不能如此的。中国的家制本根据于父子关系,实在有其产生的理由。

中国的文明诚是农业文明,而今日是工业主宰的时代。但是根据反复,扬弃,否定否定的原则,在未来的世界里必仍大有农业的地位。会见中国的文明与西洋的逻辑与科学结合之后,仍要开出光华灿烂之花来的!

因此我更相信,我们不应仅仅怀想过去,鉴赏过去,我们更应重估过去,抉择过去,同时把握住现在,脚踏住现在,而努大力于共同创造那个光华灿烂的未来。

(原载1937年10月4日《金陵日报》)

独立与民主

中国今日最急切需要的就是:和平顺遂的自发发展。

为达到这个:

第一,必须绝对反对任何内战或内乱;

第二,必须竭尽自力对敌反攻,规复失土,恢复国家领土的完整,并以强大的以全国人民为基础的军备武力防卫之。

经由这些,也为了这些,既互为因果,因而须平流共进的就是独立与民主。

独立有三方面,民主也有三方面。

第一关于独立:

一、在政治上——国家政治必须独立自主,国家主权必须统一完整,任何外力压迫必须排脱,为了这个应该不惜倾力争求。此义自明,无须申说。

二、在经济上——一必须再不受劫掠侵略,二必须作到自给自足的地步,三也应走不违反世界大势潮流而特别适合中国国情的路子。虽然处在今日这个大通的世界,一个国家很难孤立,国与国间总难免有某一种依存关系，但不能孤立并不等于不能独立。中国今日实在必须自力更生，中国今日实在必须作到经济上的独立自主自给自足的地步，不单要消极地不受侵略而已。中国今日必须开发自己的轻重工业，必须改进自己的农林、渔业，必须灵活自己的交通运输，必须安定自己的财政金融，必须增进自己的对外贸易，必须尽量运用进步的科学技术，必须革新人民的思想、生活习惯。经由这种种而达到经济的独立，别的方面的独立也庶几才可以真实而圆满。

三、在思想文化上——中国因为百年来帝国主义的侵略，与几度战败的结果，也因平陆温带的地理，与境为乐的人生哲学，缺少探险求知的野心，对于科学技术未能善于发明与利用，经济发展久处于一种停顿的状态。普通流行的都是封建思想，与殖民地心理，在精神思想学术文化上，又已失掉了应有的独立姿态。多少年来势逼处此，久已视人为强，我为弱；视人为优，己为劣；视人为先进，而甘称己为落后。这种情势，这种奴态（其畏葸情形绝不止于乡下人对城里人），今日是必须完全改变的。就令在社会里，在本源上，政治经济对于文化，比较根本，但在实际运用上，二者双方其实互相影响，互为因果的。因此，今日对于思想文化上的独立，与对于政治经济上的独立，必须同样主张，同样争取。固然在思想学术文化上，中国今日也许不须走怎样太特殊的路子，但必须保持自己独立的地位，有自己独立的价值，作自己独立的贡献，有自己特殊的成绩。反之，不论有形的无形的，要决不再自视为弱，决不再自视为劣，决不再自甘于落后，决不自甘于奴从。同时既不妄自菲薄，自卑自贱，自暴自弃，也决不可妄自尊大，忘其所以，要不甘于落后，不甘于奴从，乃要发愤图强，努力向上，加紧长进，走在一切的前头。想起中国近年，因为纲纪的失坠，教育的败坏，反科学或排科学的外来学说的流毒遗害（主要误在把“是”与“应”相混），以及其他种种物质的缘因，实际上所有的是种种落后与不争气的地方——有些地方，岂止落后，简直是倒退了！——想起这个，真令人惶惭愤慨到无自容之地，使人不能不深深感觉其恶劣。许多地方简直是不明白,逻辑地说来,简直都是不清不楚,至少为这一点,我所谓启蒙运动实有其绝对的必要。今日必须打破一切的蒙蔽欺昧。必须不但认识在自己过去的传统中有优良的成分,值得发扬,并相信自己有存在的权利,自己有发展的根据,自己有可发展的东西,自己更有自力发展独立贡献的才干与力量。同时也必须痛切自认自己的短处,要尽采他人之长,以补自己之缺。对于天下一切的利器,都取而利用之,对于天下一切的进步的科学的方法理论技术法则都取而利用之,由是以力求充实。决不再尾随,也不再闭拒。要堂堂的采取一种心身健全的成人的切实健实的最客观的态度,要提倡科学,但可不必专为求知或利用;同时也要于科学哲学逻辑算数之外,更以高美的艺术培养理性。在思想学术文化上,中国所要走或应走的路子多少有些特殊,也是不可免而应该求得的。所谓全盘西化,则既不可能,也不必要,也要不得。

第二关于民主:

一、在政治上——必须实行民主政治,使全国人民,按照机构等级都得参与国家大事,都视国事如己事,都以国家的荣辱为荣辱,由是集中全国力量,庶几一个强大有力真实统一的国家可以形成。

二、在经济上——必须平均经济权,一切有关经济事项,都由国家与各业的集合,有机地有计划地统筹统辖之。由制度的合理化,实业的发达,教育文化的进步,企求管理者生产者享受者的统一。奖励人民投资,奖励各种实业的开发,但必须裁抑过富过贫,人剥削人,劳动者不得食,得食者不劳动的现象,而永绝不必要的所谓“劳资”的纷扰。

三、在思想文化上——力祛不平等的特权思想。不但求学术的日益高深,也要求学术的日益广大普及。必须使思想学术不再是少数人的。谈到思想学术文化问题,也决不可再只就或为少数人着想,同时必须极力努力于集体精神,集体观念,集体习惯的培养。必须由制度的合理化,实业的发达与教育文化的进步,力求学问艺术与人民生活的统一。奖励学问艺术思想文化上特殊贡献,但不奖励学问艺术思想文化上的贵族。必须使学问艺术的成果可以福利人民，但也须使人民有接受学问艺术的成果，以至利用其方法技术的机会与力量。同时当然，思想文化上的民主必须容许思想学术上异说的流行，必须保障思想、讲学、艺术制作而表现的自由，必须切实予以必需的机会与可能，就是必须我所谓新启蒙运动所要求的，一方面要思想的自由与自由的思想，一方要文化的民主与民主的文化，二者本同根相连，但必须予以滋生之地。

为了达到以上这些目的，凡是愿意达到以上这些目的的便必须互相呼应，互相结合，通力合作，和衷共济，一切民族实业家与先觉前进的知识分子，特别是责无旁贷的。

更为了"手段影响目的"的原则，既要达到独立民主的目的，便必须有独立民主的作风，以开风气。凡愿发心努力达到独立民主目的的必须以身作则，不苟，不骄，不萎缩，热诚，理性，坦白，正大，严肃，清楚。必须：

第一，决不苟且依附任何国内国际的现成力量。

第二，决不讨巧，捡便宜，随波逐流，俯仰依人，一改历来消极被动，待贾，不求知，不在乎的不仁的习行。

第三，力行民主的精神，合法守法的习惯。

全国社会一切中坚分子群，特别是一切民族实业家与先觉前进的知识分子，但能一起如此，一个和平发展强大富足的独立民主，自由平等，快活进步的新中国一定就在前头。

（原载1941年5月5日《南洋商报》）

友声与民主

对于新华日报，我总是怀着莫大的希望。对于新华日报，我总是怀着的最大的希望之一，就是希望新华办得不仅仅是党报，而且是天下人的报。一方确守坚定立场，一方尽可能地善用灵活的作法。如果有一天，天下人都把新华看成是自己的报，那它就是真办得真成功了。其实这希望，这话，我也不仅仅对于新华如此表示，就是对于中央与大公报，我也是愿意这样希望，这样说的。而且相信这也未尝不同时可能。因为今日大家的根本目标，同不外救国。或更具体换言之，就是同是抗战胜利、建国成功。就是建什么国，以至建国的方法，我相信只令认准目标而确照着方法去作，大家也当没有什么大不同的地方。

其次，今日确是一个大时代，不论国内国际今日都是过的一个大时代，恐怕还有更艰难困苦的日子横在前头。要胜利而成功地度过这个日子，那确非艰苦卓绝作最善的努力不可。因此，我就希望新华能总灵活地守定固定的方策，运用一切能够运用的力量，埋头干。不急功，不速求效。抱定与人为善，尽力作到大家一团和气。不是不革命了，而乃是斟酌国情，在革命上更进上一步。尽力吸引同情者，而绝不把一切所谓中间派的知识分子一个一个地都骂翻或骂走。在己，家丑也许不妨外扬，而且是要学学孔子，知过能改（学人不是被动的事，当然要只就可学处学）。但对人，却要在某种程度内隐恶而扬善。人但能当仁不让使天下一切善尽归于己（勿误解！）又还有何敌于天下？我近来深深感到派别（特谓学派）的分歧主要乃在气息气味上（以及因所入与薰习而致的用字意义的不同，以及没有把话说清楚）。这是最不易自觉处，也就是最该注意省察处；对于人家的话切不可以轻说无聊无意义。我又尝说，人要认真，也不可太认真。太认真者不容一点恶，一点毛病。我很晓得，这在今日，至少在入手时，还是作不通的。

再次，通盘说来，战争总是不大宜于文化的。试思我们自从抗战以来，在文化上，在某些方面，是已受了多少的损失，遭遇了多大的打击。尤其使一部分从事思想学术工作者越来越感到困难的便是中西文化交通上的越来越增加其困难。但在这期间，纯学术且不说，我却晓得，各反侵略国家，不论从一般人类观点也罢，或从各个民族观点也罢，却都出了不少的有益反侵略反法西斯的图书杂志小册。只因交通流通不便，坐令失掉了不少的共同宣传的机会与效果。我也曾几度提倡的国际反法西斯文化的交流，响应是有的，实际效果自然也非无，究竟还嫌太少。因此，我也愿希望新华此后更努力于此。一个报馆未尝不是一个文化机关，一个报纸至少总是一种文化事业。虽然至今还有人总想把报办成断烂朝报。我却总觉着，至少在今日中国，斟酌国情，报纸还有很大的教育作用，还应该特别注重其文化的意义。这虽是我多年的陈见，但却觉着还不应该放弃之。无论如何，为了国际反法西斯战争的胜利，为了国际反法西斯文化的进展，为了利用并加强国际一切反法西斯的力量，对于国际反法西斯文化的交流，如由一个报馆来努力，总胜于个人。

新华这次改版，我觉着很日近于这些希望。新华这次改版特别有意加强友声一栏，意在使各方人士都得有发表意见的园地。我相信，这不但是一种民主的作法，也是一种有益于推进民主的作法。民主，这是我这些年来，除了“实”与“理性”以外，所最愿意表示的意思之一，也因认它就是理性的具体应用之一。因此，我也就愿借此篇幅，先谈谈这个。

民主，我相信这已是今日的时代潮流。而且不限于一国，整个反法西斯的世界都已如此。从这一点看，这次世界大战也是与上次不同的，而正证明这次世界大战是上次的继续。上次大战当时曾有人说是为的使民主得安。当时许多前进的分子都不以为然。我在当时也就曾以为可笑。但是这次却不然了。这次，在前进的方面，恐怕已没有一个再反对民主的原则的。只是不是为的使它得安，而是为的使它得以实现，得以发展。但是什么是民主呢？假使就历史，就制度来讲，恐怕非几本大书不办。但讲原则，也未尝不可简单一谈。

民主是成了时代潮流了。但我却总觉着还有两点不无遗憾。一则许多主张民主鼓吹民主的自己却不民主，也只落得一个只跟着说而不照着作，或则仍守着自己例外的老规则。为什么如此呢？那就是二则许多人并不了解民主，或则了解的不够。只觉着民主就是民主政治，而不晓得就在日常生活，凡有集体团体的地方都应，也都可，实行民主的原则。

我很相信，民主至少有两方面。一是民主政治或民主制度，一是民主习惯或民主精神。一狭一广。二者当然相关，是互相制约，互为因果的。没有民主政治，民主习惯大概不能普遍。没有民主精神，民主制度更恐不易实现。因此所以才特别需要今日要求民主者最好先就己身或自己团体尽可能地培养些民主精神，养成些民主习惯，以开创风气，以为天下先，以为将来备。

普通所谓民主政治，至少指的是有立宪、国会、选举，以至民权主义里所讲的种种，这不是我现在所愿谈。我现在所要说的乃是民主习惯，民主精神，也即前边所说的可以普遍应用的民主原则。我相信假使主张民主鼓吹民主的人而不注意于此，他一定不会圆满达到他的目的。

就此而言，即就行动习惯精神原则而言，我相信民主的基础（心理基础，实即社会基础）就是理性。稍稍具体言之，就在采取方法的多元，对人作平等观(在精神上),对事作分别观(在物质上)。更具体言之,就在承认他人,容许他人,重视他人,相信我可以对别人也可以对,同时别人有错误我也会有错误;因此,一般言之,别人的意见与我的意见是同样有价值的。在生活上绝不为人代庖,绝不强人同于己。这自要肯与人为善,也要相信人之欲善莫不如我(如嫌这样说近于唯心,就说在某些条件下人的要向好处走,彼此差不多,也可)。特别就政治说,就是承认人之为国莫不如我(这当然也可唯物地以条件说)。当然,清清楚楚,公私分明,根据对事的分别观,也是民主应有的性征。

这是说的基础性征,如说内容条款,要构成民主习惯,至少要有以下之三点。

一、有法守法——怎么说定就一定怎么作。

二、使一切有关人都得与闻有关事,而且有发言权,不论直接或间接。

三、服从多数,尊重少数。

所以所谓民主,不仅仅是属民由民为民(民有民治民享)的意思,而且一定要有事必会,有会必议,有议必决,有决必行,有行必果。当然目的在行,不在会,而事是指的不归,或不能归,一人负责的事。顾名思义,民主本是人人(有关者)都作主人的意思。人人作主人也就是要人人都有个主子的风度,都负责任,都尽责任,都觉着没他(她)不行,没他的一份力量,则事不成,就好像一个报纸一样,使他觉着是他的,而且没有他的一篇文章就出不了版,这样子他自不能不工作,自不能不尽力,而工作成绩自也要因而增进。

民主不但不与纪律冲突,而且只有民主,纪律才最能贯彻,因为曾经众心的表示。民主不但不与集中背反,而且只有民主,集中才能最切实,因为众心众力有了归结。民主不但不与领袖敌对,而且只有民主,领袖才算最有力量,因为一切心、力集成一个整体供他使用。究极的民主自要治人者与治于人者、劳心者与劳力者、管者与作者的统一,但也必无碍于有胆有识有心、先驱先觉先爱的领袖。

所有民主的这些基础、内容,当然都不以政治为限。一切日常生活中,凡有集体团体的地方,都是可以行的,也都是应该养成的作风习惯。甚愿一切号召民主标榜民主者都肯时时对此作一反省。我当然晓得,在几千年的违反民主的蓄奴与封建以及家族结习之下,又在刚刚一度对于虚伪民主的反动与反理性的世界狂潮之后,养成或更进一步地养成民主习惯,谈何容易。但是如果总是口说民主而身违民主,除了你运气好或机会好以外,那一定是等于南辕北辙缘木求鱼的。

民主是今日的时代潮流。但所谓时代潮流者,就是谁照着它作谁定可成功,谁不照着它作谁定会失败。

新华以我为友。我也以新华为友。新华这次改版,既加重友声一栏,既是在向民主方面更进一步,既是为我所重视,本来就不特别找到我,我也是禁不住要写的。但是有人说了,你还嫌嫌疑不重,你还要写。又有人说,友声,又是你几个人在写,那就别人都不写了。这些好意,我都承认。我却觉着都不免有所误会。对于第二点,更觉不免是一种借口,既不合民主精神,也有违与人为善的古训。关于第一点:其实不拘谁找我作文章,甚至不是找而只是肯登,我是从来没有不愿意写过。假使一时没有写,那或因一时没得题目,或因找的不紧,在我则总是没有忘了要写的,就令事隔几年,也依然如此。总之我所写的东西总是我所能写的东西,我所说的话总是我所愿说的话。大体,我是永远不会忘的。至于嫌疑,我简直不大了解。譬如罗素就是我所最愿说的。有人说我早年景仰罗素,其实在我中年也还是如此。直至今日,纵然我终是我,我所最不能忘的学人也总还是罗素,犹之我所最不能忘的一般事理总是实与理性。在一篇文章里,假使不使罗素一见,我便总觉不快。譬如在我最近写的一篇纪念伽离略与奈端的短文,就很后悔没有在末后讲到伽离略的散文处赘上一句:"今日罗素的英文散文也正如此。罗素对于今日科学家最佩服安斯坦,而对于过去科学家最称道伽离略,实在也是当然而非偶然的。"其次我喜讲唯物辩证法,也不过是愿意天下的利器,天下人都能得而利用之;同时相信不论叫这个名字罢,不叫这个名字也罢,凡是成功的所用的方法总之莫不与它暗合。我实在不了解像这一类的意思犯什么嫌疑,我只觉着这不仅仅可作新华日报上的友声,而且就作天下人的友声,也该无所不可。

(原载1942年9月27日《新华日报》)

民主的三种类型

有英美的民主。有苏联的民主。中国的民主将是那一种的民主呢?

对于今日这个迫切的根本问题,我的答案是:中国的民主既不是苏联的民主,也不是英美的民主。中国的民主只是中国的民主。而且中国的民主,既不能说在经济上要像苏联,更不能说在政治上要像英美。如果说它有所像,更要知它有根本的特点。

英美的民主,苏联的民主,中国的民主,这便是我所谓的民主的三种类型。

要根本了解这个,先要懂得所谓社会结构。中国的社会结构,与英美的社会结构,与苏联的社会结构,都有根本的不同。

对于社会结构,我也相信所谓阶级说不失为一个解释,但要解释所谓阶级或阶层,却不必一定要拿社会中人在生产过程上的地位,或对于生产工具的关系来解说。只一般地拿利害来说,也就够了。一个社会里边,生活上利害根本共同的便构成一个阶级;生活上利害根本不同的便属于另一阶级。一个社会里边,有没有阶级,只看里边的人生活上是不是根本有所不同,就够了。所谓生活上,说得精密一点,也可说资生之具,或说靠什么生活也行。

拿由阶级形成的社会结构来说,中国社会,与英美社会,与苏联社会,显然都根本有所不同。概括言之,可以说英美社会是二阶级的,苏联社会是一阶级的,而中国社会是多阶级的。在英美社会里,由两个主要阶级,即资产阶级与无产阶级,在一般情形下,互相对垒,而中产阶级通常属于次要地位。苏联社会里则只有工农与主要由工农生成的知识分子,合成唯一的阶级。中国社会乃以农民、小地主、小资产阶级(包括手艺人、手工业者、小商人等)、知识分子为主;大地主、现代工人、现代资本家,都居于非决定重要的少数。

中国社会的构成与英美,与苏联,这样不同,彼此的政治经济,彼此的民主,又怎能一样?

英美的民主是,一般说来,一个主要阶级在上,一个主要阶级在下的民主。苏联的民主是一个唯一阶级构成社会的民主。中国的民主则应是多阶级平等,多阶级融洽,多阶级合作的民主。这是中国民主的可能,这也是中国民主的理想。

我也相信,理想的社会是没有阶级的社会,也就是所谓大同社会。但要达到没有阶级的社会,要先达到一个阶级的社会。由两个阶级或几个阶级的社会变成唯一阶级的社会,有两个方法。一个是两个阶级或几个阶级融合为一个阶级。另一个是由一个阶级把另一个阶级或把另些阶级消灭了;而那一个阶级必是非有它不可的阶级,即是劳动与知识阶级。苏联所以采行的就是第二个方法,而中国则应,或最好,也最可能采行第一个方法——多阶级融合法。

这有可能么?这是可能的,也是应该的。

一则中国社会阶级的划分本来还不清楚,无取首先把它划分清楚了,然后再来消灭,人类总应该领受历史的教训,人类总应该不必故意蹈过去的覆辙。今日已是二十世纪的中华,用不着中国再来重走欧洲十八九世纪的旧路,这是中国特殊情形。

二则这次世界大战剧烈以来,许多进步的学者,如生物学家赫胥黎博士(Dr.Julian Huxley),如政治家拉斯基教授(Prof.Harold Laski),以及号称保守派的国际问题专家嘉尔教授,都切实认取:今日的时代是人民的革命的时代。在这个时代平常人抬头,经济民主高涨,社会安全制度必然采行。在这种情势下,居统治地位的资产阶级不由得不让步。同时在共同作战精疲力竭之余,今日也无复转国际战争为国内战争的可能,因此只有趋于阶级的融合。这是国际当前趋势。

因此,中国的民主可以是,也应该是多阶级融合的民主,既不能是一个阶级在上,一个阶级在下,一阶级在旁的民主,也不会是唯一阶级的民主。

因此,中国的民主只是中国的民主,既不是英美的民主,也不是苏联的民主。

只是中国的民主,顺应世界的潮流,必然不只是政治民主,必然是经济民主。中国战后必要采行民主的设计或计划化(包括所谓计划经济),必然广泛扩大合作事业,必将兼采生产贸易交通运输的民营与国营,前二者是战后全世界都会有的情形,而后一层则苏联并不如此。说中国在经济上要像苏联,岂是全部的事实?

假使有人认为这种阶级融合说只是一种唯心幻想,那么现在流行的联合政府论,照逻辑推下去,岂不要陷于无甚意义?假使说所谓联合政府乃是一种权宜之计,那么阶级的融合正不失为这种权宜之计的实在基础。

更可能有人说,几个阶级,为了一种利害关系,一时的妥协,并不必能形成永久的或融合或融和。这种说法在欧美也许是对的。可是中国并不是欧美;中国的阶级划分不严明是事实。假使忽视这个事实,硬把西洋的样子向中国套,那一定会陷到主观教条,宗派主义,独断的门户之见里去。

阶级是以利害而分,但在一个民族里,各阶级之间利害上并非全无共同的地方,这也是抹杀不了的事实。

三十四年二月五日

(原载1945年3月《华声》第一卷第五、六期,后辑入1945年12月出版的文集《独立与民主》)

政治协商会议

我是中国民主同盟的一分子。关于政治协商会议的主张，我的与同盟的，当然不会有两样。关于这个会议，最近同盟已有若干决定。但现在还未到发表时期，我自己也不便多说。我现在只就共同认定的原则，讲讲我个人的看法。如有说的不对的地方，责任全在我一人。

一、会议的召开。政治协商会议的召开是已不成问题的了。已经各方面各别推定的代表与共同推定的代表，现在不在渝的还只有六位，会议的举行是不成问题的了。本来，民主同盟对于这样一个会议的应该即行召开，从来就没有怀疑过。只拿一年有半以来这个阶段说，应该召开一个这样的会议，本以同盟主张的为最早。事实上就是去年九十月间左舜生、章伯钧两位与我三人被推草拟《三十六条抗战最后阶段政治主张》时共同商讨出来的。只是那时名字是党派会议，而非政治会议或现在确定的政治协商会议罢了。那时中共已拟议主张的一种会议则是人民代表会议，或国民会议，名字则是国事会议。

一年多来，同盟对于目前的根本具体政治主张，就是党派会议与联合政权，至今还没有逢见可以变更的理由。而所以要召开一个党派（包括无党派）会议或政治协商会议，一个最简单显明的理由，那就是国家问题再不能不以政治方式来解决，同时也再不容不即走上民主政治的道路。而要以政治方式解决国家问题，走上民主政治的道路，那就入手第一步最好召集一个在政治上代表各方面的人士的会议来协商。从协商中，决定种种共同原则，共同纲领，共同方案，庶几可以促进民主政治的真实实现（所谓共同，即谓可为政治上的各方面所共同遵守的意思）。而况抗战已经结束，在理在势，建国工程，非积极加紧进行不可。循环因应的和平、统一、民主三者已是全国人民普遍的要求。于是遂越感这样一个会议的召开的不可缓。

现在各方面的代表既就已到的所差无几了，不在渝的那几位大概也就可催来，那么，会议应该在那天开幕呢？当然只令各种必要的事先准备来得及，还是越早越好。假使建议一个具体的日子，那就以本月二十五为

与罗隆基、沈钧儒讨论政题（中为张申府）

最好。当然，在正式开始以前，不妨多开几次谈话会之类，多多交换交换意见，以求情感融洽，增加互喻互信，而便正式会议进行的顺利。

二、会议的成就。这个会议能有什么成就么？很不幸，这在现在，或在几天之前，许多方面人的心里，还打的是一个问号。其实，这个会议的成就如何，多少要看人的努力如何。天下事，物质条件固不容轻视，更不容忽视。但在一定的无可如何的物质条件之下，那又未尝不可说“事在人为”。在今日国内国际局面之下，政治协商会议的成就如何，一方面要看会外全国人的适当监督，一方面要看会内参加代表的精神态度。但令各方面代表们都能切认国家局面世界局面，都一心一意要解决问题，都愿为国家开正轨，为子孙谋太平，都肯开诚布公，平心静气，知无不言，言无不尽，而壹以国家为立场，人民为鹄的，都能持大体，循大义，恢恢大度，落落大方，秉相容相重，相信相谅，与人为善，相互负责的民主原则，而力戒成见偏见私见，也减少正统特权以及党性（当部分性讲也即所谓党同伐异）或宗派门户之见。一切问题在诚恳坦白切实地拿出来谈了之后，都真正力求积极建设切实可行的解决，并且决则必行，不论当面怎么争吵，绝对退无后言，绝不造谣中伤，挑拨离间，再不采取两面作风，假使中国人都能如此，无论如何，目前的政治局面必可得一澄清，民主政治的上轨道也自不远。这次参加会议的人，相信一定都能如此。至民主同盟的各代表，彼此相约，必当是独立的，无偏的，唯人民是依，唯民主之与，以此相勉。本来大家都非小孩子，也都饱读诗书，假使在精神条件上无此自信，也不会来开这个会。无论如何中国是一个大国，在“大”与“中”上，中国人一定应该都可以作得到的。

要之，对于这个会议，说不上什么奢望。大家应坚信，中国问题是长期的。这不过中国民主政治的初步试验。但悲观的心情绝要不得。总要大家都积极诚恳坦白。中国的传统，本来是知其不可也要为之，而况今日的情形，但令大家重视事实，发扬理性，也还没有什么不可为呢？（按有理性的人一定说话有根据，注重事实，能由前提推到结论，能够分别，顾及他人）

三、会议的问题。在十月十日发表国共会谈纪要中说定的，政治协商会议要谈的问题，本有和平建国方案与国民大会两项。大概因感觉到国民大会问题特别迫切，所以把它另提出来。其实所谓和平建国方案本来所包者广，就是国民大会的召集也未尝不可包于其中，而且理应包在里边。所以，这个会议所要讨论的问题，假使概括笼统来说，未尝不可说只有一个问题，就是和平建国。因此，这个会议，以内容而言，也未尝不可说是一个和平建国会议。本来，要建国就不能不和平。打着架，尤其自己打着架，是一定建国不来的。那么，要和平，当然就不能自己再打架，尤其不可动枪动炮，调兵遣将，破坏交通地乱打架。有人因为目前越来越加扩大军事冲突的不可忍，主张一开会就先讨论休战问题。其实这原是原题中的应有义，并没有什么新鲜，更非节外生枝。而且不但对打之事不可长，就是对骂之风也应趁早停止。假使一面谈，一面骂，一面商，一面打，或则藉此准备更严重的打，那才真是可耻的儿戏笑话，没有人会不感着痛心的。

要和平，当然要免除一切背反和平的事情。要建国，当然要扫清建国的基地，要肃清一切建国的障碍。今日的建国，谁也不能还不承认，要民主地来建民主的国。那么，一切违反人民自由权理(不是权利，勿改)的东西，一切使得人民不能安生乐业的事情，都应在廓清之列。所有这些自都应在这个会议的开端商谈题目之中。

分别说来，除了和平原则停战事实以外，大概联合政府，共同纲领，国民大会各项，都应商谈的。

四、讨论的程序。要商谈有结果，而且容易有结果，除了前说的一些精神条件外，谁也知道，更要注意到讨论的程叙或方式。要使问题容易解决，最好是分门别类，正名析辞，有条有理；本末终结，轻重缓急，先后不紊。换言之，也就是不可不讲求一点儿逻辑，尤其是现代逻辑或罗素所代表的逻辑解析。最好就是遇事先商定大原则。大原则既然同意了，大家既都是有诚意的，那就要看要实现那个大原则，怎样才可能；也就是要看实现那个大原则先要有些什么条件；也要看从这个大原则可以得出些什么当然的结论。假使承认了原则,而却不承认结论,或则承认了原则,而却不问其怎样才可能,这样的人,一般人一定会怀疑其诚意,甚至怀疑其理性。还有最不好的是,这个人讲原则,那个人却举事例,原则事例,混在一起,扰个不清,事情必致弄得没有结果。从事商谈而望有所得的人一定都知以此为警戒。

讲统一,一定注意到统一的条件。讲民主,一定注意到民主的可能。讲和平与不打仗,一定也要注意到怎样才能和平,要不打仗就要如何如何。

还有,要解决人类国家的事实问题,事,情,法,理,过去,现在,未来,以及这件事与那件事的相关与互为因果等等,一定都要摆在意计之中。臆想情愿,一定是不行的。孔子要绝四。"以欲从人则可,以人从欲鲜济",也是我们的古之明教。

五、联合政府问题。联合政权是中国民主同盟与党派会议同时提出的政治主张。联合政权的表现形式就是联合政府。在政治协商会议里边是不是要谈到产生联合政府呢?这当然是不能免的。因为联合政府显然是和平建国的一个步骤。这个会议既以和平建国方案为主要议题,产生联合政府的商谈,必无可以避免之理。至于联合政府如何构成,那就兹事体大,不容轻言,现在所可说与所能说者,大概联合政府要以改组行政院入手,但自不能以此为限。此外更可说与更须说者,这个临时联合政府必是民主的,必是有权的,必直接或间接对人民负责,在机构上必力求简化而增强效率,必积极筹备召集国民大会,在用人上必只问才不才,必力绝贪污而财政公开。现在各方面高唱入云的大裁兵与所谓军队国家化,也只有这样一个政府才能办,才能办到好处。

在联合政府之下各级民意机关的加强与民主化,自不待言。政府的联合性质或举国一致性质,当然也要不以中央政府为限。各省,至少从县政府以下的民选一定应逐步实现。各省省政府或现有问题的各省省政府,也应至少逐渐由协商组成之。

有一点不可不于此附带说明。所谓联合政府,在中国本是一个新名词。在中国，联合政府是史无前例的。因此不免有人有所误解，因而不免有所厌恶或畏惧。其实照西洋所谓联合政府的惯用法，乃是分担责任，共渡难关的意思，而绝非推翻政府，抢夺政权的意思。假使要抢夺政权、推翻政府，那就不要联合政府了。试看看今年英国国会的大选与政府的改组以及事前工党的退出联合内阁而不允再行加入，便是最近的一个显例。

这个流行的误解，实在误人害事，要使中国走上民主之路，非解除不可。

六、共同纲领问题。共同纲领也是民主同盟人与党派会议与联合政权，还有民主阵线，久已一并鼓吹要求的。所谓共同纲领，就政府而言，现在也可叫作建国纲领，或共同施政方针。现在既要成立包括各方面的联合政府，在逻辑上，在事理上，当然应有一套共同商定的施政方针，以为依据，庶免时时发生龃龉，不拘作什么，既是大家合作，为免将来发生磨擦，麻烦，不愉快，总是把大政方针，事先商定的好。这是共同纲领的主要意思，也是这个会议中不能不谈这个的理由。而况今世趋向设计（或计划化），尤其是无碍自由的民主的设计。凡事，要博洽周到，通盘筹算，促进进步，增强效率，都要如此。共同纲领也正是共同设计的提纲撷领。谈建国方案，如不能留下一个共同纲领，岂不要许多落空？

关于共同纲领内容久已注意有人，我也已写过几篇东西，涉及这个。最近较系统的一篇，也已经发表，虽然只举了原则部分。但具体方案部分，更是说来话长，不能不另写专篇。

七、国民大会问题。会议中必将讨论国民大会的召集，更不待言说。可是同时，在原则上，关于国民大会，现在全国，除了最少数人外，差不多已有了一套大体一致的见解了。那就是：一、组织法选举法必要修改；二、大会代表必要重选；三、宪草必要另草。这些话听来也许有人感着刺耳。但所以要如此，不过为要这个国民大会，开得好，开得有效，免得留下遗憾，让后人诋为非法；绝非对什么人有意过不去。简而言之，只是君子爱人以德，爱国以诚，免得在宪政的开始就留个大污点。这个用心是绝对可告天地质鬼神的。

至于国民大会召集的日期，但令筹备得及，自然越快越好。反之，自也不能因要快开，就漠忽潦草从事。对于国家人民一桩大事，不敬是不应该的，不郑重是不应该的。

八、会议的公开。无论如何，这个会议的某种程度的公开，是必要的，以便更能引起一般社会人士的注意，以增加人民对于政治以及民主政治的兴趣，并以便其对于这个会议的监督。如前所说，要使这个会大有收获，这是必要的。要建设一个民主的国家，这些更是必要的。这也许要有一些麻烦。但要决心实行民主，其实不能总怕麻烦。

九、征求人民意见。会议公开还是消极的，即等待的。更进一步，更要积极征求人民意见。为引起社会注意与兴趣，这更是必要之一道。除根本原则以外，民主同盟从不自是，更不自足，时时要以一般人民意思为依归。因此，现关这个会议，已拟就若干问题，征求社会人士意见，以备在会议中建议与讨论时参考。总之，但以民主同盟而言，凡可增加这个会议的成就，有利国家有益人民者，同盟参加会议的代表们定无不愿本着自己的见地，追随各方面代表之后，互相敦勉，唯力是视，尽其在我。

（原载1945年12月25日《联合增刊》）

青年往何处去?

青年要与时代合流

“青年往何处去?”这个问题所以会发生,当然是社会动荡,紊乱的结果。今日中国社会基础一天天的动摇,时代一天天的激荡,许多青年在这个时候发出这个问题,当然是很自然的。但是更大的暴风雨还在前面,我们要往何处去呢?做一个时代的推动者呢,还是做一个时代的落伍者?对于这个问题,我可以很简单地答复:时代往那里去,青年就应该往那里去。也可以说,潮流往那里去,青年就应该往那里去,青年还年轻,是一天天往上长的,社会,时代也是一天天往上长的。所谓潮流,它本身就是表示往前去的。但这一个答复太简单,不够具体。要想得到一个具体的答复,就要先去认识时代。懂了时代,才能与时代并驾齐驱,那么时代往那里去呢?

今日的时代有三个特点:
革命的,人民的,科学的

中国自“五四”以来到现在的时代,有三个特点,也可以说,今日世界

的大潮流有三个特点。第一是变的。现在的时代是变的时代,自人类有历史以来,社会就一天天的在变,而且有时猛烈在变。今日的社会就是这样,想要维持旧秩序是不可能了。中国过去的社会是封建社会,现在如果有人还想维持它,那是绝对不可能的。旧秩序,旧社会,旧世界全要倒啦!这个剧变的时代也就是革命的时代。有人说,这个时代从二十世纪就开始了。但是,由于世界经济社会发展的不平衡,各个地方,各个国家,变起来也不一样。有的变得很快,有的却变得迟。但其中的变是一样的。是非往前进,改变不行的。中国本身就是一个明显的例子。谈起革命,许多人都赞成,并不可怕,但怕也无用。全世界有知识的人全这样看。举一个例:英国有一个学者名叫Julian Huxley,可译成儒连·赫胥黎。他是联合国教科文组织(UNESCO)的领导人,他在大战期间做了一篇文章《论生活在一个革命中》(*On Living in a Revolution*, 1942),他在里面就讲从第一次世界大战以来,世界一直在革命中。

第二是人民的。现在的时代是人民的时代,也就是老百姓时代,普通人的时代。也可以说是民主的时代。这也不是一个人的私言,美前副总统现第三党总统候选人华莱士就说现在是人民的世纪(他写了一本书叫*Century of People*)。所谓人民的时代还有一个意思是说,这个时代不但不是君主贵族的时代,不是祭司神父的时代,也不是那个阶级的时代。这层意思在第二次世界大战中说明了,第二次世界大战的结果就是各阶层反法西斯的共同胜利,是一般人民的抬头。

第三是科学的。现在的时代是科学的时代,任何国家,任何个人,违背了科学或离开了科学,几乎都不能生存。在人的日常生活,尤其各种学术的研究,全离不开科学(自然科学),社会科学也一样的离不开自然科学。具体的说,这个时代也可叫原子时代。

做一个人,做一个青年,就要认识这三个特点。今日的青年除了读书以外,一定要认识国际世界的演变。一个人要不被时代舍弃,就要一直往前进。整个时代是革命的,你也一定要参加革命。这个革命不是反动的,而是前进的。整个时代是人民的,你也一定要跟人民合流,不能违背老百姓的利益。不要以为自己是特殊的,过去的封建社会有特权阶级,现在就不容许了。整个时代是科学的,你也一定不能反科学。科学是实事求是的,是精益求精的,你也就要脚踏实地,一丝不苟。在这三个大原则之下,要求具体的认识,透彻的了解,勇敢的前进。时代如此,你也要如此。

中国只有一条出路——前进的路

更说得具体一点,也可说国家的出路就是青年的出路。中国的出路是怎样的呢?今日的青年要与时代合流,今日的中国当然也不能违反时代。有人说,中国有三条路,一条是国民党的路,一条是共产党的路,还有一条所谓中间路线。这种说法其实是一种欺骗。在理论上,国民党的三民主义固然是一条路,但可惜事实上不但摆着不走,而且有人一天一天的在毁坏它;共产党实际走的路实在情形怎样,无从详知,无从说起,更无从批判;至于所谓中间路线就是一个欺骗,是没有的。中国处在国共中间的人虽然很多,但不团结,团结不起来,因此也就没有力量。所以这条路简直是幻想,是走不成功的。有人说中国有二条路,一是反动的路,一是前进的路,这也不对。反动的能称为路吗?天下真有反动的路吗?没有的。只有往前走才是路,反动的路只是此路不通的路。回头走不是路,只有前进才是路。在我说,中国只有一条路,这一条路就是合乎上面所说的三个原则的往前进的路。是革命的路,民主的路,科学的路。至于谁来走这条路呢?可以说被剥削,被压迫,被侵略,反剥削,反压迫,反侵略的人一同来走,这些人大家合起来,往前走,改变现状,造成一个新的局面。

路是确定了,但是谁来领导呢?我们可以说,谁对共同的目标最忠实,谁实行得最彻底,谁做得最好,谁走得最快就由谁做领导。万万不可包而不办;万万不能自己不走而又不许别人走,自己不民主而又不许别人民主。

还可以补充一点,根据一千多年的历史看来,中国今日极需要三种东西:理性、情感、公心。理性教人头脑冷静,能够分别,能够正确地认识,有条有理;说话作事,有根有据。但这还不够,人也应有情感,对人民有同情,敢作敢为。再其次,要有公心,不能自私。要确乎是为国为民。今日一般国人自私的本自私了,非要提倡公心不可。今日的中国,不论讲学作事,全非要有这三点不可。所以也可以说,谁对理性,谁对情感,谁对公心具备得最充分、最圆满,谁就应该做国家出路的领导,领导人民前进。人民绝不会拥护既没有理性没有情感而又绝对自私的人。

这条路线的具体内容是政治民主、经济平等、思想自由。所要达到的目标就是国家的独立、和平、进步。政治要民主,经济要平等这是无可否认的了。但是思想也要自由,只要不违背政治民主,经济平等的思想,都要容许它自由。这样子政治经济思想文化学术都有了合乎时代的办法,乃能实现并保障国家的独立与和平安乐繁荣进步。这条路就是中国的路。在中国也只有这一条路。这也就是今日中国青年的路。这条路,凡是反压迫反剥削反侵略的人,也就是反封建反帝的人都能走。不论什么党派要想前进,要想走得通,要想成功,只有走这条路。相反的,不论什么人,什么党派,不走这条路,就一定走不通。这是国家的出路,也就是人民的出路,青年的出路。青年前途远得很,只有如此。青年往何处去?只有朝这个方向去。

再就青年本身来说,青年要适合时代,走国家应走的路,将来能够担当国家的责任,必须时时不断地增进学识,深刻地认识时代与本国国情。总括说来,一个将来可以担当国家责任,我以为必须具备十德:一冷静的头脑;二进步的知识;三远大的理想;四坚定的信心;五开阔的胸襟;六切实的行动;七热烈的情感;八优闲的心情;九健壮的身体;十规律的生活。每一个青年本身必须能做到这样,才可以顺利地胜任愉快地走上适应时代的康庄大路。

(原载1948年6月15日《天琴》第三、四期)

论中国的出路

——对于自由主义、中间路线、知识分子的探究

这半年多来，对于中国的出路，特别关于自由主义、中间路线，以及知识分子的问题，已经讨论得够滥的了。充分表现出来，有些人的不求甚解，望文生义，名词滥用，以至思想混沌，认识不清。

我现在就想，本着对于中国的出路表示些意思的意思，对于知识分子、自由主义、中间路线，这三个名词，尽可能简短地作一点解析，找一个厘清，尝试着来把三者都弄清楚，也就是作一番旧哲学所谓正名的工夫，也或可说是一种启蒙或批判的工作。

自由主义与知识分子都是久已有了的新名词。现在一般所谓知识分子好像就是有知识的人。有些人所谓自由主义只是要自由，反压迫，反束缚的意思。这都不免把问题看得太简单，把事情太简化了。

固然，名无定诂。罗素也尝说，字是社会的。荀卿更说得透澈，“名无固宜，约定俗成谓之宜。名有固善，经易而不拂谓之善”。纵然字谊，名谓，也是发展的，变动的，关联的，有条件的；不求甚解，望文生义，随意滥用，究竟也不可以。

一

且看所谓自由主义。

假使所谓自由主义就是要自由，反压迫，反束缚的意思，这样的自由主义，这样的自由主义者，一般说来，当然也没有什么要不得。

但是事实上，所谓自由主义，并不这么简单。

照历来以及今日流行的用法，所谓自由主义（英字 Liberalism，又 Libertarianism）至少有以下三种，有以下三个意思。

广泛的所谓自由主义，不过宽大开明的意思，在西洋特别指的是关于宗教信仰。

在今日中国许多人心目中，所谓自由主义者，或推广泛言之，所谓自由分子，大概就是不左不右，非国非共，或无党无派的人；或者就是自视宽容无成见，说不走极端，不肯死硬的人。因此，他们鼓吹自由主义，就是自己表示：既不满意国，也不同情共。这种人既不主张革命，其实也作不到改良，其实际效用不过落得一个维持现状，把现状粉饰粉饰。

但这够不上自由主义专门的意思。

欧洲历来专门的所谓自由主义，在字典里已说得明白。讲问题纵然不能靠字典，查查正也不妨。

英文中最好的字典就是袖珍牛津字典，收字虽然不多，注解却常常非常简当，而且常常极有意趣。不论最大的牛津字典，或牛津字典简编，或简明牛津字典，都不如它。

对于所谓自由主义，袖珍牛津字典的解释只是“自由党的主义”。

所谓自由党的主义，主要不过是自由企业，自由贸易；说穿了就是在经济不平等的基础上，自由有钱，自由发财，自由剥削，自由压迫，自由侵略。总之，凡谋利都是有理的。自由主义原与商分不开。而这种自由主义就等于放任主义。

看看世界第一次大战后，英国自由党的衰败，看看世界第一次大战后，世界计划经济的发达，而且越来越发达，难道还看不到，这种自由主义是已经过时的了？

自由主义，唯一似乎要得的意思，只有罗素在他最近的大作《西洋哲学史》（美版一九四五，十月十九出；英版一九四六，十一月十九出）卷首引论之末，在通观了全部西洋哲学思想发展之后，所提示的一个意思，就是以为一种哲学，以为一种可以解决群与己，个人与社会，自由与组织，这个人类间最根本的问题的哲学。

照罗素所说，自由主义的教义就是企图逃脱社会发展中来回无已的摆动于僵化与瓦解之间。于是他更接着说："自由主义的精义就是企图得到一个社会制度，不以无理性的教条为基础，而在保障稳定上不挟着些为维系社会必要的以外的钳制"。

罗素在前年（一九四六）所讲，去年刊成小册的《哲学与政治》中，更复大替英国经验论派的自由主义张目，认它与民主的社会主义并不相容；认它是一方要自己信念有科学的证据，一方又甚欲人类快活的人唯一能采取的哲学。

照罗素说，唯一为民主，在其心态上，提供一种理论佐证的哲学，就是经验论：它注重大多数知识的不定，与人人的都可以错，要一点一滴零零星星来进行，时时考验以实践上的成败。

又说自由观（自由主义的看法）的精义不在有什么主张，而在怎样主张。就是在尝试着主张，可以随时因新证据而改变。

其实这个自由主义的中庸哲学，在政治上，迄今还只是一个可能，一种理想，从未成为现实。罗素自己也说到，"那种企图能否成功，只有将来能决定"。

现实上，像第一种那种憎国惧共的自由主义者，不过只是些现状维持派，直与最近西洋一般哲学中时髦一时的法人萨特所代表的存在主义之为意图维持现状，差不多。

但是现在要紧的，最是打破现状。维持现状，维护既得利益的自由主义正与时代潮流走了个对头。其实要不得。

就是所谓要得的“要自由”,也要看怎样解释。

今日讲自由,至少应注意三点。

第一必须人人自由。人人自由,乃无侵略自由,压迫自由,剥削自由。至于社会单位是否应当是单纯的个人(自然人),那是另一问题。我近来是认为社会正当的单位应该是偶体个人——两个异性个人融成一体。这也是一种相反相成;但实现恐非易易。

第二要积极自由,不要消极自由。要给人机会,不仅仅要任人去。生存自由,学习自由,工作自由,或如所谓免于匮乏的自由,免于恐惧的自由,都要是积极的自由。

第三切认自由与组织相反相成。无自由,组织不能充实健旺;无组织,自由不得充分发展。要自由的组织,即有自由的组织;也要组织的自由,即有组织的自由。组织正予自由以机会;自由才使组织有“灵魂”。自由在组织之中,乃成自觉的自由;组织于自由之下,乃是自觉的组织。

因此,今日科学,科学研究,也要组织,也要设计,也要计划化。有些标榜自由主义的科学家,成立组织,反对科学设计,而死守科学的有名缺实的讲学自由,事实上遂也成了一种反动。

人人自由与人人都得到可能的最大发展一样,本是民主的最高理想。在今日国内大城市里大多数人都已不懂得怎么坐,怎么立,怎么走,怎么卧,怎么说话,怎么吃东西,就因为都不知道人人自由的真谛,不知道自己的一举一动一言一语,会有碍别人。这种情形,大部分都由于封建的恶劣影响,流传未已,所以如此。

我尝说,民主有三个要素:自由、平等、合作。平等必须先于自由。不平等,有等级,是最显著的封建结习。由政治的封建到经济的封建,都如此。不平等时的自由,必只便宜了少数人。自由生产,自由贸易,自由发财,结果是自由剥削,自由压迫,自由侵略。真是许多罪恶假自由之名以行!

还可以说，个人应自由，国家不应自由。国家应独立，不受侵略压迫。但独立的国家对外自由，欧洲十九世纪的自由主义遂演成了帝国主义，如罗素在他的《自由与组织》一书中(506页)所曾说。

(关于自由主义，除罗素的《自由与组织》与《力量》等书外，还有拉斯基的《欧洲自由主义的兴起》一书可看。)

二

一些自信不左不右，非国非共，甚至像是无党无派的所谓自由主义者，曾标榜所谓中间路线。

其实所谓中间路线(共左国右，自居中间)，或第三路线(国一共二，自居第三)，只是一个幻想，只是一个欺骗。

就令想象有一条中间路线，也无人能走。

国内阶层，过去诚如所说两头小，中间大。但在今日，实已不然。至少一天一天地走向不然的方面。

今日是一天一天地把原来大的中间缩为小，一天一天地把中间赶入两端的一端，一天一天地把本来不富不穷的夷成穷光蛋。

就令还有个中间阶层，但一盘散沙，素无组织，徘徊观望，素习散漫，在今日战乱压榨之下，又怎能结合起来，单独走一条路线?

倘或有人真个右既憎国，左也惧共，必致左右两方，都不见容，又有何机缘，以何力量，自辟路线?

今日国家真正的问题，本在民主封建势难两立。二者之间，也岂有余地，容所谓中间层，任意徘徊于其间?

事实上今日所谓不走极端的中间分子，自由主义者，原不过是些现状维持者，初不肯走，又怎能走成路线?

自由主义者标榜中间路线，对于真在走路的人，也许会有些乱人心意，碍手碍脚的作用。其实也有限的很。

中国今日是不是还有出路? 还有路线呢?

当然有。

但只是一条。

说有三条路，固然是一种欺骗。有人说有两条路，顶多也只是不得已而强为之辞。

所谓两条路是一进，一退；一革命，一反动。

其实真正的路，真正的出路，只有前进的路。倒退的路是没有的；就有，也是此路不通的路，是一个死胡同，是一条死路。

一个人问路，只有问前进的路。倒退的路不用问。要开倒车，从那儿来的，退向那儿去好了，何用问？

不但倒退不是路；就是停顿，打住不动，也何尝是路？

停，只能停在一点。走，才走出路来。停，如何停出路来。

就是所谓中间路线，分析之下，也不过或者是不进不退，或者是亦进亦退。退既不是路，不进不退，就是停，如才所说，也一样不是路。如果说，也是要进，但要进的稳一点。果然如此，那就不过前进的一种方式，又何必标榜中间路线来自异，徒徒增加分歧，自造障碍？

因此种种，所以说，今日唯一的出路，唯一可能的路线，就是前进的路。

今日时代的特征，本是：一、是变动的，即革命的；二、是人民的，即民主的；三、是科学的，即原子的。

应乎这个，中国今日唯一可能的路线，自也要是前进的，革命的；人民的，民主的；科学的，即也要利用科学，发展科学，更使科学服务于人民。

这就是今日一切受压迫而反压迫、受剥削而反剥削、受侵略而反侵略的人，不分阶层，共同走的路，应该共同走的路，也不得不共同走的路。

这条路也未尝不可以就叫作中路。但却是中国的中，中庸的中，时中的中，集中的中；而不是中间的中，折中的中。绝不是中途半路的意思；而乃是正当恰好的意思；恰到火候，火候纯青的意思。这也就是射箭射中的中（读若轻重的重）。

总之,这是中国今日唯一正正当当、坦坦荡荡的光明大路。

这条路线的直接目标就是国家的独立,和平,进步。

所要遵循的途径就是政治民主,经济平等,思想自由。

既然是许多方面共同走的路线,政治民主一定是中国式的多党合作的民主。同时自要注意和平前进。

经济平等之下,土地改革自应贯彻。扩大生产自应努力。同时也要注意平衡发展。

虽不认有中间路线,但散漫的中间阶层,在政治经济两方面,都当予以提携与保护。

至思想自由,当然以不反革命,不反人民,不反科学,不反民主,不反平等,不反自由,不反独立,不反和平,不反进步,为条件,为限度。

既是共同路线,由大家一块走,那么,谁来领导呢?

当然,谁最走的快,谁最作得好,谁最能干,谁当然领导。

谁最忠于共同纲领,由谁领导。

还有,谁最具备今日所最缺乏的理性、情感(仁意)、公心;谁最博大、能容、有众;谁最知道天下事不能成于一手一足之烈,应谁领导。

今日社会充满的是太自私了,要克之以公与恕道。

今日社会表现的是太麻木了,要克之以情,以仁。

今日社会有势的是太发昏胡闹了,要克之以理性。

中国自宋以来就走下坡路,就因理性、情感、公心,都日感缺少。今日已达到了虚虚假假,无理性,无情感,无公心的极致了!

因此,领导改革中国的,必是实实在在,理性、情感、公心,兼备的人。

理性要:一、说话作事有根有据,有条有理,有原有委;二、能分别,有分寸,明分际;三、知道有它,承认他人,作面面观。

理性使人有客观如实的认识,而情感公心使人勇敢有为,把认识措之于实际。

理性以情感行之,而且纯出公心,真正能仁、能忠、能恕,天下为公,与人为善,确是人之有善若己有之:这是今日最大的精神需要。也是今日最需要的真精神。今日中国谁能最圆满具备这个,当然要由谁来领导大家走共同应走的共同路线。这都是天公地道,一点不可忌刻,一点不容偏私,一点不许有党派门户之见。

这个唯一的出路,既是今日一切被压迫、被剥削、被侵略者的共同出路,也就是人民的出路。而不是那党那派的私路。不问什么党派,只要它是民主的,要为人民服务,要站得住,更要前进,都应该走这条路。

而大家开始共同来走的原则,我可以重提两年有半以前的旧话,就是团结、协商、合作。——倘可讲到具体的办法,我在三十五年底也已曾经公开说过,有一点那就是重新举行政治协商。

国家的战乱,人民的涂炭,物资的毁坏,势不能总忍着任它蔓延,有加无已。确已是转捩的时候了!

三

今日中国真正的知识分子,当然最要为国家,为人民,来共同走上边这条唯一可能的,人民的、前进的,而且革命的、不能违背科学、更要合乎科学的路。有权理(不是权利,不要看错),也有义务,来共同担负上边这个责任。

所谓知识分子,本来不只是有些知识的分子的意思。

所谓知识分子,本来是俄字intelligentsiya与由之转成的英字intelligentzia的译语;今也是英字intellectuals的译语。

除了袖珍牛津字典是英文最好的字典之外,去年末(1947,11月)美国出版的《美国学院字典》(*The American College Dictionary*,简称ACD)却是英文中最新,包括字最多,注解也常常极切当,合几种字典为一个字典的字典。

袖珍牛津字典(简明牛津字典同),对于intelligentzia的注解是"一个民族(特指俄人)中热望有独立思想的那一部分"(因此曾有人翻为知识阶级)。对于intellectual作名字用,则解作有好智能的人、开明的人。

美学院字典,对于intelligentzia的注解是:在见解主义上特别开明或自称特别开明的一群人。对于intellectuals的注解是:对于社会政治问题自认或被认怀抱开明识见的分子。

据美国学院字典及简明牛津字典等,英字intelligentzia所从来的俄字intelligentsiya,本来自拉丁文intelligentia,与今英字intelligence正同。而intelligence也有一个"有理性之物"的意思。

但凭这些,当已可见:所谓知识分子的本意,本不仅仅是有普通所谓知识的人。或者至少,不仅仅有知识而且有开明见识的人,应该叫作智识分子,把知作智。

在英文,intelligentzia(或intelligentsia)不过以一九二〇年才用起。这也可见它所表示的不会是太旧的东西。就令是旧东西,也该已得了新意义。

照这样子,所谓知识分子,至少不应只是读书人,而乃是读书明理的人。

历史上近乎知识分子的东西的产生,在于"闲"。直到今日,有的近乎知识分子的东西,遂也还是好居间,好待在夹空里边;动摇徘徊,无特操,无主宰,无原则,是其特性。这种人纵然读书,却未明理。

至现代意义的知识分子之所以产生,不但因为有闲,尤因为感觉到要失其闲。就是他所赖以生存的生活基础已经动摇了。知识分子总是比较敏感的,当然很快就已把这个感到,从而发出了呼声。

因此,前进自觉的知识分子遂有一个特殊的作用,就是指路的作用。

这就是前进革命的理论所由形成。但是必待"理论一抓住了群众,(才)立即变成物质的力量"。——当然真能抓住群众的理论,必符合群众切身的要求。这就像随顺自然,才能克服自然;也是一个相反相成。

这岂是平常有点子知识的人之所能?

有人特别向往中国旧日的士,向往那居四民首、学而优则仕、可以为大夫、光宗而耀祖,而四体不勤、五谷不分的士。就把这种士当作今日的知识分子,更希望他来担当大任。这当然了无是处。

其实中国旧日的士，常常只是些勾结官府，包揽词讼，鱼肉乡民的劣绅。或则是些可怜可恶，所谓鱼目混珠的乡愿。又或则是些长袖善舞，八面玲珑，依违柔萸的游离分子，骑墙之徒。像这类人，不过是封建的产物，或封建残余的产物，如何能期望他解决，或帮同解决，中国今日的问题?

今日国内流行的所谓知识分子，确乎很像就指的是有知识的分子，尤其是靠知识为活的分子。这种讲法，这种用法，纵然并无明文约定，却像已经无形俗成。

讲道理，论事情，常常不可遗忘的，就是多元。真理就是多元的。

中国今日所谓知识分子至少也可以大别为两类。一类是真正的：有清楚的头脑，进步的知识，远大的理想，坚定的信心，灵活的情感，优闲的心情，开阔的胸襟，笃实的践履。另一类只是貌似的：头脑不清不楚，知识浮浮泛泛，而但赖搬弄文字为生活之资。

可是无论如何，今日一个像样的知识分子的知识，总该具有进步、切实、及时的性征。

一个知识分子，如果是一个专家，是一个技术人才，他更应有远大的理想，博大的识见，高大的气度，想得到，看得开，然后才能恢宏活泼，适应时代，向上发展，而免于褊小狭隘，拘墟机械。

罗素——现在活着的最伟大的哲学家——在一九四六年十一月伦敦出版的《大学季刊》创刊号，发表过一篇《为普通人的哲学》，也曾力言对于学专门技术的人，哲学的重要意义。

近年我常说，今日中国需要养成一种深厚、笃实、精核的学风，期望青年能够深造自得，而不浅尝辄止；勉为大器，而不安于小成。今日知识分子的知识行动，当然尤希望它深厚而不浅薄，笃实而不虚浮，精核而不漠忽。

知识分子与自由分子，纵然有相近处，显然不同其范围。

事实上，今日所谓知识分子，即令不说应有三个含义，至少在今日他应负有三种任务。凡是自觉的知识分子当都会以此为自己的志愿。

第一，认识时代，跟得上时代，进而推进时代。

第二,重视人民,与人民合拍,为人民服务。

第三,在自己学术范围内,不但有及时的知识,就是赶得上时代的知识,而且更能够开拓学术的新领域,推着学术向前精进,并保证一切学术的新收获,对整个善良人类作最有益的利用。

今日的知识分子,既有知识,既靠知识为活,就要作到知识与生活的统一。而且要切实而灵活地达到学问的人化(humanization),使一切学问都有了人味儿,就像罗素之于哲学,霍登(J.B.S.Haldane)之于一般科学,霍格本(Lancelot Hogben)之于算学,等等。

还有,知识分子,至少有的知识分子,总应能供人以理想,给人以假设,示人以可能,就是昭告人:未来的出路,将来事实的可能发展。这才符合他指路的作用。

不但这个,一种社会的一切产物都免不了带有那种社会的特征,那种社会的颜色,那种社会的气味。今日中国主要还是封建社会。要使中国进步,第一必要就是铲除这个封建,扬弃这个封建的一切产物,风俗、习惯、思想,等等。封建制度的一个特点就是家长制。试看中国今日许多政治上、党派里、学校中,还不都行的是家长制?而且死守着低狭的门阀,绝不轻纳多少与己异的!

于此我愿意一切谈民主的朋友都能承认:一个人并不是说相信民主,或口说民主,或甚至在民主团体负责作事,就是已经民主了。确要理论与实践统一,知识与生活、思想与行动一致。

思想、观念、意统,都是所谓上层建筑。但上层建筑常不即随其下层的政治经济基础之倒而俱倒。思想、观念、意统,就在其原来基础崩溃之后,还会作为鬼魂在人间徘徊着。因此才特别需要敏感、前进,已清算了自己的知识分子早作暴露扫除的工作,为未来开道。

像这样的知识分子,乃是时代之所最需,乃是国家之所最需,乃是人民之所最需。

这样的知识分子自无所用其忧虑恐慌,至少不会为自己而忧虑恐慌。

这样的知识分子，克服一切封建积习，能够担负时代使命，既不是漠漠忽忽的自由主义分子，彷徨依违于中间，乃能与人民在一起，共同来走今日中国唯一可走的人民的道路。

知识分子是有出路的。

时代的出路，国家的出路，人民的出路，也就是顺应时代、随顺人民、革命前进的出路，就是今日知识分子的出路，当前唯一可能的活路。

知识分子另一更远大的出路，那是在理论与实践、知识与生活、学术与人民，完全统一之后，一切人都实现了成为知识分子的可能，这在有的国度就已经开端了。

可能想到的最好的社会是无阶级的社会。知识分子最美的前途远景，也就是到那时，人人都有闲，人人都是知识分子，再无特殊的所谓知识分子。

一种特殊的东西，最好的时候，总在它不复特殊的时候。

犹之乎入乎自然、出乎自然，艺术美才能形成。

这都是相反相成的例子。

1948年6月

（原载1948年7月1日《中国建设》第六卷第四期）

知识分子与新的文明*

一 知识分子的自觉与自处

知识分子也就是所谓劳心者。其实更确切说,知识分子只是劳心者的一种。

劳心与劳力,智力劳动与体力劳动,精神生产与物质生产,这都是一向不正当的对立。

历史统治者,为便于其统治,总以不可见者为上,为神秘,为神圣。而神圣不可侵犯。因此,历代皇帝照例居则深宫,出则警跸。

也是因此,心遂高于物。劳心遂高于劳力。智力遂高于体力。甚至有时(但只有时),精神生产也高于物质生产。

这都是历来统治者迷惑被统治者的精神工具。

犹之乎所谓贞操,本是历来男子辖治女子的一种精神工具;而女子不

---

* 此文曾以《再论知识分子》为题刊载于1948年7月11日《自由批判》第一卷第二期。经修订后的文章的第一部分以"知识分子的自觉与自处"为题刊载于1948年8月1日《中国建设》第六卷第四期。——编者

但习于乐于接受，而且视为至宝，直至今日犹然如此。

事实上，不但并无心的本体（本体的心），也无物的本体（本体的物）。

所谓不可及、不变动的本体（也作本质，英字Substarce），本是现代许多大哲学家所同反对。体用不二，却是现代许多大哲学家所同主持。罗素即是一例，并包列宁在内。

列宁在他的大著《唯物论与经验批判论》中，一个要义就是辟斥不可及、不变动的所谓本体，而认物质等于客观的实在(abjective，reality)，全书重言多次。另一个要义就是认物质无穷，无穷可知，即是说物质是可知的，但无穷尽。

罗素在他的《西洋哲学史》中，一处(美版129页；英版150—151页)论到实在与像似的分别，说像似必实在像似，所以即实在的一部分。所论最是简单明了而有谓，很张他“一切皆实在”或“只有实在”之说。

本体心是没有的，顶多只有心理现象或心理作用，正名不过心里现象或心里作用。

心里现象其实即物的一种现象，心里作用其实即物的一种作用。

这种作用，其实与呼吸作用，与消化作用，与分泌、出汗、便溺、涕泣、出精，只有方面的不同，并无根本的差异。

思想就是说话，不过有出声与不出声之别，都离不开喉头动。

所谓智力本不过体力的一种。

精神必然离不了肉体或物质。

因此，劳心与劳力，智力劳动与体力劳动，以至精神生产与物质生产，但令不是剥削的，也都只是方面的不同，而无根本的差异。没有一样精神生产，不管是书，是画，是雕塑，是音乐，是歌舞，离得了物质或肉体。

从事精神生产的智力劳动者，殊不见得能有生产资具，像学校、出版机关、杂志、音乐厅、剧场，等等。因此，同样会被剥削，被不劳动而据有生产资具者剥去剩余价值。

智力劳动者与体力劳动者，知识分子与工农，实在是同类。

英国一个自觉的知识分子、兼实验与数理的生物学大师霍登教授(J. B.S.Haldane),曾说,握有某种运用文字或其他符号的技艺,大概就是一个知识分子的界说,因此而自归入熟练的手艺工人一类。

一向知识分子或智力劳动者的偏向剥削享受者,不过是受了哄骗蒙蔽,遂尔认贼作父,为虎作伥。剥削享受者,其实是非我族类,其心必异的。

再看历来知识分子所靠的闲,或历史上近乎知识分子的东西所靠的闲。

这种闲从何而来?

这种闲之来,实际并不由于你有钱,或由有钱人或富贵人家给你的。这种闲,其实都是由于别人,在古则奴隶,近代则农工,代你作体力劳动,供给的。

你有闲,由于别人忙。

你富,由于别人穷。

你贵,由于别人贱。

你智,由于别人愚。

你是知识分子,由于别人不得读书本子。

历来这种情形,今日是再也不应容许了。而且事势的发展,也要不可能再容许了。纵然社会有分工的必要。

今日一个知识分子,如果自觉,第一就应觉到这个。

今日的知识分子,在这个地方,实在应该自省、自检讨、自我清算。

智者对于愚者,富贵者对于贫贱者,实在都是有欠债的。

别人贫,为了你。别人贱,为了你。别人愚,为了你。

知识分子们,如果见到了这个,对人对事,真应该急急从心坎里改变看法,改变态度。

过去封建社会,曾说爱民如子。其实如实照事理,乃应该“爱民如亲”。因为你,知识分子们,正是由人民劳苦血汗培植起来的。

说知识分子应该为人民服务，尤其是说应向人民学习，这与前些年的说“到民间去”一样，都还不过是一种官话，一种八股常套，不够亲切，不够深刻，不够实在。

一个知识分子不但应知体力劳动者乃己一类。

一个知识分子，假使真不受迷惑，真不忘本，真懂得孝道，对于人民，对于劳苦无知识（知识分子的知识）者，只有饮水思源，只有感恩图报，只有反哺一道。

这才真是今日一个自觉的知识分子所以自处之道。

特别像霍登教授，或者像法国原子核物理家约利欧·居礼夫人（Joliot-Curie），近年之所为，一部分就是如此。

一个知识分子能如此，人民如何不需要你？

二　一个新的文明在产生

许多人都已嗅到一个新的文明正在产生着。

这个文明真以人民为主体。

这个文明不但为人民，由人民，而且确属于人民，是人民的。

过去一切自外于人民的，超乎人民而上之的，当都跑在人民怀里，伏在人民脚下，不但真乐于为人民服务，而且对人民深爱在心。

在这个文明之初，与中国一种古老的传说相仿，过去的富者当事贫者，过去的贵者当事贱者，过去的智者当事愚者。

可是从此，渐渐遂泯尽了一切贫富、贵贱、智愚的分别痕迹。

智的事愚，就在使愚者智。贵的事贱，就在使贱者贵。富的事贫，就在使贫者富。

人民不但实在、老实、切实，人民也是进步的。

人民的文明，绝不是安于旧日人民在压迫下的低落的水准。

改进的所求，只可是跻人民于富贵智，而不应夷社会为贫贱愚。

文明以人民为主体，正是要使过去不得发展的从此都得发展上去。

从此,全社会和平前进。

从此,各方面平衡发展。

人民的文明,一定是进步的,因为整个都得到了发展机会。

也只有人民的文明才真进步,因为已不复是这一部分压迫那一部分,这一部分剥削那一部分,这一部分障碍那一部分。

人民的文明一定更是科学的,因为只有利用科学,方能达到以上的种种。

科学,尤其科学法,最显著的特征,有二:一、实事求是;二、精益求精。

这在人民文明里,必得到充分的发扬。因为本来人民,第一实落,第二认真,不懂得虚假浮空,漠忽苟且。

这个文明必是仁的、生的、中的、实的、公的、忠的、恕的。麻木、冷酷、死板、机械、偏颇、过分、虚伪、欺骗、狭隘、自私、尔虞我诈、有己无人,都要从此绝迹。

一个人的生活总要又实,又广,又微。实,就是朴朴实实,脚踏实地,践履笃实。广,就是认识深刻,所见者广,包容者宽。微,就是"致广大而尽精微",对事理研析入微,对人民体贴入微。

承认旁人,重视旁人,关心旁人,体贴旁人,替旁人设想,遇事设身处地,切近人情,平易近人,平情论事,平实主张,这都是理性或有理性或通情理的应有表现。

这个文明里,必是理性与情感,充分而平行发展的。

人之有善,若己有之。与人为善,相互负责。相视而笑,莫逆于心。在这个文明里,定都作得真实而彻底。

在这个文明里,会要有竞而无争。那就是扩大了封建社会的"君子无所争,必也射乎,揖让而升,下而饮,其争也君子"。

在这个文明里,人人当都深念书经的遗训:"无自广以狭人。匹夫匹妇,不获自尽,民主罔与成厥功。"

在这个文明里,再无小己的问题,个性的争论。

个个人都有专长。个个人的专长都得发挥尽致。个个人都有所事。个个人的所事都能圆满无量。人人都得尽量发展，就是人人都得自尽。但却是在全盘组织设计之下，为的个个人人；而不是任情随意，为的某家小己。所谓个性，应止于此。

一个人总应承认，总应蕲求，一种身外的东西。这种东西，而且越大越好，越抽象越好。但却要严格根据具体事实。所谓理想在此。具体与抽象的配合的相反相成，也在此。罗素在他的《快活略》中所说：人要快活，必须有客观兴趣，而不要妄想自己有宇宙上的重要，也半在此。所谓群性，所谓党性，要义当不过如此。

至于人性，首要就在切认人人都是人，都要生。因此，妨碍人之生，毁灭人之生，就是无人性。

人民的新文明，必会对于适当的个性、群性、人性，都有如实适当的照顾；必会体现遂生、大生、美生的人生理想。

一个文明快死了，一个文明在方生中。

一切自觉前进的知识分子们！帮助这个新文明的产生，这就是你目前最该担当的重大责任之一。

不是你随顺人民，根本你就不应自外于人民。更不是你领导人民，只是你心身都在人民里，无彼此之分地大家一起，共同前进。

不待言，人民就是老百姓，就是一般人或普通人，就是无权无势者，就是被统治者，就是劳苦大众，就是贫贱愚者，就是一切一向被压迫、被剥削、被侵略者，被别人瞧不起者。

（原载1948年8月1日《中国建设》第六卷第五期）

知识分子们，人民在需要你！

听说有些知识分子、大学教授、中学教员、自由职业者、公务员等，感到恐慌。

我不明白这是什么意思。也许是因为听了些闲言淡语，恐怕有一天会被什么“清算”，会待不住，所以就先慌起来，就自扰起来。

其实这是大可以不必的。任何社会不能不多少办些事业。任何社会不能不要知识。这就是说，任何社会不能不需要知识分子，以至有各种技能的人。一个进步的社会，会要举办的事业特多，那就需要知识分子，以至有各种技能的人，会要需要得特别厉害。

要紧的还在看号称知识分子的所有的知识，或所靠以为生的知识，究竟是些什么知识。

今日一个知识分子的知识当然不能违背时代。不但不能违背时代，当然也要能赶得上时代，与时代合拍，甚至更好能推进时代。

一个知识分子有知识或用知识，当然不能专为自己，总也要直接或间接，有利于社会，有利于国家，有利于人民。

或者说，一个知识分子的知识总该是真理，尤其是使人自由的真理。

如果能够这样子,一个人就弄古学,也没有什么不可以。

一个社会有许多方面。一个社会所需要的知识,当然也不会止于一方面。因此,知识分子所有的知识,不但可以多方面,实在正需要有多方面。这话的意思,当然不是说一个知识分子必须有多方面的知识,而是说需要有各方面的知识分子。学问的各部门,技术的各门类,都需要有人。

再换言之,也就是:各种学问,各类技术,都要使它有益于国计民生。如果有益于国计民生,也就必会为国家人民所需要。——所谓国计民生都是广义的。

中国国家,民主是定的了。……中国的民主一定就是中国的民主。中国的民主,照着第二次世界大战以来的可能趋势与中国的特殊国情,一定是新型的。既不是英美型,也不是苏联型。……一个多党的及民主的统一战线,那倒可能,而且需要。但所谓多党,当然不会多到反民主或不民主的党上去。

照这样子,一个知识分子,只令是认真在民主大路上走,认真思考民主,没有容不下的道理。

照中国社会这个落后的样子,只会一旦上了轨道,许多方面都有待于开发。而且不仅要物质的开发,也要精神的开发。这岂不需要大批的前进的知识分子来工作?

一个前进的知识分子,要懂得服务于人民,要懂得自己就是人民的一分子。

这不是偶然的。知识分子是劳心的。知识分子的劳心,与工农的劳力,或者说智力劳动与体力劳动,实在说来,在根本上,本无差异。农工历来固然都在受君主、贵族、官吏、教主、祭司、地主、资本家的剥削压榨,历来的所谓知识分子或近乎知识分子的东西,又何尝不常在受到某种的压榨剥削?

就像一个作家,写了一个剧本,自己无力出版,侥幸找到一个书店愿意拿来出版。或者卖稿子，或者抽版税，总而言之，不但剧本出版了，而且还可以多少得到些钱。那个作家当然要感激不尽。其实不管是付稿费，还是付版税，一般说来，剧本销售所得，必不止此数。多余的，除了成本以外，便都归书店老板赚了。

这还不是剥削么？书店老板仗着有资本，就拿别人的劳力来赚钱，而且不但使得别人，穷光蛋，感激不尽，不但买得别人的一部心，而且可以赢得有功文化的美名，而且还作了宣传（对主张见解不满意的稿子，大概不会出版）。这岂不是仗着有钱，一举就可以五得么？太便宜了！

可惜历来知识分子都迷惑住了。固然多数出身本来就不大对，遂尔只往上跑，不向下看；居易养移，忘其所以，惰习成性，认贼作父，不知道只就他的是知识分子说，他与农工劳苦大众，才乃真同类。

知识分子的产生，不管他什么出身，总不能不靠着有闲。但此闲何从而来？还不是来自农工劳苦大众（古代则是奴隶），代作了生活必需的体力劳动？知识分子再不要以为自己有知识由于得天独厚，是天生的；别人劳苦受罪，合该。假使不是别人苦穷受罪，你的知识才有不了呢！

时至今日，一个作知识分子的，对于这种情实，总该已深切明白了。那就应该一改向来态度，对于劳苦大众，应该力图报称，应该从心坎里承认替人民作事是应该的，绝不是官样文章，虚应故事。实在可说，就是还自己的债。

假使一个知识分子能够如此，尤其能够自觉不赖债，人民当然不会不需要你，而况本来就需要你！

只要你站得住，挺得起，并不赖债，怕什么清算？

与其怕人清算，那就诚不如先自己清算清算自己！

七月四日

（原载1948年8月5日《北大半月刊》）

发扬爱国主义

抗美援朝是我们爱国主义的发扬。

抗美援朝是我们爱国主义的实践。

抗美援朝是我们爱国主义在目前最具体的表现。我们目前的三个大运动:土改、抗美援朝、镇压反革命,是有一个共同的中心的,是可以一以贯之的。

这就是爱国主义。

我们要爱国,我们要使得国家更可爱,我们第一就要铲除一向阻碍我们进步的封建土地制度,我们就不得不进行土改。

我们要爱国,我们要维护我们最可爱的中国,我们首先就必须消灭一切企图在里边危害我们国家的东西,我们就必须镇压反革命,我们就不得不肃清一切反革命分子。

我们要爱国,我们要保护我们的国家,我们一定要把我们最可爱的中国措于磐石之安。我们已经抬起头来了,我们的头一定不能再俯下去。因此,对于一切外来侵害我们的,侮辱我们的,我们誓必全国一致奋起反抗。因此,我们就必须反对美帝国主义,就必须积极普及深入抗美援朝运动。

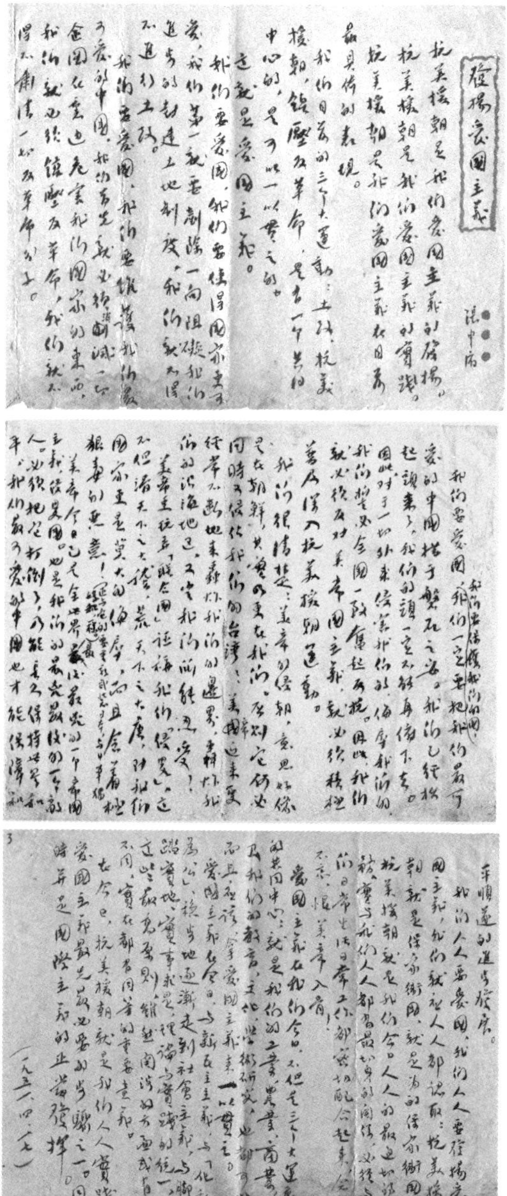

《发扬爱国主义》手稿

我们很清楚：美帝的侵朝，意思好像是在朝鲜，其实乃更在我们。否则它何必同时又侵占我们的台湾？美帝近来更经常不断地来轰炸我们的边界，轰炸我们的沿海地区，又岂我们所能忍受？

美帝更玩弄“联合国”诬称我们“侵略”，这不但滑天下之大稽，荒天下之大唐，对我们国家更是莫大的侮辱，而且含着极狠毒的恶意(正与它的要重新武装日本，与日单独媾和一样)！

美帝今日已是全世界最后最凶的一个帝国主义侵略国，也是我们的最凶最后的一个敌人。必须把它打倒了，乃能长久保持世界和平，我们最可爱的中国也才能保障和平顺遂的进步发展。

我们人人要爱国，我们人人要发扬爱国主义，我们就应人人都认取：抗美援朝就是保家卫国，就是为的保家卫国，抗美援朝就是我们今日人人的最迫切的任务，实与我们人人都有最切身的关系，必须与我们的日常生活日常工作都密切配合起来，念念不忘，恨美帝入骨！

爱国主义在我们今日，不但是三个大运动的共同中心：就是我们的工业、农业、商业以及我们的教育、文化、学术研究，也都可以而且应该，拿爱国主义来一以贯之。

爱国主义在今日，与新民主义，与“化私为公”、稳步地逐渐走到社会主义，与脚踏实地、实事求是，理论与实践的统一，这些最高原则，虽然关涉的方面或有不同，实在都有同等的重要意义。

在今日，抗美援朝就是我们人人实践爱国主义最先最必要的步骤之一，同时并是国际主义的正常发挥。

一九五一年四月十七日

发扬五四的精神:“放”

这几天,天气确已暖起来了。

恰在此时,我也病愈出院。出院以后虽然尚少接触,但就从报纸上也可以感到空气确已大大不同了。

天暖,病愈,气清,特别是三事合在一起,怎能不令人感到欣快,感到兴奋!

去年领导提出百花齐放、百家争鸣的政策方针,确曾令许多人感到欢欣鼓舞,感到进一步报国的机会到了,感到中国的科学水平定可以大大提高了。特别在去年七、八、九月间,报纸上,座谈会上,真是热闹极了。但是不久天寒了,夏季的热闹也沉寂了。因此,就有人不能不感到“百花齐放易、百家争鸣难”。假使意在抱怨半年时间还没有伟大的学术著作出现,那当然是幻想,那当然是过于急躁,太不切合实际。其实,问题不在那儿,问题乃在空气。

现在好了,天又暖了,气又清了。经毛主席登高一讲,要“放”,不要“收”,要把百花齐放、百家争鸣的政策方针贯彻下去,于是不到两月,各方就都跟着动起来了。真是春雷一声,万品齐生!

新中国成立后张申府留影

这实在太好了，太及时了，太合乎需要了，也正证实了唯物辩证法的规律与特征。

对于我们的掌舵人毛主席的高明，凡是关心国家人民的人，一定都会感到心悦诚服，五体投地。

我一生是一个书生，一个时期又成了一个不能缄默的书生，对于“百家争鸣”，自然感到很大的兴趣。就是去年七月间讨论乍盛的时候，也曾从大连写了一篇心口如一的泛论争鸣的文章，而未见天日。这一次既然领导上要大力贯彻，而且人人都可以发言，不但可以“鸣”而且也可以泛论“鸣”，当然我很愿意把所感所见，一本坦白无隐的旧习，尽量都贡献出来。

只是大病初愈之后，许多工作等待补作，不像病床无事，可以从从容容写长篇大论，只好姑且先写些零星感想。但令给我鸣的机会，我必努力不辜负人民的盛意。话说的当与不当，那是另一问题。刚一出院，呼吸新鲜空气,不免还有些不惯,无论如何在人民内部之内,总求特别原谅。

一

为了向科学进军,为了提高我们的太低下的科学水平,为了在不太长的时期(原说十二年,现在已经剩了十一年了),至少在某些科目赶上或接近世界科学先进水平(之所以要这些,当然是因为没有较高的科学水平,在今日就不能立国,何况我们还要有独立贡献);再为了重视知识分子,照顾知识分子,便非让百家争鸣不可,便非引导着百家争鸣不可。

这个大道理,现在许许多人都见到了。我只想再从历史经验上讲两句。

我们都读过历史。我们都知道,不论中外,什么时候就好,什么时候就不好;什么时候学术就发达,什么时候学术就衰落。什么时候学术发达呢?那就是百家争鸣的时候,在中国特别像春秋战国,在外国特别像希腊与近代。什么时候学术就衰落呢?那就是罢黜百家而定一尊的时候,在中国一般说就是汉以后,在西洋就是所谓黑暗的中世。

当然,现在不能尽拿过去来比。但基本上,理则规律,大致不差。

但令虚心,但令客观,但令能全面,也就是但令精通马克思列宁主义——辩证唯物主义,什么时候也都可以平心地比一比。

根据人类历史的经验,心乎国家,心乎人民,心乎学术,号召百家争鸣,贯彻百家争鸣,实在有其最坚强的理由。

何况我们不仅读过历史,我们也曾参加过革命,或者吃到了革命的果实。我们为什么革命的?我们怎么就能革命了?换言之革命怎么就能成功了?我们在心里对于一切有关因素一定都不会忘记。

二

号召百家争鸣(为简单起见,以下许多地方不再把百花齐放百家争鸣并说),一个更坚强的理论上的也是事实上的理由,就是根据真理本身的

放手贯徹"百家争鸣"的方

發揚五四的精神："放"

张申府

这几天，天气稍已暖起来了。

恰在此时，我也病愈出院。出院以后虽然尚少接触，但就从报紙上也可以感到空气稍已大大不同了。

天暖，病愈，气清，特别是三事合在一起，怎能不令人感到欣快，感到兴奋！

去年領导提出百花齐放、百家争鸣的政策方針，稍曾令許許多人感到欢欣鼓舞，感到进一步發展的机会到了，感到中国的科学水平定可以大大提高了。特别在去年7、8、9月間，报紙上，座談会上，真是热鬧翻了。但是不久又寒了，又寒的热鬧也沉寂了。因此，就有人不能不感到"百花齐放易、百家争鸣难"。假使竟在抱怨半年时間还沒有伟大的学术著作出現，那当然是幻想，那当然是过于急躁，太不切合实际。其实，關鍵不在那兒，問題乃在空气。

現在好了，天又暖了，气又清了。經毛主席登高一呼，要"放"，不要"收"，要把百花齐放、百家争鸣的政策方針貫徹下去，于是不到两月，各方就都跟着动起来了。真是春雷一声，万品齐生！

这实在太好了，太及时了，太合乎需要了，也正証实了唯物辯証法的規律与特征。

对于我們的掌舵人毛主席的号召，凡是关心國家人民的人，一定都会感到心悦誠服，五体投地。

我一生是一个書生，一个时期又成了一个不能教書的書生，对于"百家争鸣"，自然感到很大的兴趣。就在去年7月間討論争鸣的时候，也曾从大處写了一篇心口如一的泛論争鸣的文章，迄未見天日。这一次既然領导上要大力貫徹，而且人人都可以發言，不但可以"鳴"而且也可以泛論"鳴"，当然我很願意把所感所見，一本坦白無隐的宗旨，尽量都貢献出来。

只是大病初愈之后，許多工作等待材作，不能将来無事，可以从从容容写長篇大論，只好姑且先写些零星感想。但令能我鸣的机会，我必努力不辜負人民的期望。話說的当与不当，那是另一問題。剛一出院，呼吸新鮮空气，不觉还有些不慣，無論如何在人民內部之內，总求得到原諒。

一

为了向科学进軍，为了提高我們的太低下的科学水平，为了在不太長的时期（原說十二年，現在已經剩了十一年了！），至少在某些科目、赶上或接近世界科学先进水平，（所以要这样，当然是因为沒有較高的科学水平，在今日就不能立国，何况我們还要有独立貢献。）再为了重視知識分子，照顧知識分子，便非讓百家争鳴不可，便非引导着百家争鳴不可。

这个大道理，現在許許多人都見到了。我只想再从历史經驗上講兩句。

我們都讀过历史。我們都知道，不論中外，什么时候就好，什么时候就不好，什么时候学术就發达，什么时候学术就衰落。什么时候学术發达呢？那就是百家争鳴的时候，在中国特別像春秋战国，在外國特別像希臘与近代。什么时候学术就衰落呢？那就是罢黜百家而定一尊的时候，在中国一般說就是汉以后，在西洋就是所謂黑暗的中世。

当然，現在不能尽拿过去来比。但基本上，論其規律，大致不差。

但令虚心，但令客观，但令顧全面，也就是但令精通馬克思列宁主义——辯証唯物主义，什么时候也都可以平心地比一比。

根据人类历史的經驗，心乎國家，心乎人民，心乎学术，号召百家争鳴，貫徹百家争鳴，实在有其最堅强的理由。

何况我們不仅讀过历史，我們也曾參加过革命，或者吃到了革命的果实。我們为什么革命的？我們怎么就能革命了？簡言之革命怎么就能成功了？我們在心里对于一切有关因素一定都不会忘記。

二

号召百家争鳴（为簡單起見，以下許多地方不再把百花齐放百家争鳴并說），一个更堅强的理論上的也是事实上的理由，就是根据真理本身的性質，也根据我們对真理的态度与認識。

我們是，对真理有絕对的信心。对馬克思列宁主义，对辯証唯物主义与历史唯物主义，有絕对的信心。

1957年4月27日《光明日报》刊发本文，作者在报纸上进行过修改常，必須注意用極大努力一切作到恰到好处，作到恰合火候。应該知道好的和坏常常是相反相成的。这也許就是古代所謂中道罢。我深深感到，我們的孔子是作到了这个的，而在今日，我們的毛澤东主席也是能作到这个的。

据我所能領会的，这兩年来，我們的最高領导人的最高指示，在大原則方面，有七点完全互相联系，全可以一以貫之。这就是：1、化一切消極因素为积極力量，2、調动一切力量为社会主义建設服务；3、善巧地解决十种关系；4、重視知識分子、照顧知識分子；5、向科学進軍，提高科学水平；6、百花齐放、百家爭鳴；7、正确地处理人民內部矛盾。

一以貫之，就是貫之以馬克思主义在中国的具体实踐，就貫之以辯証唯物主义与历史唯物主义在中国的应用与發展，就是貫之以適才所說的相反相成的中道。

三

由于以上所說对于真理的信心等等，我便覚得对于人民內部的百家爭鳴，最好不提什么限制。

馬克思主义的領导，辯証唯物主义的領导，不但在我們的国家，就在今日整个的世界，也是当然的，而且是必然的。但在爭鳴之初，我却觉得也不必把这領导問題总挂在嘴头上。老实說，許多人，許多專家也同样，关于这些主义还大有待于进一步的学习，但你一开头，也就是在大家要鳴的一开头，就一定要國家接受这些主义的領导，那就不是一棍子打回去，也必然徒徒流于形式，对事情全無好处。

所以，我們既然主張放，那么，在我們人民內部，不拘誰，要鳴就鳴罢！有可鳴就鳴罢！双方都不需要再有什么怕，什么顧虑。当然，既已到了今天，大家一定都会知道自己是在什么地方，自己是在什么时代。

四

很多人都已說到实現爭鳴的具体条件。这倒是要的。天下本無沒有条件而能实現的事。在許許多爭鳴必要的条件之中，我也願跟着大家强調一点。那就是爭鳴的園地。

更具体說：假使像过去似的，（一）在报紙上，凡是虽然明知其并非阶級异己只是見解不尽相同的人的文章，或者是挨过整、挨过一棍子，但事实上精神肉体并未死的人的文章，就一概不登；（二）或則不論什么公开的学术討論会，有的有关的人請他去，有的有关的人就不約他去，总因一种成見或是成什么什么見什么什么心，对有的明知其已無問題的人却始終連可以使他学習的机会都不肯給他；还有（三）假使主持出版机構的人，总是搶出几乎、对于有的人的著稿，总是左考虑右考虑，而不肯痛痛快快地給以付印的方便，在这种情形下，即便爭鳴，爭鳴园地，究無其会，既無方便，那就誠恐要像过去似地再爭鳴了。

最近所以令人感到非常愉快的，就是情形已不如此，两手是已經放了，开放了，放手了。但不知有的高等学校或研究机关再开会开的学术討論会时是否还会有所偏袒？

联想所及，附帶地來說：現在我們都已知道，主观主义、教条主义、宗派主义，都与真理与百家爭鳴，絕不兩立。換换話，我觉得也还可以說，不拘什么权威主义，不拘什么形式主义，不拘什么关門主义，以至某一种的取消主义，或某一种的虛無主义，都与真理与百家爭鳴与真正的学术發展，不仅仅量的增加，而且有質的提高，也都势难兩立。

五

在大半年来兩度对于百花齐放百家爭鳴以及高級知識分子問題的討論中，我总觉得罗努生先生兩次的發言，不失为明白而有力的例子。

罗努生先生最近在全国政协的發言中提到中国过去的所謂士。有的时候，有的地方，士确實会令人头疼。也是老子書上的名言："治大国若烹小鮮"。士就有的时候很像小鮮。泛泛地说来，中国人当然大大大多数都是好人，中国人民确是世界上最好的人民。可是中国人民过去却有一个特点。就是，就令他沒有別的能力，他却有的时候会来一个消極的不合作，甚至于消極抵抗。中国过去的士就特別長于这个。那便难处的很。对于像屈原、賈誼、楊椒山那类的書生或書呆子或天真过分的傻子，当然好办的很。但过去，一般的士却絕不如此。今日，过去的士是已經过去了。但既有这种傳統風气，至今餘存，那麽对于今日从事爭鳴的，实在也就是一部分担負提高今日学术水平的高級知識分子，便也非有"烹小鮮"的技巧不可。（想我"需不于鲁"！）

可是，从另一方面看，不論对待人，对待事，最最要緊的总不外真、誠、实三个字。就是过去对待士，今日照顧知識分子，当也不外此。但这也許又太天真了。不过，至少当不失为值得注意的一点。

罗努生先生去夏發言講百家爭鳴問題时特別引証到宪法，这也不能不令人感到非常欽佩。

就在这几天，孙晓村先生的文章也有过很合在宪法規定的范围內，什么都可以爭鳴的話。这也是極好的意思。

仿此，最后，我特別願意重复說的也就是：我們爭鳴，一定要根据宪法；根据宪法，我們一定也就都可以爭鳴，而且可以获得爭鳴的机会与条件；再則，不論什么樣言高論，但令根据宪法，但令不違背宪法，便也都沒有什么不可以。还有，弄得人人都重視宪法（条文与精神），人人都念念不忘宪法（条文与精神），便也是我們最要鳴最該鳴的一事。

再多余地贅說一句：我們以我如此，剛剛出医院不久，剛剛大量咯血，呼吸窗外边的新鮮空气，許多事还不大習慣，还知道的太少。語如有說的不得法，不得体的地方，一定只請[illegible]諒。

（4月21日）

性质，也根据我们对真理的态度与认识。

我们是，对真理有绝对的信心。对马克思列宁主义，对辩证唯物主义与历史唯物主义，有绝对的信心。

近来大家也常常提到，真理不怕辩，真理是越辩越明；真金不怕火烧，只令是真金，越烧就越显其为真金。

历史昭告我们，事实昭告我们，我们自己亲身的经验也会告诉我们：真理最后一定战胜！而且与个人的生活生命全不相干。一个人可以死，一个人可以苦，但真理却不因此而怎么样了！

马克思主义诚然才有一百零几年的历史，辩证唯物主义与历史唯物主义诚然才有一百零几年的历史。可是这一百来年的历史，事态的发展，学术的进展，一步一步地已经充分地证实了它。凡是从“五四”前后已经接触到它，而且以后也不断学习它注意它的人，不管是否时时都能体现它，但一定当都能感到它的一天比一天地更被证实的事实，也一定当都会知道它的影响久已一天比一天地扩大，崇信它的人久已一天比一天地加速地加多，以前想驳倒它，想抹杀它，以至于对它采取不睬态度的人，都已无所施其技。

那么，我们当着因它（因素之一）而成功的革命巨迹，当着一个古老的衰国因它（因素之一）而变成了朝气勃勃、方兴未艾的巨国的事实，更当着全地球至少四分之三以上的人口都直接在它的影响之下的时候，我们还对它，马克思主义、辩证唯物主义与历史唯物主义，有什么动摇么？还怕有什么驳倒它么？还怕什么与它争么？还对学术研究学术辩论不敢开放么？就以我国解放这八年多来的进步情形来看，这些顾虑也就都不应该，都可不必了。

我们今日对于马克思列宁主义，对于辩证唯物主义与历史唯物主义，最需要的只有更进一步也更普遍地并更善巧地学习它，更进一步地精通它，创造性地发展它，特别要拿起现代自然科学的新成就以及数理逻辑的新方法来丰富它，来推进它，而且更进一步地来系统化它。当然尤其要紧的更在充分切实地体现它;最必要的就是把它放之四海而皆准的原则原理与我们的具体实际情况与历史特殊条件,最密切最适当地结合起来。而且时时刻刻自己检查,看看有无什么应合而不合的地方。此外,对于什么争论等等,那就全不再需顾虑。当然,兢兢业业,谨慎小心,提高警惕,所谓“自由的代价就是不断的警惕”,确乎时时都是必要的;只是必须注意,千万不可“过敏”了。——真正实践辩证唯物论或唯物辩证法就是这点子困难:必须时时刻刻两面作战,必须时时刻刻防右也防“左”,必须时时刻刻留神要怎样也不要太怎样,必须切实领会老子书上的“反者道之动”,必须注意有一利就可(但令过了)有一弊;必须注意用极大努力一切作到恰到好处,作到恰如其分,作到恰合火候。应该知道好的物事常常是相反相成的。这也许就是古代所谓中道罢。我深深感到,我们的孔子是作到了这个的;创造性地发展了马克思主义的列宁是能作到了这个的;而在今日,我们的毛泽东主席也是能作到这个的。

照我所能领会的,这两年来,我们的最高领导人的最高指示,在大原则方面,有七点完全互相联系,全可以一以贯之。这就是:1.化一切消极因素为积极力量;2.调动一切力量为社会主义建设服务;3.善巧地解决十种关系;4.重视知识分子、照顾知识分子;5.向科学进军,提高科学水平;6.百花齐放、百家争鸣;7.正确地处理人民内部矛盾。

一以贯之,就是贯之以马克思主义在中国的具体实践,就是贯之以辩证唯物主义与历史唯物主义在中国的应用与发展;就是贯之以适才所说的相反相成的中道。

三

由于以上所说对于真理的信心等等,我便觉着对于人民内部的百家争鸣,最好不提什么限制。

马克思主义的领导,辩证唯物主义的领导,不但在我们的国家,就在今日整个的世界,也是当然的,而且是必然的。但在争鸣之初,我却觉着也不必把这领导问题总挂在嘴头上。老实说,许多人,许多专家也同样,关于这些主义还大有待于进一步的学;但你一开头,也就是在大家要鸣的一开头,就一定要限定接受这些主义的领导,那就不是一棍子打回去,也必然徒徒流于形式,对事情全无好处。

所以,我们既然主张放,那么,在我们人民内部,不拘谁,要鸣就鸣罢!有可鸣就鸣罢!双方都不需要再有什么怕,什么顾虑。当然,既已到了今天,大家一定都会知道自己是在什么地方,自己是在什么时代。

四

很多人都已说到实现争鸣的具体条件。这确乎要的。天下本无没有条件而能实现的事。在许许多争鸣必要的条件之中,我也愿跟着大家强调一点。那就是争鸣的园地。

更具体说:假使像过去似的,(一)在报纸上,凡是虽然明知其并非阶级异己只是见解不尽相同的人的文章,或者是挨过整、挨过一棍子,但事实上精神肉体并未死的人的文章,就一概不登;(二)或则不论什么公开的学术讨论会,有的有关的人请他去,有的有关的人就不叫他去,总因一种成见偏见或什么什么见什么什么心,对有的明知其已无问题的人却始终连可以使他学习的机会都不肯给他;还有(三)假使主持出版机构的人,总是怕出乱子,对于有的人的书稿,总是左考虑右考虑,而不肯痛痛快快给以刊印的方便。在这些情形下,所谓争鸣,既无园地,既无机会,既无方便,那就诚然要像过去似地确乎难了。

最近所以令人感到非常愉快的,就是情形已不如此,确乎是已经放了,开放了,放手了,也放心了。但不知有的高等学校或研究机关再开公开的学术讨论会时是否还会有所拒绝?

联想所及,附带地要说:现在我们都已知道,主观主义、教条主义、宗派主义,都与真理与百家争鸣,绝不相容。换句话,我觉着也还可以说,不拘什么权威主义,不拘什么沙文主义,不拘什么关门主义,以至某一种的取消主义,或某一种的虚无主义,都与真理与百家争鸣与真正的学术发展,不仅仅量的增加,而且有质的提高,也都势难两立。

五

在大半年里两度对于百花齐放百家争鸣以及高级知识分子问题的讨论中,我总觉着罗努生先生两次的发言,不失为明白而有力的例子。

罗努生先生最近在全国政协的发言中提到中国过去的所谓士。有的时候,有的地方,士确很会令人头疼。也是老子书上的名言:“治大国若烹小鲜”。士就有的时候很像小鲜。泛泛地说来,中国人当然大大大多数都是好人,中国人民确是世界上最好的人民。可是中国人民过去却有一个特点。就是,就令他没有别的能力,他却有的时候会来一个消极的不合作,甚至于消极抵抗。中国过去的士就特别长于这个。那便难处的很。对于像屈原、贾谊、杨椒山那类的书生或书呆子或天真过分的傻子,当然好办的很。但过去,一般的士却绝不如此。今日,过去的士是已经过去了。但既有这种传统风气,至今传说,那就对于今日从事争鸣的、实在也就是一部分担负提高今日学术水平的高级知识分子,便也非有“烹小鲜”的技巧不可。(恕我“儗不于伦”!)

可是,从另一方面看,不论对待人,对付事,最最要紧的总不外真、诚、实三个字。就是过去对待士,今日照顾知识分子,当也不外此。但这也许又太天真了。不过,至少当不失为值得注意的一点。

罗努生先生去夏发言讲百家争鸣问题时特别引证到宪法,这也不能不令人感到非常钦佩。

就在这几天,孙晓村先生的文章也有过但令在宪法规定的范围内,什么都可以争鸣的话。这也是极好的意思。

仿此,最后,我特别愿意重复说的也就是:我们争鸣,一定要根据宪法,根据宪法,我们一定也就都可以争鸣,而且可以获得争鸣的机会与条件;再则,不论什么放言高论,但令根据宪法,但令不违背宪法,便也都没有什么不可以。还有,鸣得人人都重视宪法(条文与精神),人人都念念不忘宪法(条文与精神),便也是我们最要鸣最该鸣的一事。

再多余地赘说一句:我因卧病初愈,刚刚出医院不久,刚刚大见阳光,呼吸到外边的新鲜空气,许多事还不大习惯,还知道的太少,话如有说的不得当、不得体的地方,一定应请特别原谅。

四月二十一日

(原载1957年4月27日《光明日报》)

我的教育、职业、活动

由小学而中学，而大学预科、大学本科，我都已教过。还有补习学校、业余夜校等。我的主要科目只是数学，哲学不过是我的副业而已。

我尽力显扬或介绍了不少新思想、新理论、新哲学、新科学、新人物、新事、新物、新书、新期刊。

一九六七年

我的教育、职业、活动

1893年(光绪十九年)1岁(虚龄,下同)

6月15日(五月初二),生于直隶(河北)省献县的东北乡小垛庄。

家庭是一个小地主,约有地200多亩。父亲名濂,号众清,后来晋京赶考,中了进士,做了翰林。辛亥革命后做过众议院议员。母亲姓赵。

据张氏宗谱记载,张家祖籍"山西洪洞大槐树",是明永乐年间的移民。

1899年(光绪二十五年)7岁

由父亲帮助开始识字。因是长子,父亲属望很高,执教颇严。

1904～1905年(光绪三十年至三十一年)12～13岁

入村塾读书,读过《诗经》、四书和《礼记》的一部分。

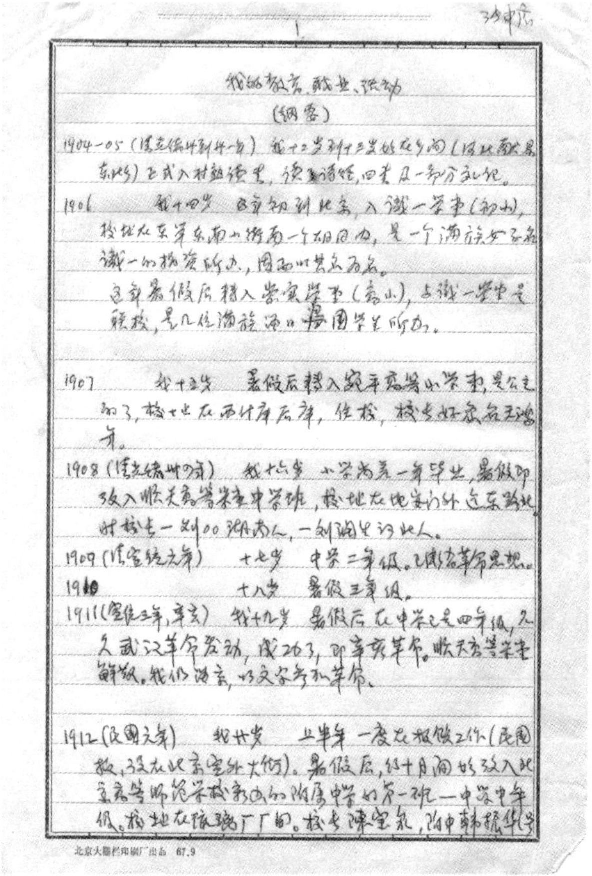

作者1967年“文革”中所写“交代材料”底稿

1906年（光绪三十二年）14岁

年初始入北京，进一初等小学"识一学堂"，校址在东单东、南小街南的一个胡同内。学堂是一个满族女子名识一的捐资所办，因而以其名为名。

暑假后转入崇实学堂，是高等小学，与识一学堂联校，是几位满族留日归国学生所办。

同学们年纪都比我还大，我几乎跟不上班。年考时名列倒第二三！

张申府的父亲张濂

1907年（光绪三十三年）15岁

上半年仍在崇实学堂，成绩仍劣。暑假回乡，始渐知读书自修。这时我已很喜欢数学，几乎每天都拿着一本《算术教科书》（记得是从日文翻译出来的）读，演习算题。

9月间又到北京，插入公立的宛平高等小学堂（前两个学校都是私立），校址是现在西什库后库第四中学的旧址，校长好像名王鸿年。

这时我开始住校，甚勤奋，虽然同宿舍的几个同学都极荒荡，我却总是一个人躺在床上读教科书（当时宿舍里无桌子）。

1908年（光绪三十四年）16岁

上半年继续在宛平高等小学，勤读如前。到暑假未待小学毕业（尚差一年），即考入顺天高等学堂中学班（乙班），而且名列第一。这所学校是当时北京很有名气的学堂，由顺天府尹陈璧创设，校址在地安门外兵将局。

进了中学开始学英文，但我当时竟很不喜欢它，口音又极坏，于是成绩又下降了。以后直到三年级才转过来，英文的学习方上了轨道。

在这个中学里，我开始有了革命思想。同班中最接近的同学有朱羲胄（号念黄，又号悟园，湖北人）、李毓（号成章，四川开县人）、李光宇（号阐初，北京宛平人）、刘同度（浙江兰溪人）四人。朱年最长，是当时最有革命思想的，由他的名号已露出来。因为那时的革命只不过是反清排满的民族革命，对于马克思主义社会主义革命还一点也不晓得，只由读了一套日人辛德秋水的书（译本）知道了一点无政府主义。后来最喜看的报纸就是于右任（笔名骚心）在上海所办的《民立报》，它就是鼓吹排满反清的。当时我也曾学着给它投稿。

在顺天高等学堂的同学中，有两人已被公认为怪人。一个就是梁漱溟。他学名梁焕鼎，与我同岁，但学级比我高两年。在学校时并无来往，出校以后，1912年（民国元年）春，在一个报馆曾在一起，以后就慢慢越来越熟了。1936年春，我为抗日被宋哲元囚禁陆军监狱，为营救我，他曾出了不少力量，但两人的思想究竟有许多不同处。另一个为梁漱溟所极佩服的郭仁林（原名人麟，号晓峰），年长于我，学级也比我高两年。在学校时虽常逢见，却未交谈过，后来不知为什么，竟成了我一生一个最好的朋友。

在顺天高等的教职员中，我还记得有一个校长刘润生，是河北人，后来做了官。有一个地理教员周震鳞，湖南人，大概是同盟会员，是比较有革命思想的。另一位国文教员瞿羹梅，曾有著作。

顺天高等学堂已有图书馆（当时还叫藏书楼），还未完全公开，但我已常去借书看。我向图书馆借阅参考书，已从那时开始了。

1909年（宣统元年）17岁

继续在顺天高等学堂读书，暑假后二年级。

1910年(宣统二年)18岁

暑假后三年级。

1911年(宣统三年,辛亥)19岁

继续在顺天高等学堂学习,暑假后已是四年级。但暑假后不久(10月10日),武汉倒清革命爆发了,全国大震动,是即辛亥革命。青年学生当然最受影响,稍有思想的群起而剪辫子,我也剪了。因此乃大为家庭所不满,几几乎见逐。后来形式上的见逐虽未果,但实际上却断绝了经济关系。不久革命成功,学校解散了。许多北京的官眷们纷纷还乡,但我一人仍留在北京,住西什库后库的一个农学会里。想不起来怎样同在天津活动的京津同盟会所办的一个小报发生了关系,接连不断地给它寄了不少短东西发表。报的名称是《民意报》,记得主办的人是赵铁樵,四川人。我当时则自己起了一个名字,叫张弓,号见素,并印有名片——这个名和号都是根据《老子》书起的。《老子》中有一章中曾说:“天之道其犹张弓与?高者抑之,下者举之;有余者损之,不足者补之。”(七十七章)又在一章说:“见素抱朴,少私寡欲,绝学无忧。”(十九章)大概我当时对《老子》虽不真懂,而甚喜读。后来并曾以一本套版精印的严复作的《老子注》送给京师图书馆。这本现在已很不易得的小书,北京图书馆还保留着。

年底,遵父命回家完婚,妻姓朱。

摄于1911年前

1912年(民国元年)20岁

上半年各学校都还未开学,我乃在

京津同盟会人所办的一个《民国报》馆里工作了一个时期。这个报当时刚由天津迁到北京不久，馆址设在宣武门外。我就住在报馆里。前说的顺天高等学堂同学郭仁林、梁漱溟也在里边做编辑。我的工作则是有时在报尾“零金碎玉”栏写些短东西，有时也作外勤，写报道，这时的笔名是“赤子”。

这年暑假后，学校陆续开学了，但顺天高等学堂却停办了。我乃赴保定，住在妻家，插入育德中学，但这个学校程度很差，我上了两个星期，感到不合适，遂转到天津，投考南开中学，竟未被取。于是再到北京，考入北京高等师范学校附属中学。时高师校长是陈宝泉（号筱庄）；中学主任是韩诵商（名振华），日本留学生，刚回国的。两人都是天津籍，都属严修（号范孙）系统。那时附中刚开办，校址设在琉璃厂海王村北，即现在附小的旧址，其前身就是北京有名的“五城学堂”。附中开办时只有两班，我在第一班，算是四年级。当时我住在同学李光宇家里，其家就在琉璃厂西口外迄北北柳巷，离学校很近。每天上学都要经过旧书铺林立的琉璃厂，我喜欢搜购旧书大概就始于那时了。但那时买书的范围很窄，主要所买的不过旧中算书。此外只买过一部当时认为印得还比较好的汪中的《述学》，大概是因为国文教员曾介绍过这部书。

在附中，我的成绩也是最优的，除了背诵教本外，平常也看了不少参考书。我知道许慎《说文解字》，喜欢“小学”，也始于此时，大概也是受的一位国文教员的影响，可惜其姓名全不记得了。这时除读书外，并同同学们组织了一个“致知学会”，目的是互相帮助，互相鼓励，互学相长。我从事学生活动也就在那时开始了。

1913年（民国二年）21岁

上半年继续在附中学习，但我已移家骡马市大街贾家胡同，租了两间房子，从家乡接来妻子朱德依同居，她上了一个小学补习。

到这年暑假，未待中学毕业（当时中学五年毕业），我就考上了北京大学预科。暑假后便又把妻子送还乡，我寄宿校中。那时预科设在北河沿，算是北大的第二院（后来改作第三院），即前译学馆故址。我上的是预科第二类，即理科的预科。但这时我又不大正经读正课，专好看课外参考书。那时北大的图书馆还叫藏书楼，设在马神庙北大第一院（本科所在地）后边的所谓四公主梳妆楼，还没有公开，只可以借阅，并没有阅览室。我常从北河沿跑去借书，有时甚至借阅并不大看得懂的书，如德文的《数理百科全书》之类！这成了我一生从小即养成的一个习惯，总好看不大看得懂的书。至于我认为最好最重要的书，常常什袭而藏，就不肯轻易一看了，总想着要等着洗心静虑，郑郑重重地、从从容容地好好看看。这样子，便常致我认为好的书，反而搁置多年不看！

那时我虽不大正经读正课，学期考时，虽已很不加以重视，但仍考得很好（据说是第二名）。当时连我自己也感到出乎意外。大概除数学外，我那时的国文作文还好，除像中学时那样常发怪论外，又好作长篇大论。在班里也显出是一个有些调皮的学生。

1914年（民国三年）22岁

上半年继续在北大预科学习。但很贤慧的原配妻子朱德依因产后风在家乡死了（比我少一岁），对我一生有不小的影响，至少在生活方面。但我当时在读书买书上依然如旧，并没什么变动。大概就在那时，我除了买些不贵的中文算书外，已开始买日文算书。当时在琉璃厂中间海王村略偏东有一个作新社，是日本人开的，由一个中国人给他管事。我记得最早买日本书是在那儿开始的。特别是买过二十来本由当时日本数学泰斗东北帝国大学教授林鹤一博士主编、由博文馆出版的《数学丛书》。可惜这些书，除一两本外，竟和以后所买的长泽龟之助所编、印装都很精致的一本《世界数学家象传》以及日本和算史家元宿远藤利员著的《日本数学史》的原版以及其由三上义夫经营的增修版等等，在抗日战争时全部丢了！我对于日本帝国主义越来越感到痛恨，这也是原因之一。同时也可见，我对日本有成就的学者与其著作，本一直是重视的，特别对其进步的学者，如故小仓金之助等，总是怀念不忘。与三上义夫也曾通信多次。

到了这年暑假后，我又未待预科毕业（当时预科两年毕业），提前一年，临时自己换了个名字（张砾），考上本校本科。我本是要学数学的，但是照章程考理科要有预科毕业文凭，考文科则否。所以我就考入了文科，进了哲学系（那时叫哲学门）。不久又恢复了原名崧年。可是我还想学数学，所以在哲学系不到两月，我就申请转理科数学系了。数学系主任是冯祖荀（号汉叔）先生，我本已同他认识，在预科时曾旁听过他的课。在讲堂上他尝故意向我发问，我总是对答如流。因他知道我对数学已入门，所以一申请转系，便破例照准了。

可是到了数学系，我又不能忘情哲学。所以对数学正课常不大用心理会，而纵情读哲学书，尤其逻辑书。逻辑这个名字，自从民国元年

1914年原配夫人朱德侬去世后制作的合成照片

(1912),从章行严(士钊)先生在《民立报》上发表的文章中我已经很熟悉。同时也读了些严几道(复,又字又陵)自己的译著。所以我以后所最重视、最集中学的只是数理哲学,数学的哲学,数学基础,而最中心在数理逻辑或称数学的逻辑,也就是数学样的逻辑,或数学里的逻辑,或数学所用的逻辑。也可以说,我所学的是兼乎数学与哲学的,也是介乎数学与哲学的,是数学与哲学之间的东西。

为此,我自审不过好奇而已。但我又极爱好数学史,对数学故事、数学人物,至如数家珍。

可以说,在北大数学系三年里,只有数学史一门课,我的成绩是最优的。别的课则差不多都不能不令我想起来汗颜了,尤其是化学一门!

1915年(民国四年)23岁

继续在北大学习,暑假后二年级。

自从进了本科,我就寄宿在马神庙西头路北的西斋的最后一排房子,所谓寒字号里。上课的地方就在马神庙街中间,即所谓第一院,红楼建起后改称第二院,也即理学院。

这时成立了同学会,我又开始了学生活动。记得开会时我做过主席,像煞有介事地作过一次报告,别的就全不记得了,大概是所谓理事之一。

大概就在这一年,北大的图书馆已准备公开阅览了,仍在所谓四公主梳妆楼。一个大阅览室就在楼下的大厅中间,厅的后面和东西两侧都是向外的书架子。楼上是中文书的书库,外文书都摆在东西北三面的架子上。按分类从东面架子排起,哲学书与数学书就排在东侧和后面(北边)的东头。我那时还不大看中文书,所以绝少上楼。我那时有了"特权",经常在馆的东侧和后边就架读书。那时进馆看书的同学还是很少的。可以说,我得以博览,我很熟悉书,主要就是由于北大给了我这个就架读书的便利的缘故。这使我永远感激,永远不能忘情。我还记得,就在东向的架子上,摆有一套红皮金顶中型的数学丛书,是美国芝加哥一个叫Open

Court的书店出版的。由此我知道了这个书店,也由此我知道了这部丛书。不久我就托一个设在灯市口的叫郭纪沄的文具店给订来不少书。可惜这些很不错的书,在抗日战争时期,除了两套以外,也全丢了。

这个Open Court书店,当时除书以外,还出有两种期刊。一种期刊,就是*Open Court*(《公开法庭》);一种季刊,叫*The Monist*(《一元家》)。特别是这个《一元家》季刊,当时曾多年是讲论哲学问题的重镇。罗素那时就在这个期刊上发表了不少文章,差不多一直到1919年。我也就是在这时从这个《一元家》季刊,并从伦敦出版的半小型丛书《家庭大学丛书》(HUL)知道罗素的。那时罗素那小套至今还在重印风行的《哲学问题》已出了四年了(标为1912年11月出版,但常被引为1911年。这个《家庭大学丛书》是1911年始出的。后罗素自称他"此书是在1912年初写的,那时中国还是帝国",此中显然至少必有一误)。

1916年(民国五年)24岁

暑假后在北大已是三年级。蔡元培(孑民)先生来校,[①]中国的更进一步的革新接近了。欧洲的大战,也就是第一次世界大战已到了第三年,罗素与罗曼·罗兰的反帝国主义战争的活动也更积极了。那时,我已自己买来了不少本Open Court出版社出版的那两种期刊,从*Open Court*月刊的广告中知道罗素要出一本《战时的正义》,看到了他的像片,也是从这年起,伦敦G.Allen& Unwin书店开始成了罗素著述的英国的出版者。还在《战时的正义》之前,开始出了罗素那本《社会改造原理》。罗曼·曼兰的两本反战论集《在战斗之上》与《先驱者》,其英译本在当时也是由英国这家出版商出版的。这两本书,我当时都买过读过。

大概就是在这年暑假前夕,我忽然发动了一个"不考运动",号召只读书学习,不考试,不要文凭。可是响应者寥寥。但我既倡之,就应引之。

①蔡元培正式就任北京大学校长的时间是1917年。——编者

于是我那学年就有几门功课没考。到了第二年暑假，三年肄业期满了，我还有几门功课没考，有的功课等于交了白卷。因此我在北大本科，只能算肄业了三年，或者可算选科毕业，是没有正式毕业的。

蔡孑民校长民国元年（1912年）做教育总长时，在那年暑期开办过一个讲学会，请了很多人，如章太炎（炳麟）、顾养吾（澄，此人晚节未保！）等等讲学，记得我那时已听过他的讲演。这时他到北大不久，我就拿一篇写得很长的论文送他看（题目不记得了，也许是讲美学问题，总之不出哲学范围）。还拿法国十九世纪的天才美学家居友（J. M. Guyau，一译经约）所著的一大本《从社会学观点看的艺术》的日文译本借给他（此书也已多年不见）。而且谈起外国学术来，我总是头头是道（!），因此种种，所以我在学校的正课虽很不好，但学校当局仍一般认为我成绩最优！有一次在校长室里蔡校长还给我介绍认识了李石曾。那时李正提倡一种什么教育工会。蔡校长当面对他说，我很赞成他的教育工会。从那时起，我有一个时期曾同李很熟。

大约是在这年冬或第二年初，蔡与李等在东城办了一个孔德小学，蔡先生并叫我去教书，我记得一直教到了第二年暑假。蔡先生的女儿和儿子和李石曾的儿子等，都在这儿上学。本来我在附中学习时已曾代替同学李光宇在崇文门外的三里河小学教过一个时期书，同几十个小学生混得很熟。这时教小学已不是第一次了。

1917年（民国六年）25岁

到暑假，我在北大理科数学系已肄业三年期满了。如前所说，都未正式毕业，当然没有文凭，但至此我的学校教育也就完全结束。初小、高小、中学、大学预科、大学本科，我都上了，但都是跳跃的，没有一个毕过业。这年暑假后，北大还办过一个文科研究所，我也曾挂了一个时期名，但不久也就不了了之了。

这时，李守常（大钊）已在前一年从日本回国了。先被一些有极保守思想而想投机的人邀去负责创办并主编《晨钟报》，这就是以后《新晨报》《北京晨报》《北报》的原身。当时散发的一张《〈晨钟报〉创刊旨趣书》也就是李守常所写的。但报出世不久，他就因报馆一些人意见不合不干了。大概就在这年前后他办了一个神州学会。有一天李守常曾在当时经常被借作会场的湖广会馆（在虎坊桥路南）举行了一次讲演会，请了几位被当时有思想的青年们共仰为思想界名流的来讲学。记得有蔡孑民（元培）、陈仲甫（独秀）、章行严（士钊）、张溥泉（继）、李石曾（煜瀛），这几人中只有蔡会讲演，有法、有物、有声调、有节奏。别人都不大行。只记得蔡先生讲的题目就是"以美育代宗教"。张溥泉讲的就是法国美学家居友。别人讲的题目，我都不记得了，没有留下印象。张溥泉讲居友，虽然也没讲出什么，但却因此更引起我对居友的重视与爱好。那时我同李守常已经熟识了，大概就是由于他的乐亭同乡、我的老同学郭晓峰的介绍。

1917年上半年李守常曾主编章行严所办的《甲寅日刊》。报馆设在东城，我也常去。那时李守常好像就住在报馆里。我曾在报上也写过一篇长文《青年问题》，就登在社论栏。我总觉着这是我一生所写的几篇比较有物的东西之一，但多少年来一直未再找着这个报。以后我常讲青年问题，这篇实发其端。

暑假期间，胡适之也从美国回国了。他在美国已应聘来北大教书。到校后开始先住在西斋前头的教员宿舍两间南房里。那时他因在《新青年》杂志写过一篇《文学改良刍议》，提倡白话文，并作白话诗，正有名气。我也因在他的留美同学任鸿隽、赵元任、胡明复、杨铨等人成立的中国科学社所办的月刊《科学》上投稿，在这年3月也成了社员。胡大概已知道了我，所以我第一次找他时，就谈了两三小时。其实他这个人，除了立场观点以外，主要特点就是擅长交际、健谈，写文章能够一清如水。至于对西洋哲学，我却感到他实在并不很熟悉。思想的深入和前进，就更说不上了。

这年暑假后，我以助教的名义留校工作了，在南池子中间租了两间房子住。大概每月薪水是七十五元。时学校办了一个补习班,设在马神庙本校的西跨院里,由我们几个毕业生来教。我虽正式说并未毕业,却总是照毕业生待遇的。当时我教数学。第二年由我们几个毕业同学另在地安门外方砖厂租了一所房子,改办了一个补习学校,每人每周教8小时,拿80元。由李季住校兼管事务。大概办了有一年。李季翻译柯卡普的《社会主义史》,也就在此时,记得我曾帮他改过一部分,特别是在译名上,但未暇尽改,例如傅立叶(Fourier),我总记得没有改,感到后悔,因为这本书的译名后来都通行了。

1918年(民国七年)26岁

仍教补习班。上半年李守常由章行严介绍,代他任北大图书馆主任。这时图书馆还在四公主梳妆楼(大概是马神庙本校正院最后一座楼房),馆员办公室就在楼前东厢房里,只有不大的三间。当时的馆员我只记得还有高仁山,他后办艺文中学,被人暗杀。

大概就在这时我才听过一次章行严讲逻辑,他写的文章太精辟、精审、精彩了。他办的《甲寅》(月刊)、《独立周报》,特别是《甲寅》(月刊),极为当时青年所爱读,但教书却实非他所长。

也就是在这时,北大由教育部商妥了一笔款,决定由学校送八个人到国外去进修,每年一人。四个教员,四个毕业生。四个教员依次是朱家骅、周作人、刘复(半农)、陈大齐;四个毕业生头一个就是我。当时我填的志愿学习的本是美学,但学校指定我学图书馆。可是快要轮到我去的时候,就听说钱已没有了。因此我虽自己也爱图书馆,而图书馆学却竟未得正式学成。

到了暑假,李守常的习惯要回乡入山小休,得到校当局的同意,图书馆事由我暂代。这年暑假末期,沙滩红楼盖成了,决定校长办公室与文科与图书馆都要搬过去。所以北大图书馆第一次的搬家也是由我同大家料理的。当时图书馆设在红楼的第一层。东头东南角上那两间作为图书馆主任室，也可以说就是那些年许多新运动新事物的发祥地。楼西头一大间是当时的大阅览室，中间靠北边的几个小间则是书库。以楼说，当时也算辉煌了。现在看来，却只能说因陋就简，足见创始之不易。所谓“筚路蓝缕，以启山林”，时间的要素总是必要，任何事，大概但令基础对，方法对，方向对，路对，领率对，总是作始也简，以后就逐步巨大了。

这年暑假后，我开始在红楼教预科的逻辑了。用的教本是杜威的《我们怎么想法》(*How We think*)。竟不受学生欢迎，失败了，乃改在图书馆办事。李守常既本非搞图书馆的，于是那时几乎馆内凡多少带专门性质的事，都由我负责，由买书以至编目。当然都简陋极了。也属势逼处此，使我不得不在数学、哲学以外，更买些图书馆学书看。

这年下半年，杨怀中(昌济)老先生也从湖南来北大教书了(教伦理学)。毛泽东(字润之)也同来了。因在北大旁听，为维持简单的生活，也在北大图书馆工作了一个时期。当时已表现出是一非常人。第二年在“五四”前即回长沙，办自修大学，开始革命活动了。

这时，我大概已参加了《新青年》编委会。就在这年冬，一天，在图书馆主任室同李守常与陈仲甫闲谈中，感到月刊已不足以应付当时急遽开展的革命潮流，遂即决定再办一周刊，并即商定由守常与我负校印责任。这就是《每周评论》的开始。接着邀集了十几个人在二楼国文学教员休息室开了一次会，每人出五元作印刷费，并由图书馆一同人郭须静出名登记。于是在北风正吹的时候，《每周评论》出版了。这个刊物在开始原是比较左的，但第二年“五四”运动以后，竟转移到胡适之手里，纵出了多谈问题少谈主义的退却言论，使统治者感到你已不敢斗争，反而更加速了被查封！

《每周评论》可以说对“五四”运动有最直接的正面推动作用。马克思与恩格斯的《共产党宣言》也第一次在上面有了公开的介绍、简短的摘译。罗素的著作也第一次在它上面有过长篇的译文。但这个刊物算起来只正式出了三十六期，第三十七期印好了，而未得正式发行。

1919年(民国八年)27岁

继续在北大图书馆工作。我工作的那间房子牌子是“登录室”,其实那时凡外书的选购到编目分类都是由我管。暑假后我又兼教预科数学与逻辑,不再用教本。

这年5月4日,“五四”运动正式开始了。这时俄国十月革命的影响也已到达中国。在去年冬我已同李大钊等发起创办了《每周评论》,既又参加了《新青年》编辑委员会,又在这年冬随李大钊创立了马克思主义小组,常利用北大教室,在晚间开会,学习马克思主义理论。

1920年(民国九年)28岁

暑假后我已是北京大学讲师,当时听说是陶孟和先生推荐之力为多。我所讲的仍是逻辑,记得是在北大第三院(北河沿,译学馆的旧址)大礼堂(雨天操场)上课,听课的有二三百人。

由春天起即在北京同李大钊与已转回上海的陈独秀(原北大文科学长,《新青年》创办人)通信商量组织共产党。不久第三国际代表魏琴(前译作魏金斯基)也到北京,又转上海,党的筹备即告开始。

9月间,英国哲学家罗素要来中国讲学,因为北大也是一个出名邀请者,我当衔学校之名前去上海迎接,并与陈独秀会晤,商量党的筹备工作。后罗素到长沙等地讲演,我便先回北京了。不久,罗素又来到北京。

两年前学校已指定我由学校资送出国进修,后因经费不足取消,但在这年秋冬我另有了一个出国学习的机会,就是到法国里昂大学将成立的中国学院去教书。于是在11月间我便从北京再到上海准备赴法。

到上海后,我仍住在法租界渔阳里的陈独秀家里。这就是当时中国共产党筹备时期的中央所在地。这时在上海的党员,我所记得的除陈独秀以外,还有施存统、沈雁冰、杨明轩、沈玄庐、陈望道等。

11月底,我搭船从上海经过香港、新加坡、西贡、哥伦布、苏伊士运河前往法国马赛。我的出国护照是用的北大校长蔡元培的秘书的名义。同船的除蔡先生以外,有北大同学李光宇(阐初)、徐彦之;北大教授陈大齐(伯年),他是要到德国去的;另有刘清扬及一熟识的女生王慰真;郑毓秀(老法国女留学生),随同她的十几名女生,以及汤尔和等等。

12月末到了法国马赛港,船走了整三十天。在马赛未停留,乘火车直达里昂。在里昂住了一夜,第二天又乘火车到了巴黎。这正是1920年冬日。

这时里昂大学的所谓中国学院还未开学,我便在巴黎住下了,住在一个叫学校路(rne der Ecoler)的五十号的公寓里,正对着巴黎大学的文理学院,通称为"索尔朋"(Sorbonne因十三世纪中一个叫索尔朋sorbon的牧师所设的神学院的旧址而得名)。

1921年(民国十年)29岁

这一年我完全在巴黎,除了一度请师补习法文以外,常是买书自修读报。巴黎大学完全是公开的,我因正住在文理学院的对面,前去听讲甚便。此外设在巴黎市市中心的法国国家图书馆还有拉丁区(巴黎高等学校所在的一区)的一个普通图书馆也是我常去借书阅读的地方。国家图书馆借书要经过使馆介绍,取得借书证;拉丁区图书馆可以随便进出。

我出国虽是随同蔡元培校长,并用着他的秘书的名义,但到了巴黎,我只代他买了一次书,此外再未给他作什么。李石曾等本还在巴黎办了一个华法教育会,照料响应他的号召而来法勤工俭学的学生事宜,我也只偶然前去帮过忙。因为这个机构是设在巴黎西郊,并不在城里。

时周恩来已先到法,刘清扬与我同船来。他俩都是天津方面"五四"运动的最积极分子,觉悟社成员,在北京时久已熟识,这时遂即介绍他们入党。不久赵世炎与吴明(陈公培)也到巴黎,他俩在国内已是党员。在法国的党员已有五人,于是便成立了旅法支部。

这时我的作为中国学院的薪金,每月领到八百法郎生活费,即当时中国公费留法学生的数目。到了这年10月，中国学院要开学了，院长吴稚晖要我到里昂。那时正有一部分勤工俭学学生要进中国学院，吴稚晖拒绝不收，更进而勾结法国政府，强迫把一百零四名中国学生用船遣送回国（我记得其中有蔡和森、向警予、李立三、李维汉、陈公培等）。我遂愤而不肯到里昂，而吴稚晖也就立即把每月给我的八百法郎生活费停发了，使我旅居生活一时感到十分困难。

我出国前本曾答应《北京晨报》（《新晨报》）写通讯稿，但只写了一两次就中断了。这时陈独秀给我汇了两次钱，共三百法郎，作为给《新青年》投稿的稿费。生活不能维持，后乃翻译了维也纳大学狄令格（Thirring）教授作的一本《相对论大意》（*Die Idee der Relativitätstheorie*），经时正旅欧的前北大教授章士钊介绍给商务印书馆，得了一笔稿费，赖以度过一时，此书却始终未出版。

这时正当"五四"运动青年学生奋起之后，由于李石曾的鼓吹，一时前往法国勤工俭学或只俭学的学生多极了，许多都是当时有进步思想的。中国共产党旅法支部成立后，又发起了共产主义少年团，一时有五六十人。前说的被遣送回国的一百零四人中许多都在里头。另外，我记得的还有李富春、聂荣臻以及后来变得极端反动的任卓宣（即叶青）等。我并同周恩来、赵世炎办了一个小小的油印刊物《少年》，作为机关刊，募得纸张费一千法郎，也是从章士钊（行严）先生募得的。在刊物上周恩来用的笔名是伍豪，我用的是一个R字。

我和刘清扬同船到法国。到巴黎后，虽未住在一起，实际即开始同居了。我原在1919年"五四"运动时已同她认识，第二年（1920年）便渐渐熟了。那时在天津南开中学，成立了一个觉悟社，刘清扬与周恩来、邓颖超、郭隆真、张若名、李峙山、谌小岑等等，都在里边。1920年夏，他们曾一起到北京访问，在陶然亭举行了一个招待会，由刘清扬主持，李大钊和我都曾应邀出席，我还讲了话。从此同刘清扬便更熟了。当时天津方面的进步青年所以知道我，据说都是由于李大钊到天津讲演时曾极把我揄扬的缘故，现在回想起来，真使我惶惭无地。

那时觉悟社人到法国勤工俭学或俭学的有十来人（多数是俭学）。他们虽多住在巴黎城外，也还常能见面。有一个时期刘清扬住在巴黎南的一个小城市里学法文。我也曾去过几天。

这时我在巴黎常见到的中国学生，除以上说到的以外，还有刘半农，也是北大教授，就是上边说到的由学校指定资送出国进修的四个教师中的第三名。于此应该补述：其中第一名是朱家骅，赴德；第二名是周作人，到苏联；第四名就是前已提及的和我同船来欧的陈大齐。第五名本定是我，如前所说，乃钱没了作罢。这时刘半农全家都在巴黎。

北大学生中当时在巴黎的有许德珩，他也是比我先到法的。以后他同一个湖南女生劳君展结了婚。劳君展和她的同乡女生魏××，也是同我同船来法的。后魏和许德珩的同乡同学周炳琳结了婚。许和周也是“五四”运动中的人物。

此外，我当时在巴黎常逢到的还有李璜、周太玄，以及曾琦。他们和我及许德珩，原都属于“少年中国学会”。我到法不久，便因彼此的倾向不同，渐渐明了了，从此疏远了。他们都成了狭隘的爱国主义者，也即国家主义者，回国后办了一个《醒狮报》，成立了国家主义青年党，就越来越反动了。但其中周太玄，不知何时转了向，参加了农工民主党。少年中国学会原有一部分人是进步的，李大钊烈士就是其成立时的主要负责人之一。但到了1921年，少年中国学会就分裂了，垮了。

在巴黎时，我还记得，曾参加过一次“五一”劳动节游行（在巴黎东郊），并听过当时法共领导人之一加善（M. Cachin）的讲演。

1922年（民国十一年）30岁

到了这年，每月既无固定收入，在法国再过不下去了。听说那时德国因马克跌价，物价甚贱，每月但有中国钱二元，便可过得颇为优裕的生活，便同刘清扬与周恩来商定，转移到德国去。2月初即一同搭乘火车，经过比利时，到达德国首都柏林。在柏林不像在巴黎一样，不再是住公寓，而是住在人家里。房子设备都整洁得很。

当时德国不但日常生活费用、旅行车费，对外国人说，都非常便宜，尤其德国书一时更便宜得厉害。这时我是经常跑书店买书，也常到设在菩提树下、大街东头的普鲁士国立图书馆去看书。这个德国最大的图书馆，不但藏有德国书，也藏有不少英文书，并有已经绝版、外间不易找到的小册子。

那时德国生活既便宜，中国青年学生也去得多极了。在我们去以前，在柏林的中国共产党员已有一个张伯简，以后，他又介绍了一个老德国留学生、学德国文学的谢寿康，以及熊雄（江西人）。我遂与周恩来与刘清扬成立了旅德支部，加上了张伯简、谢与熊，共得六人（谢不久即又退出）。到了这年下半年，便又逐渐加多了，陆续增加了郑太朴、高语罕、章伯钧、廖焕星、孙炳文等。他们都是在国内已入党的。此外还有住在德国南部福兰克府的李季，也是出国前已入党的。他专门搜集马克思著作，我曾去找过他一次。郑太朴、高语罕、孙炳文等人，是经常住在柏林西南不远的有著名大学的小城市哥廷根（Göttinger），有时也常到柏林来，我也到哥廷根去过。当时在哥廷根同他们在一起的，记得还有高语罕的安徽同乡施逸等，以及同孙炳文一道到德国的朱德夫妻二人。朱德不久也就被介绍入党了。

大约在下半年，周恩来为了工作又曾回法国一次。大约在冬天，赵世炎曾率同旅法的少共团员二三十人经过柏林，前去莫斯科，入第三国际设立的东方大学。大家在柏林曾有过聚会。我与张伯简当时同德国共产党也有过接触，参加过他们的集会。

1923年（民国十二年）31岁

这年我除继续在柏林居住，并一度住在柏林北部的所谓工人区外，也尝到柏林外地去旅行。到过德国北部的汉堡和其邻近的基尔，到过柏林东南的德国出版业中心莱比锡，以及更南的美术城德勒斯登。还到过南部的福兰克府，在前边已提到的李季(原北大同学)住处住了一夜。他正专心搜集马克思的著作，已堆积了一屋子。在那里我还去看过市立图书馆。

德国文化学术是普遍平均发展的，全国名城有许多，当时火车费虽很便宜，我能去过的地方也不过极少数而已。

这年夏间，我同刘清扬又回到巴黎住了两个月，接回她前年在巴黎所生、寄养在法国北部一个工人家里的一个病孩子。这时旅法共产主义少年团正在巴黎开大会，我以党员的身份被邀去参加了一天的会，并作了报告。报告的内容大致是西北与农民及农业改革在中国革命上的重要。出席大会的，大约有五六十人。是什么人都不记得了！只记得有任卓宣(叶青)。主席是不是就是他，也不记得了。他在主席台上讲过话，他讲话时那个摇头摆尾、扬扬自得的样子，在我脑子里留下的印象很深。

1923年，张申府在德国柏林与刘清扬(左三)、周恩来(左二)、赵光宸(左一)合影

8月末,我又同刘清扬带着病孩子回到柏林,住在柏林北部一个工人家里。回想这两年我在德国逢见的中国留学生,除以上已提到的以外,记得的还有在柏林逢见过弄数理逻辑、从美国转来的俞大维,他在柏林又在搞音乐,学制乐谱了。还有陈寅恪,是俞的表兄弟。其次,在哥廷根逢见到魏嗣銮,他正在哥廷根大学学物理,并由他给我介绍认识了哥廷根大学的哲学教授讷尔逊(L. Nelson),我曾在这年2月中到他家谈了一夕话。他送给了我他的一本论著集。他是属于所谓"福里斯学派"的,偏重道德哲学的研究,也偶讲数理哲学。他很重视中国文化,人极笃厚朴实,像康德一样,一生不结婚,教书著作以外,并致力于青年运动。他送给我的那本书题目是《哲学的改革》,是1918年出版的。

在哥廷根大学里,我还逢见了当时数学界泰斗、数理逻辑家希伯德教授(David Hilbert),但未得交谈。

在德国同在法国一样,我自己所努力阅读研究的都仍是哲学、数学,特别是数理哲学、数理逻辑,还有马克思主义、辩证唯物论,以及新物理——相对论,新心理学——弗罗乙德(Freud)的心理分析(Psychoanalyse我曾译为"心解")。不幸用心过纷,大杂烩而已,一点具体成就也没有!记得有一次在柏林寓所集合了一些最熟的朋友,谈了一晚上"三绝",也不过胡拉乱扯,未能深入,未能引起人们的兴趣。所谓"三绝"者就是指的马克思的辩证唯物论,安斯坦(A.Einstein,近已通译作爱因斯坦)的相对论,与弗罗乙德的心解。三个人都是犹太人,而这三种理论都是当时趋向绝顶的途径。以后我回国后,对于相对论与心解都已渐渐淡漠了。但对辩证唯物论,还能一直不断不惮于宣扬。其实也只一知半解,更是浅知而不能行!辩证唯物论的受到普遍的重视,得到广泛的研究与流行,是三十年代以后的事。自从在中国有了毛主席的《实践论》与《矛盾论》,便把它创造性地更大大地向前发展了,更证实是普遍真实的真理,不可或离的方法了。

这时(1923年秋),在德国的生活也越来越感困难了。10月间收到家里代为筹措汇来的归国路费,便即准备回国。11月间,便同刘清扬带着病孩子，还有孙炳文搭伴，一同乘火车经过波兰，入了苏联境，到达莫斯科。在莫斯科，共住了三个星期，就住在东方大学宿舍的楼上一间大房子里。在这期间曾同东方大学的中国学生聚谈过一次，其中一部分就是前从法国经过柏林转来的，都已认识。当时我略谈了旅欧三年的感想及对马克思主义的粗浅认识。在这期间，我还由赵世炎等在莫斯科已熟的人陪着，访问了共产国际东方部部长魏琴(Voitinsky)。他在1920年曾到中国，曾在北京、上海参与中国建党工作，同我已相识了。同时又会见了正率领一个代表团，商谈在广州开办军事学校、邀请顾问及教官事的蒋介石。代表团团员中有张太雷。张太雷是中共党员。那时中国国民党在广州已经准备改组，与中国共产党已经开始合作了。在这期间，我也曾参观过克里姆林宫，当然是由在莫斯科的朋友作陪。我也曾自己去莫斯科的书店买过书。

12月中旬末便从莫斯科启程，坐火车由西伯利亚铁路经过东北回国了。在西伯利亚，在冰天雪地中，共走了七天七夜，照例到一个大站，火车要停一小时的。经过赤塔时，曾逢见中国的领事耿济之，是“五四”时期在北京熟识的。到了满洲里，就入了国境了。以后经过哈尔滨，经过长春，乃到达沈阳(奉天)。在沈阳住了一夜，然后又搭车进了山海关，经过天津，乃到达北京。在天津，刘清扬下了车。由我一人抱着孩子回到北京，正在这年的年底，仍回到我出国前所住的辟才胡同南半壁街16号(当时的门牌)租住的住房。

1924年(民国十三年)32岁

回到北京后，我本拟再回北大教书，不意竟为胡适等所拒。时在广州，国民党已经改组，孙中山领导的政府新成立，正需要人，乃由李大钊写信介绍，前去任广东大学教授，兼教高等数学与西洋哲学史与逻辑三门功课，并兼任图书馆主任。同时，黄埔军官学校由于苏联的帮助，也正准备开办。由于国共合作的关系，我便任了学校的政治部副部长。蒋介石任校长,廖仲恺是党代表,政治部的部长则是戴季陶(即戴传贤)。那时戴还算国民党的左派,一时对我极意拉拢,并同廖仲恺要我给他们介绍人。我介绍的第一个就是周恩来。他们当即决定汇路费去。时廖仲恺是革命政府的财政部长,他是有权汇钱出去的。后来才知道,钱始终未汇去。

我当时在黄埔军校任政治部副部长的主要实际任务就是筹备开学,排政治课程,考试入学新生,新生入学口试都是我担任的,还有替苏联教官作翻译。可是等到开学后不久,我便辞职不干了。一因黄埔不在广州城里,由黄埔到广州坐小汽艇也要一两小时。我在广东大学教课,本已很忙,这样两边来回跑,实在来不及。再则蒋介石表现出来的刚愎自用的作风,我更看不惯。当时学校本规定,凡有布告都要党代表与校长联名才能发表,可是蒋介石却常常不待廖仲恺来校便发布了。还有那种习惯了的反动军人气焰也更使我难耐。另外这时国民党的右派又渐渐抬头了,戴季陶已经不辞而去,我当然更不能干了。

我辞了黄埔以后便专在广东大学教书,并管其图书馆。但我对广州,实在是水土不服的,饮食气候都不惯。所以一到暑假放假,我即北归了。在北京、天津住了将近两月,等到刘清扬出席莫斯科共产国际第五次国际大会散会回来后,在9月初乃又搭船前赴广州。到了广州后,并与周佛海一家在广州北郊一个叫东山的地方租了一个房子一块儿住。这时在国内我才同刘清扬正式公开同居。可是广东大学校长邹鲁(国民党右派元老)竟不肯给我聘书了!理由是我没有回他的信,瞧不起他!实际上这不过是国民党排共的一个表现而已。

这时,周总理由于我这年春间的介绍,已从法国搭船回到广州,前说汇去的路费是并未收到的。于是我乃同他在广州参加了一个短时期的工人运动工作。我代工人群众写过两篇反对国民党的宣言。由于生活无着,不得已,一个多月后只好又同刘清扬转到上海。

到了上海是暂住在党租了作宿舍的一所小房子里。瞿秋白与杨之华住在楼上,我同刘清扬住在楼下一小间里。楼下另一间,记得是李立三住着。一时找不到有收入的工作,两人的生活,几乎全靠借贷,一时陷于极端的困窘。

1925年(民国十四年)33岁

年初我仍住上海。1月里,党在上海召开了第四次全国代表大会,我也参加了。记得大会的主席团是陈独秀、彭述之、瞿秋白、周恩来与张太雷五人。领导人仍是陈独秀,而实权操在彭、瞿等手里。他们都是从莫斯科回来的。大会时,共产国际东方部长魏琴也来了。当时,我对会上一些人的说法深感不能同意当即就说了出来。结果招致冷笑,认为幼稚幻想。当时那种轻蔑的态度,使我感到极端难堪。

大会后不久,我同刘清扬回到北方。她仍先回天津,我一直到北京。到北京后,我是仍照常参加党的小组活动(不时在北大教室开会,由赵世炎领导)。但那次大会上发生的事,成了我头脑中的一个疙瘩,越想越感着不合适。由于小资产阶级的习性未除,不能在党内奋斗争取,竟而错误地决定自己退出,造成一生大错!当时本曾经李大钊与赵世炎再三劝阻,乃不肯转意回心,但说定以后在党外仍当与党配合工作,一定永远同党保持友谊关系,以免在党内因意见分歧,发生龃龉,反而多所妨碍。从此,我便在党外,一直尽可能给党作外围工作,与李大钊等,直到我1927年2月离开北京之前未断联系。

1924年我在广东时,由于党与国民党的协定,凡是共产党员都作为当然的国民党员,同国民党员受一样的政治待遇,我便也曾成了国民党员了。可是这不过一个名义而已,国民党人从未诚心把我当成他们的"同志"。就在那年下半年我就已遭到他们的歧视迫害了。如前边已经说到的,我本是广东大学教授,但那年暑假后,我千里迢迢地又从北京跑回广州,身为"国民党元老"的广东大学校长邹鲁竟不再发给我聘书,不许我再进校教书了,使我生活上一时感受了不小的困难。从那时起我对国民党也就不由得不更有反感了,国民党籍也就更说不上!因此在这年(1925年)

孙中山在北京患病逝世，许多人都曾去探病，以至死时送葬，我是一直没有理会的。后来也曾感到这不无失礼！因为1924年春我初到广州时，孙中山也曾招待过我。但我对他们那时把我解聘，不能不感着极深的反感！

回想起来，这些年来，党对我都是始终照顾的。每遇我有困难时，有需要时，总给我以帮助，给我以经济上的接济，特如1927年春从上海去武汉时，1946年冬在南京时，还有1942年在重庆时，等等。我也还能如退出时所说定的，但有机会，总给党作外围工作；但有党的指示，总尽一切可能唯力是视，如在“一二·九”运动时及在重庆作宪政运动、民主运动时。经济上有力量，为工作需要，我也曾有过最微小的贡献（记得1936年柯庆施过北京，一时有所需要，我曾筹送过270元）。当然，我所能尽的力量，比起党所曾给予我的，那是差得太远太远了。我总还希望，还能有报答的机会。

如前所述，1921年我在法国时，章士钊（行严）也在法。1922年我到柏林时，他也在柏林了。1918年他本是北京大学教授的，我一度也曾听过他讲逻辑。本来在1912年（民国元年）我已在上海出版的《民立报》上读过他的文章，以后他在日本办《甲寅日刊》，我也是爱读者之一。1918年下半年李大钊进北大任图书馆主任，也是章介绍去的（原来本是章自己兼的）。那时我就同章很熟了。1922年章在柏林就约我以后回国有机会希望帮他工作。

这年（1925）夏初，章士钊在北京的段祺瑞的执政政府作了教育总长。我那时仍无职业，生活无着。章便以在欧洲的约言，派我同沈步洲（原北大预科英文教员，英国留学生）在教育部内筹备成立编审委员会。成立后，我便作了一名编审委员，专门审查教科书。章当时并曾对我说，这仍离不开书本，算不了做官。

暑假后，编审委员会中的一位同事陈映璜（湖北人，日本留学生），因他自己是私立中国大学哲学教育系的主任，便又邀我到中国大学教书去了，专教西洋哲学，一直教到1927年初我离北京时。

这年冬章士钊又设立了一个国立编译馆，并找我去作了一个编纂兼图书室主任,刚刚草创,一切都未能开展,第二年就作废了。

1926年(民国十五年)34岁

章士钊去职后,教育总长换了易培基。国立编译馆既改组了,我在教育部的编审委员,也被撤职。从此我便只继续单在中国大学教书。在这时期,在中国大学哲教系学生办的一个《哲学月刊》上,我曾写了些零碎文章,因为是给学生们写的,当然是没有稿费的。这时刘清扬也在北京与我同住(地址在北长街后宅胡同),生活便又窘了。

3月18日曾发生了一个大惨案,在铁狮子胡同内段执政府门前发生枪杀请愿学生事件,即以后称为"三一八"惨案的。接着有一场政治大压迫,大迫害。许多当时在北京的共产党与国民党主要负责人李大钊、顾孟余、丁惟汾等等,都不得不避居在东交民巷西头内俄国兵营,刘清扬也在其内,因为她那时是以共产党员任国民党北京市党部的妇女部长。这时我已完全无党无派,又有公开职业,因此白天继续在外边工作,因为刘清扬的关系,晚间也就常常到俄国兵营去住,并曾将几箱比较珍爱的书报以及信件等,特别有一小箱罗素的绝版书及著作剪报,都存在当时所住的一间小屋子里,以为可以保险。哪知第二年(1927)3月,张作霖勾结帝国主义者到俄国兵营逮捕李大钊等人时,书便全被抄去了。后来反动统治者曾编印了两大套十二本的所谓《苏俄阴谋文件汇编》,其中开列的许多东西,数学书,李大钊署名给我的信等,都显然看得出来是我的,以后都找不着下落了!这是我第一次失掉的一些我所最重视的东西。

1927年(民国十六年)35岁

年初年假后,我本又接受了女师大教书的聘书,还未及上课,党已决定要刘清扬脱离俄国兵营,前去武汉工作,并叫我陪她去,以期安全。这时北伐军已克复武汉,革命政府已在成立,很需要人,党因此有此决定。约在2月末,一天晚上,刘清扬即化装成一个贵夫人的样子,由先约定的当时已同李大钊熟识的康心之(名宝志,陕西城固人。抗战时期已是四川的一个大资本家。解放后来北京,任全国政协委员)用小汽车从俄国兵营里接出来,直驶到前门东车站。然后搭火车,当晚即到了天津。我也另车到津,与她会合,然后一同搭船赴沪。时党中央还在上海,我们到了,接上头,见到陈独秀,他即嘱我到武汉也可留下工作,不要再回北京教书了,因我原定到武汉后即回去的。党中央并送给我们五十元路费。第二天我们即搭船去武汉了。

我们到武汉不久,陈独秀、周恩来等等,也都集中到武汉来了。大家都要我留下。时邓演达正任总政治部主任,权倾一时。1924年初在黄埔时他任教练部副部长,曾与我同事,相处甚相得。这时总政治部也设了一个编审委员会,便找我作了一名委员。

不久,唐生智的第八军办了一个《武汉民报》,无人作总编辑,便从总政治部把我拉去。但我不惯夜生活,刚两月即辞去养病。时武汉局面已开始大变,国民党军队已开始大惨败。当时各方面情形之惨,简直不忍想象。

8月中我不得不又同刘清扬变装从武汉搭船转赴上海。这时我所知道的党中央许多人都已离开武汉了。我们搭的船过南京时,蒋介石的军队刚被孙传芳的军队打败,弃尸遍野,无人过问。船便安然到达上海租界,未遭检查。上岸后我们就在法租界租了一间房子住下了(记得叫明德里)。一时无从找职业,我就又开始以卖文为活。一度曾与《东方杂志》发生关系,登了我两篇投稿。《东方杂志》当时的总编辑(姓钱,名字想不起来了)曾到明德里找我谈过。此外我翻译了一本哲学书,即奥人维特根斯坦的《名理论》(Wittgenstein´s *Tractatus Logico-Philosophicus*),后来登在在北京出版的《哲学评论》上,也曾得了些稿费。我后来由神州国光社出版的一套论集《所思》,其中一部分也是这时写的。

1928年(民国十七年)36岁

这年夏初,送刘清扬带着新生一女搭船回天津居住。暑假后我仍赴沪，在暨南大学、大陆大学、大夏大学等校教书。所教都是西洋哲学史与逻辑，并翻译了不少罗素的文章，后交给北新书局，但迄未出版！时我一人住在一个公寓里，尚能读书。一次同潘怀素等组织了一个著作人的团体，但开成立会时即被人搅散。

1929年(民国十八年)37岁

上半年继续在暨南大学等校教书。暑假前北京中国大学学生即发起来邀回京讲学。暑假后遂在中国大学任专任教员。同时并受聘兼任北大讲师。时陈大齐是北大代理校长。

1930年(民国十九年)38岁

暑假前继续在中大与北大教书，暑假后便除这两校外，并兼任师大、清华、燕京大学三校讲师，所教都是罗素哲学或逻辑，一直到明年暑假。此时除忙于教书，偶还写些文字外，大概很少有别的活动。

1931年5月，与中国大学哲学教育系毕业学生合影

1931年（民国二十年）39岁

这年暑假后我即受清华大学之聘，任专任教授（哲学系），此外还继续在北大教二小时；中大保留二小时教英文翻译。暑假末即移住清华南院九号宿舍，直到1936年7月。

1932年（民国二十一年）40岁

继续在清华与北大教书。不记得是何因缘，这年秋初，天津《大公报》总编辑张季鸾等邀我在他们的报上主编一个副刊，题名《世界思潮》。头一年每周一期，共出了53期。以后两周一期，又出了一年四个月，35期。即由这年9月初到1934年底，共28个月出了88期。我曾借这个机会尽力显扬或介绍了不少新思想、新理论、新哲学、新科学、新人物、新事、新物、新书、新期刊。这期间报馆曾受到南京国民党严厉谴责，诋为一意宣传马克思主义，危害国民政府，最后才不得不停刊！

1933～1934年（民国二十二年至二十三年）41～42岁

这两年继续在清华与北大教书，除一般逻辑及西洋哲学史外，并教数理逻辑与罗素哲学。数理逻辑即以《数理》（*Principle Mathematical*）为蓝本。在北大教罗素哲学，译出了罗素的《哲学大纲》半部，印出来作讲义。

1935年（民国二十四年）43岁

日本帝国主义的压迫，民族的耻辱越来越厉害了，简直令人喘不过气来，再不能勉强安心讲学了。这年秋后，以清华学生为首各校学生有北平学生联合会的组织（简称学联），我也联合北大、中大、师大、法商学院有共同思想感受的同人成立了一个不公开的“文化劳动者同盟”。到了这年12月9日，便由各校学生在北平街头举行了游行，公开喊出大快人心震动人心的“打倒日本帝国主义”的口号。所谓“一二·九”运动就这样开始了。

在游行时是由我与孙荪荃(时任女一中校长)及姚克广(清华学生,即姚依林)任总指挥的。

1936年(民国二十五年)44岁

在这年初我本还在继续教书的,但冀察政务委员会头子宋哲元及其市长秦德纯,却向爱国师生发动进攻了!这年2月29日(1936年闰年),反动统治者派遣了大批军警两三千人包围了清华园,搜查了我在清华的寓所,同时在城里又派侦缉队蹲守跟踪我已好几天,我全未察觉。前一天晚上已有友人打电话对我警告叫我小心,我也未十分理会。这一天早晨我刚从城里家里(时在西城大乘寺19号)出门走了不远,便有两名侦缉队人把车拦住,问我姓名。本来"一二·一六"第二次游行时,队伍走到王府井南头口内,看见路西边军警狠命追打一个女同学,我即跑上去拦阻,已几于被拘,谎言是过路人,得脱了。这一次却只可直认不讳。那两名侦缉队人便把我带到西单太仆寺街侦缉队第四小队,带上脚镣,拘留了一天。到了晚间听声音,知道刘清扬也被捕了。第二天早一同用一辆大卡车被解到宣外老墙根侦缉队总部,仍带上脚镣,还一度在一个木笼里关了三四小时。过了一夜。在第二天(3月2日),便又被解到前门内的公安局,押在一个大屋子里。在靠北边一个土炕上,已经有二十几个被捕的学生了。大约过了十天,便同若干学生一块解到安定门内柏林寺后面的一个所谓陆军监狱(又名军人监狱,土名炮局子)。后来听说,解到那儿,本是准备十天左右就要处决的。但是由于外边朋友、家属们尽力营救,事情缓和了。大约二十天后脚镣也下了。渐渐,监视的也松了。也许看四书、《圣经》之类的书了。如此,直到5月10日,约在那儿整关了两个月才放出来。出狱的手续是,先同在4月中为办理此案新来的军法处长邓哲熙谈妥,先找一家铺保,再在报纸上公开登一个启事。启事的措辞是用对亲友们关怀表示感谢的口气,声明误会已解释清楚,全无党派关系,并无反对政治情事,云云。4月20日,铺保已找好了。接着,启事也登出去了,可是迟而又迟,又过了两个多礼拜,才许我出来!而刘清扬同我一天被捕,虽然一早一晚,启事也是联名登的,却比我更在监狱里多关了两个多星期,显见得是因为当时反动统治头子对于那个启事不满意的缘故。

我在监狱两个月,在后期比较松的时候,也曾写了些零碎东西。并同一些青年男女难友们办了一个手写的小报,取名《监狱生活》。我写有一篇《人生的哲学》,其第一节"为什么活着?"鼓吹一种"遂生、大生、美生"的乐观人生观,当时就由一位青年女难友写在那张小报上,供大家传观。她的名字,我记得是王玉发,是我同一监房的青年难友之妻,听说已死了。

我出狱的第二三天即回到清华。大概又教了一个多月书。到了7月初,学校当局就用短短的一张信纸,什么理由也不提,就把已给我的聘约取消了!照清华的章程,教授的聘书,两年一发。从1931年起我已教了五年。第三次聘书,1935年刚发,应该到1937年暑假才满,竟被无理单方面取消了一年。而且照规定,教授教书五年后应休息一年,或者出国一年进修,拿半薪;或者在国内休假半年,拿全薪。这原是因为五年的劳累,照章应得的报酬,就同每月的工资或薪金一样。而那时的清华当局在反动的统治者指示之下,竟"食言而肥",什么也不说,就对我全取消了!照常理,纵令取消聘约,半年的薪金是不应该不给的,至少也应该发一半,才多少说得下去。对于当时清华当局的这种不讲理的待遇,我一时心里当然不能无所忿忿。学生们也公开表示了对我的同情。就在同事中,对我默默表示同情的也不无其人,如闻一多、陈寅恪等。

可是我进而一想,这种无理的对于所忌恨的人的迫害,原是历来反动统治者及其帮凶所惯常使用的伎俩,要解决之只有从根本上下手;而且那时我正忙于救国运动,也无闲空同那些宵小计较,只好置之了。

这年7月间,我即搬进城内,租了一所比较大的房子,专力从事开展救国运动。从此11年半未再教书。

关于那时的抗日救国运动,那年1月间本已公开组织了一个北平文化界救国会。我出狱后即努力扩大范围,成立了北平各界救国联合会。当时有爱国心立志抗日的教员、学生、妇女、律师等都结合在里边了。同时又成立了平津文化职业者协会，仍进行在文化界扩大影响，集结力量。

1937年（民国二十六年）45岁

本年初又成立了华北各界救国联合会，包括七省两市，即河北、山东、河南、山西、绥远、察哈尔、陕西、北平、天津。仍由我负总责，但组织与宣传工作都由学生代表担任。

就在这时前后，彭真（当时称为“高先生”）来北平了，由杨秀峰、徐冰介绍给我，说是党派来的，以后正式代表党和大家（指当时所谓有进步思想的红教授，从事救国运动者）接头。以后一个时期我与许德珩等，便常和他见面。以前，从1935年以来，我同张友渔、徐冰（邢西萍）、杨秀峰等，本已经常接触，只是他们的身份，只是默认，从未挑开过。可是我同党的关系，以后也就只是这个样子，也就是如在1925年时说定的，保持友谊关系，作外围工作。到了参加民盟以后，便成一个最接近党的民主人士了。

“七七”以后，日本帝国主义的侵略压迫更加紧急了，也更明显了，但出来反对它的人也更加多起来了。一时救亡运动的范围也随而一天比一天开展。不幸8月6日日本兵进城了。全城震动，纷纷逃避。我也感到北京一时再无公开活动的余地，不得不暂行迁地，乃在8月10日孤身到了天津。在天津住了不到10天，已是全国抗战，国共又重合作，一致对外。我便把华北工作交给刘清扬暂行照顾，我要到南京接洽南北如何互相呼应配合。经过济南到了南京，已到8月末旬。上海全国救国联合会人沈钧儒等也都来到南京。不久南京设立了一个第六部，成立了一个民众动员委员会，留我作一委员。恰巧在这时，我竟左肩生疽，在医院割治休养两月，尚未完全痊愈，南京又紧急了，乃搭冯玉祥的专车，同沈钧儒、孙晓村、刘清扬等，一同经绕徐州、郑州，前往武汉。到武汉时，我病尚未收口，也因无它处可住，便又在医院里住了一个时期。

1938年(民国二十七年)46岁

在武汉,这年3月间筹设国民参政会,网罗了各党各派各方面的人士,但以国民党人为多,共约200人。我也被选为一个参政员。这个机构,表面的意思是适应全国的一致对外,作为战时临时议事机关,但实际作用不大。以后在抗战八年期间曾改选了三四次。1940年在重庆,因我为要求开会事曾与蒋介石(他是该会议长)当面冲突,第二次改选时,我即被除名了!

这年原第六部改为政治部,仍作为战时动员机关,国共合作。部长改由陈诚担任(记得原来在南京时好像是陈立夫),周总理被任为副部长,而张厉生(国民党中央组织部长)任秘书长。设了一个设计委员会,我也是设计委员之一,每月给生活费。另外又给我每月4500元的经费,由我办了一个战时文化社,编《战时文化》半月刊,讨论战时一般文化问题,报道战时书刊。但因为我所请用的几个编辑委员(钱俊瑞、柳湜、于毅夫等),被认为都是共产党员(事实上我并不知道,只彼此相熟而已),虽未能即行裁撤,却不久便将经费减为1000元。刊物每卷六期,第二年到了重庆,出到第二卷第三期,便再维持不下去了,自动解体了。当时所收集的一些书刊,大部分也被日本帝国主义的飞机轰炸给炸毁!

这年许多方面的人都已集中到武汉。在过去从事救国运动而非明显地有党有派的人中,我便与刘清扬、张友渔等,同从上海救国联合会来的沈钧儒、邹韬奋、陶行知、沙千里、曹孟君等等,实际上都是接近共产党的人,合组了一个"救国会",经常集会、讨论工作。另外也常号召文化界中多少与救国运动有关或可以接近而非国民党的死硬分子的,举行大规模的聚会,以期使对日抗战更趋积极,更有实效。后来到了重庆,到了抗战后期,便更开展为更具体的趋向欧美内政的宪政座谈会。这在当时报纸上,大部分都有记载。

这年9月间,战事已日见紧急,我被许多群众团体公推到华北前线。当时我同安翰华与臧云远二人,带着好几麻袋由各群众团体所送的劳军信和药品,便出发先到了洛阳,见到了当地军政负责人,到了黄河南岸的前线,向士兵们分送了慰劳信和药品,也集合说了些慰问的话。可是因此竟使国民党一个要人(戴季陶,即戴传贤)以后在一次政治部召集的大会上公开对我指责,说是到前线去宣传,鼓动士兵对"政府"不满!

那时在洛阳住了几天之后,便前往西安。在那儿见到杨明轩、车向忱等。本定赴延安,但因陕北已下大雪,路不通,遂不果去,只得将些慰劳信与药品托给十八集团军驻西安的办事处转送了。

由西安,我搭飞机到了成都,作了两次讲演,住了月余,雇车到了重庆。时重庆已入雾季。租定住所后即进行《战时文化》的复刊,但到明年不久便最后停刊了。

1939年(民国二十八年)47岁

在重庆,继续在参政会与政治部设计委员会工作,别无可述。

1940年(民国二十九年)48岁

仍住重庆近郊。约在夏间,国民参政会改选了,我与章伯钧被除名。我当即要回华北打游击,又不见许,仍以一个政治部设计委员羁縻我(时部长已是张治中)。我遂专力民主运动,时在重庆已时常召集宪政座谈会,例行事务多由我一人办理。各小党派,黄炎培的职教派、梁漱溟的村治派、左舜生等的青年党、张君劢等的国社党(后改民社党)、章伯钧的第三党,我与沈钧儒算是救国会派,这时也常有聚会,已是民主同盟的先声。

1941年(民国三十年)49岁

仍在重庆。我的设计委员的名义也被解除了。于是遂至旅居异乡,完全失业了。于是只得更专力于民主运动。国民党反动派未尝不想致我于死地,可是我是不会甘于默默就死的!在实在不能过活时,共产党驻渝办事处每月补助我50元(由徐冰经手)。在要买外文书时,还有一次有过另外补助。大约就在这年冬到明年初,沈钧儒与我也先后代表救国会正式加入了民主政团同盟。后为扩大范围,更便于开展工作,乃取消了名称上的“政团”二字,改为以后的民主同盟,各党派的成员才都可以个人的名义参加。

1942年(民国三十一年)50岁

这年我在党在重庆的机关报《新华日报》上主编了一个副刊《科学专页》,两周一期,从2月中到9月中,共出了16期,因报纸改版乃停止。这刊物比我十年前在《大公报》主编的《世界思潮》,篇幅较小,范围较窄,但内容大意也差不多,也报道介绍了一些新东西。

这年秋袁同礼从香港回到了重庆,一次偶然在街头逢见,他知道我别无职业,即邀我到北京图书馆工作。我便在这年10月进了北京(当时还叫北平)图书馆,以编纂的名义,主编《图书季刊》。那时北京图书馆,算是设在重庆近郊沙坪坝的南开中学内,而在重庆城内一个求精中学内有两间房子的办事处。从此我便在那儿工作了三年多(1942—1946)。

1943年(民国三十二年)51岁

继续在重庆,在北京图书馆主编《图书季刊》,同时也管些杂事。同时仍在民盟从事民主运动。

1944年(民国三十三年)52岁

继续在重庆北京图书馆作编纂工作。民主同盟改组了,我正式当选为常务委员兼文化工作委员会主任。

1945年(民国三十四年)53岁

仍继续在重庆北京图书馆工作。这年8月,对日抗战已整整八年,终于胜利了。民主运动,随而越益必要,也越益开展。

月底，为了国家前途，毛主席应蒋介石之邀，来到重庆。民主同盟人也即开会欢迎，举行会谈。国共之间，经过一个多月反复商谈，乃得出了一个“双十协定”。毛主席乃返回延安。这年冬即商好召集各党各派代表的政治协商会议，决定了代表人选。计国民党八人，中共七人，民主同盟九人，青年党五人，无党无派的九人。我是民主同盟的九代表之一。

1946年（民国三十五年）54岁

仍在重庆北京图书馆工作。

这年初即举行了政治协商会议，结果形式上尚算圆满，通过了共同纲领、改组政府等五项决议案。可是在休会时，蒋介石致辞，竟悻悻作态，已表示出决无实行的意思。

政治协商会议在1月底休会后，各代表得以到各处看看。我便在2月初回到了北平。我私人存在北平的书物未被日帝侵略者发现，幸未全部丢尽。在北平住了一个多月，出席了一次群众大会（在师大露天操场），作了一次长篇报告，在《世界日报》上应邀写了一篇文章，到图书馆本馆也看了看。在3月中便又重返重庆。到5月中公私一切事物都收拾得差不多以后，乃又回到北平，定居下来。

为了推进国共的合作、政协决议案的实行，民主团结，防止内战，在这一年里头，我以民盟常委、政协代表的关系，在6月和9月，曾两次由北平到南京、上海（时民盟总部设在南京蓝家庄）。但由于国民党执意召开伪国民大会，到年底，国共关系终于破裂了，内战爆发了！

这年冬在南京，我曾与党商妥在北平办一个研究所，由党每月给我200元的补助费。不久由于军事紧急，不得不作罢了。

1947年（民国三十六年）55岁

这年初，民主运动既不能再正常进行，我便由南京又回到北平。前由重庆运到南京的两大箱图书，一时不及运回，仍存在南京。后来政协正式

1946年11月17日，与民盟领导人到南京中共代表团驻地梅园新村送别周恩来。左起：周恩来、邓颖超、罗隆基、李维汉、张申府、章伯钧、沈钧儒、董必武、黄炎培、张君劢、王炳南

解散，这两大箱书便全丢了，再找不着下落！我在北平图书馆的名义，馆当局受了南京教育部的命令，在去冬已被解除了。这次回到北平遂只有赋闲。在去年第一次回到北平时认识了一个唐嗣尧，他办了一个世界科学社，出了一个《科学时报》，约我经常投稿。这时就每月送我30元的稿费。这一年的生活我差不多主要靠在报刊投稿维持。当时我还是民盟华北支部负责人之一，我虽已知道唐嗣尧是军统特务，为了活动方便，正好与他虚与委蛇。

这一年里头，我最经常去的地方就是北大的新图书馆，离我住家既很近，里边还有不少旧人，找材料也极感方便。此外我去的最勤的地方就是琉璃厂、隆福寺、西单左近，以及东安市场等处的旧书铺、旧书摊了，买些不太贵的破烂新旧书，以资借鉴，以广见闻，以满足永不满足的好奇心。

1948年(民国三十七年)56岁

这一年我又教书了。这时李宗仁办了一个华北学院,王捷三作主任,他便邀我去教逻辑与西洋哲学史。同时,旧曾相识的姜般若在天津办了一个育德学院,也给我以教授名义,找我每星期去教几小时。于是这年上半年便每星期北平、天津来回跑两次。到了暑假,感到这样太不方便,就把育德的功课辞去了。

在这一年里头我还写了不少文字,可是在9月里写了一篇荒谬的《呼吁和平》,误信人言,竟投登在当时极流行的《观察》上,于是受到党的最严厉的批判。我的政治地位从此遂完全扫地!但我并未因此而灰心。在11月以后北平被解放军包围时,我曾透过刘厚同(傅作义的老师)对傅尽了些绵力,作说服工作,劝他迎解放军进城。后来北平和平解放,我是私心十分感到欣慰的(关于这段活动情形刘厚同曾写有一篇记载)。

1949年57岁

这年1月下旬北平解放了。2月中,华北学院宣告解散。我的教书职业,至此完全结束。由小学而中学(在北大读书时,一度代人教过北京四中国文),而大学预科、大学本科,我都已教过。还有补习学校、业余夜校等。至于科目,我的主要科目只是数学,逻辑现在已被认为数学的一个部门。哲学不过是我的副业而已。在去年初,民盟被迫解散以后,我在华北为继续开展工作,曾结合接近我的一部分盟员,临时成立了一个"北方民主同志共进社"(简称北社),发表过一张旨趣书。北平解放后,大家感觉到民主既已实现,这类组织不必要了,于是便也自动解散。

3月,周总理已到北平,我写去一封长信,说明我的情形,表明我太不会搞政治了,以后当再不作政治活动。3月底,周总理派齐燕铭来看我,谈了许久。当时我觉着彼此很融洽。4月间,章伯钧又来看我,见面即说是奉周总理之命来的。说齐燕铭同你谈了之后,说你不承认错误。我即说我怎会不承认错误，只是当时（写那篇《呼吁和平》时）我不知道错误。接着谈到我的生活问题，章说大家已在商量。我说我还有几十本日文的讲马克思主义的书，如现在正用得着，可以换些钱。过了两天就有人来把那些书取去，给了我人民币30元。

到了7月初，彭真已作北平市长。一天，他叫崔月犁来接我到东交民巷市委会谈话。他说："党对你并没有什么，只是群众对你不了解。"又说："你在民主运动上，还是功多过少。"我说我打算写一个检讨。他同意了。不久我即写好检讨，寄给了彭真。

8月中，张友渔突然找我到市政府，这时他已代替徐冰作了副市长。他见面即告诉我，你的检讨，大家看了，大家认为写得太长了，自己解释的话太多了。我即说我拿回去再写写罢。张又说，关于你的工作，大家已经研究，你还是回北京图书馆吧，看书也方便。于是到了8月末，我就接到当时的高等教育处同北京图书馆的通知，告诉我9月1日到馆上班。

从这年9月1日起我便又回到北京图书馆，恢复了我在大学毕业以后不久所担任的工作了。

家世和幼年生活

1893年6月15日（清光绪十九年五月初二），我出生在直隶（河北）省河间府献县小垛庄一个地主家庭里。

献县为汉河间献王刘德封地，县城东尚有汉献王陵。滏阳、滹沱两河在县城内汇合，流入子牙河。主要种植小麦、玉米、谷子等农作物。家乡出产的小枣也很有名，每年都通过沧县经津浦线外销。记得幼时，每年入秋以后，满园的红枣压满枝头，鲜润欲滴。其中有一种脆枣，极为甜脆可口，但不易保存，现在多年没有吃到了。

献县因“献王”刘德而得名。刘德是汉景帝第三子，酷嗜搜集历代经籍，儒者多从之游，曾将大批经典献于皇帝，被封为河间王。为此缘故，献县文风大盛，历久不衰。清代著名学者，总纂《四库全书》，又写过《阅微草堂笔记》的纪晓岚（昀），就出生在离我家十几里的崔庄。

据张氏宗谱记载，我家祖籍“山西洪桐大槐树”，是明永乐年间的移民。大槐树实际上是当时移民的集散地，全国不少地方的家族宗谱，都记载了这株大槐树。

我们家这一支原居大垛庄，自十二世祖士敬公起，都是一子单传，因勤苦劳作，家业渐富，遭到同族亲戚的嫉妒与欺负，十三世祖廷仓公就迁居到离大垛庄不远的桃杏园居住，后来人们便把这个地方称为小垛庄。

到了十五世即我的祖父钟英公时，家中人口多起来，前后两位夫人共生了七个儿子，先父濂公(字中卿)和七叔灏公均为第二位夫人所生。四伯父润公，曾以拔贡官至工部主事，父亲后来又以癸卯(清光绪二十九年)科进士，在光绪三十三年授翰林院编修，家中几位先祖，被请封为诰命，至此，我们这个过去的耕读人家，算是享受了封建时代的功名富贵。但是在列强入侵，民族危机日益深重的形势下，中国最后一个封建王朝——清王朝，已处于风雨飘摇之中，中国历史上一次空前伟大的革命——辛亥革命，很快就爆发了。父亲在民国三年以道尹交政事堂存记，后因与冯国璋同乡之故，曾一度在天津与南京任职，并出任过河北枣强和沙河的县长，冯在北京就任总统时，他曾当选国会议员，以后一直闲居北京，1934年2月11日病故，享年63岁。

我的母亲赵氏，河北交河县赵家庄人。外祖赵季良为一精干商人，过世甚早，我没有见过。母亲在辛亥革命前曾随父亲在北京居住，后来回乡久居。母亲为人极其忠厚笃实。父亲年轻时脾气很大，母亲常常受他的气。他对我们兄弟十分慈爱，故我对母亲感情至深。记得小时候母亲回外祖家，因两地相距百余里，当天不能回家，由叔母照顾我们兄妹。到了天黑，我不见母亲回来，便一直站在院门内等候，说什么也不肯进屋。母亲于民国九年(1920)病故，享年52岁。

我出生时祖父已经亡故，幼时我们住在一所小四合院中，祖母住正房，当时父母还只有我一个儿子，住在西厢房里，东厢房原存放一些什物，后来七叔住了进去。到我十几岁以后，又添了两个妹妹和崇年、岱年两个弟弟，还有一个七岁早殇的小弟。

我到七八岁时，父亲开始教我识字。因我是长子，父亲对我属望甚高，执教颇严。有次一个字我总是记不住，父亲生气打了我，我的前额一下子磕在炕桌上，流了很多血，哭了起来。为此祖母很是埋怨父亲："怎么能这样管孩子，碰瞎了眼怎么办？"过了好长时间，前额才好，但直到现在，左眉上仍留下一个疤。

10岁时，我开始跟表叔念书。这位表叔姓陈，是我家的账房先生。两年后，家里请了一位先生来教家塾，教的是《礼记》易读一类的书，同族的几个兄弟和侄子，也来一同受教，但他们很不用功。

（章立凡记录整理）

进入新式学堂

我14岁(虚龄,下同)那年(1906年)的正月十四,当时已在京师大学堂(即北京大学前身)读书的七叔,带我坐进一辆骡子拉的轿车,冒着凛冽的风雪,登上了前往北京求学的征途。这是我有生以来的第一件大事。

北京,这个有数百年历史的古老帝都,是我自幼以来就憧憬和梦想过的地方,它那历尽沧桑的无数文物古迹和熙熙攘攘的繁华街市,使我这个在乡下长大的孩子叹为观止。

当时父亲已是庶吉士,住在进士馆内进修。我则住在做着工部主事京官的四伯父家。先住石大人胡同内的蝎虎子胡同,不久,又搬到了东城福建司营。这是一所相当考究的大宅,共有三进院落,朱檐画栋,花木扶疏,颇为轩敞雅静。记得某日四伯父外出,我约好一位同学陪我看家,但他爽约未至,我就一个人守着这个大宅子过夜。北京的老宅多有一些狐鬼之类的传说,但我并不觉得害怕。现在回想起来,当时我的胆子是够大的了。

到北京后,我先入识一学堂学习了半年。这是由一位名叫识一的旗人老姑娘主办的初等小学。暑假后升入东城一座名叫崇实学堂的高等小学，办学的人是一个留日学生。这一时期，由于我刚进京上学不久，在校内被视为乡下佬。

一年后，我考入公立宛平高等小学，校址在西什库后库，即现在的北京四中。当时，我已从四伯父家搬出，住在学校里。同宿舍的七八人中，有几个纨绔子弟，整日吃喝玩乐，不务正业，而我根本不予理会，一心苦读，学习成绩很好。

1908年，我考入公立顺天高等学堂中学班乙班，这所学校是当时北京很有名气的学堂，由顺天府尹陈璧创设，校址在地安门外兵将局。入学考试时我名列第一，按学校惯例，由我做了班长，而我年仅16，在班上年龄最小，老师就特地找了一位年岁稍长的学生协助我。

当时父亲已在西什库草岚子胡同租了一所房子，接母亲来京居住。但我仍然喜欢住校，班上同自修室的同学有朱羲胄、李广宇、刘同度和我甚为投契。

摄于中学时期

在顺天高中学习的三年中，我开始有了一些排满革命的思想，这不能不说是受了同学朱羲胄和郭仁林的影响。朱是我的同班同学，湖北人，诗和古文都做得很好，后来曾受学于古文大师、名译家林纾（琴南）门下。他在解放后曾任国务院参事，现已逝世多年了。郭仁林字晓峰，原名人麟，河北乐亭人，是我平生挚友之一。他天赋甚高，才智超群，是个绝顶聪明的人，可惜才人寿夭，40岁就去世了。郭和李大钊有同乡之谊，后来我同大钊结识，就是他介绍的。

当时同校学习的，还有梁漱溟、汤用彤等人，但因为不同班，平时便没有交往。

我19岁那年，辛亥革命爆发了，看到革命风暴席卷神州，我们几个人的情绪都很振奋，决心投身于民族革命的大潮中，做一个新时代的弄潮儿。革命军武昌首义之后，学堂里的老师出了一个作文题目，叫做《拟官军谕武昌城内叛兵缴械免罪檄》，我即借题发挥，作了一篇反面文章，指出"欲图天下太平，其唯人人为天子乎！"老师认为"言不得体"，而我心中却颇为自得。

不久，学校停课，同窗好友，星散各方，有的便从此断了音讯。

我搬出学校后，随父亲住在他所办的农协会中，母亲则回乡去了。当时我已19岁，按中国的旧传统，"男大当婚"，父母早已为我订下一门亲事。而我则一心想投身革命，于是对家中谎称有同学请我去天津任家庭教师，想借此离家去参加京津同盟会。但长亲认为眼下兵荒马乱，不放心我外出，结果我竟未能如愿。年底，我遵父命回家乡完婚。当时，同学甄元熙（字亮甫）、梁漱溟等在天津办《民国报》，总编辑是孙炳文，每日出三大张，公开进行革命宣传。我曾以"赤子"为笔名，写了一些短小的文字在该报上发表，总题目为《零金碎玉》。在此之前，于右任常以"骚心"的笔名，在

摄于中学时期

上海《民立报》上发表一些短小精悍、生动活泼的文字，对我的思想和文风影响甚大，我一生中常喜欢写短文，实肇端于此。

民国元年(1912年)初，我又离家求学，先后到天津、保定、北京，这些地方的学校都没有开学。当时局势仍十分动荡，各地纷纷购买军火自保，父亲即在天津为家乡置办枪械，于是我又到了天津，不久重返家乡。

暑期我又到天津，拟投考南开中学，但这个学校仍不开学，只得到保定育德中学插班，但该校教学质量甚差，我只上了两周就退学了，于是再到北京，考入高等师范学堂附属中学班。[①]

附中的主任韩诵商先生，是一位留日学生，十分和蔼可亲，从来不对同学们摆架子，教员们给我留下的印象也很好。当时我住在琉璃厂西门北柳巷我的同学李光宇家中。我在学校中成绩很好，就准备跳班。第二年(1913年)，考入了北京大学预科。

(章立凡记录整理)

①作者《我的教育、职业、活动》一文中所忆与此处略有差异。见本书第310页。——编者

回想北大当年

我从1913年考入北京大学，到毕业后留校教书，前后共八个年头。想起北大当年，使我兴奋，令人回味。

进北大

北京大学的前身是京师大学堂，它是戊戌变法运动的产物，是维新派克服了顽固守旧势力的重重阻挠建立起来的高等学府。辛亥革命后，严复被任命为京师大学堂总监督，后京师大学堂改称北京大学校，大学堂总监督改称大学校校长，各科的监督改称学长，原来附属的高等学堂亦改称为大学预科了。

1913年，我在北京高等师范学堂附属中学班读书。秋天，跳班考入北京大学预科。当时的北大设文、法、理、工科和预科，本科设在地安门的马神庙，预科设在北河沿的清代译学馆旧址。

所谓“预科”相当于北大的附属高中，学制为三年（后改两年），毕业后可以免试升入本科。预科又分为两类：第一类预科毕业后升入文、法本科；第二类预科毕业后升入理、工科，它偏重于数学的教学。

我在第二类预科上了一年，觉得并不太吃力，便想去考本科，可是北大的理工科有严格的规定：凡报考本科者，必须有高等专门学校毕业的文凭。初期读文科的人并不太多，因此报考文科只要求同等学历，并不注重文凭。我升学心切，暑假改了一个名字，考上了文科。

北大文科分哲学、历史、国文学、英文学四个学门（后改称为系），我上了哲学门。照北大原定的计划，哲学门分为中国哲学、西洋哲学、印度哲学三类，但这个计划并未实现，只是混合设立一个哲学门。我虽然入了哲学门，却一心不忘数学。那时，我见知于数学系主任兼代理学长冯祖荀先生，在哲学门不到两个月，又转入了数学门。

可是转了数学门，我又放不下哲学。在哲学门两个月的学习中，时间虽然极短，但眼界大开，我对哲学产生了浓厚的兴趣。这样，我上的是数学的课，读的却多是哲学的书。从那时起，我主要研究的都是哲学及其有关科目。当然，数学书始终不断在我的涉猎之中，只是数学题从不肯做，化学实验更是绝少动手。

藏书楼

我刚进北大时，学校还没有图书馆，只有一个藏书楼，设在马神庙校舍后院的所谓四公主梳妆楼里。藏书楼的书可以外借，但没有阅览室。过了一年，藏书楼腾出一些地方，辟出阅览室，阅览桌放在中间，四周摆上书柜，柜里都是西文书。平时总是上着锁，线装书则放在楼上，借阅的人也并不多。我上预科的时候，常常从北河沿到藏书楼来借书，犹记得那时我借的书有德文与法文的数理科学百科全书等。一个大学预科一年级的学生，借读这样高深的德法文书，当时并不很多。这得到了冯祖荀先生的青睐，藏书楼的管理人员由此也给了我许多方便。上本科后，我更是经常

北大红楼

待在阅览室里。那时书本来无多，我可以就架恣意快读，除了工程书以外，柜里的书几乎没有我不看的。

有一天，我发现了一本装潢精美的书，是一个精装本，1914年美国出版，书名是《我们的外界知识》，英国罗素著。翻看一遍，觉得很有意思，又坐下来接连看了两遍，真有点爱不释手了。由此我发现了罗素，并对之产生了兴趣。三十年代，我一度再任北大讲师，专讲罗素哲学，这也可以说是与北大藏书楼的帮助分不开的。

蔡元培主校

1917年初，蔡元培任北京大学校长。在蔡先生的主持下，学校厉行改革，出现了新的气象。

蔡先生是浙江人。1868年生，清光绪十八年（1892年），为壬辰科翰林，时年24岁。蔡先生早年很有才名，他见清王朝已不能持久，为适应时代的潮流，便从事哲学、伦理学等新学的研究。他到过日本，加入了孙中山组织的同盟会，积极从事民主革命活动，后来又到德国学习。辛亥革命后，蔡先生曾任南京临时政府首任教育总长和北京政府教育总长，后因遭到袁世凯的仇视，被迫再赴欧洲。袁垮台后，蔡回国出任了北大校长。他虽是一个资产阶级学者，又是科举出身，但他对破旧创新有锐利的勇气和坚强的毅力。

蔡先生实行“兼容并包”的办学方针，旧学旧人不废，而新学新人大兴。他聘请陈独秀任文科学长（即文学院院长），章行严（士钊）、刘半农、钱玄同、周作人、陶孟和等任教授，后又聘任马寅初、陈豹隐等。同时，蔡元培还裁减了不称职的教员，排除了一批腐败守旧的人物。经过这番整顿，教师队伍的素质大大提高，给学校带来了蓬勃的朝气。在蔡元培“兼容并包”的口号下，当时在校的教员既有宣讲马克思主义的李大钊，也有拥护袁世凯做皇帝的筹安会人物刘师培，另外还有前清大学士李鸿藻的儿子李石曾教生物学，年仅二十三四岁的梁漱溟先生讲印度哲学等。

蔡先生大力提倡思想自由，培养学术研究的风气，这是他进行改革的又一个重要方面。

北京大学过去是一座封建思想、官僚习气十分浓厚的学府，不少学生以上大学为晋升的阶梯，对研究学问没有兴趣，上学不读书，而是想方设法混资历，找靠山，还有的人打麻将、逛八大胡同。与我同宿舍的几个学生，就很少读书，而是聚在一起打牌。

面对这种局面，蔡先生从提倡思想自由出发，举办学术讲座，组织学术团体，例如新闻研究会、哲学研究会等。蔡元培亲任新闻研究会会长，以“研究新闻理论，增长新闻经验，谋求新闻事业之发展”为宗旨，邀请李大钊和著名的新闻界人士邵飘萍等到会讲演。同时，一些进步的政治团体也纷纷成立，像少年中国学会、新潮社等。这两个团体分别编辑出版了《少年中国》月刊和《新潮》。我亦参加了这两个团体的活动，并为之撰写了一些短小文章。

蔡先生还发起组织了一个进德会，以不嫖、不赌、不纳妾为基本戒条，针对北大一部分学生的恶习，用这样的方法培养个人高尚的道德情操。这个组织的出现，反映了中国知识分子对旧社会上层道德堕落、生活腐朽的强烈不满。当时进德会在校内颇有影响，入会的人很多，对于北大部分知识分子个人道德的提高产生了较好的影响。

蔡先生在学术上，是以治美学而闻名的。他刚到北大不久，我送他一大本新出版的讲述法国19世纪美学家居友（J.M.Guyau，1854—1888）学说的日文书，他很快就看完了还给我。他组织了“画法研究社”“音乐研究会”等一些课外文化艺术活动来培养学生对美育的兴趣，以贯彻其“以美育代宗教”的主张。

在蔡元培校长的革新精神指导下，北京大学气象一新，在全国教育界、学术界以及思想界产生了重要的影响，成为“五四”爱国运动的中心。

李大钊和红楼

1917年底，李大钊经章士钊之荐到北京大学任图书馆主任。

自从蔡元培主校后，北大藏书楼改为图书馆。1918年夏，沙滩的红楼建成，图书馆也搬了进去，占了新楼的第一层楼。李大钊的主任室就设在红楼东南角上的两间房子里。一时红楼成了新思想运动的中心，许多进步的教员、学生聚集在这里读书、座谈。

我认识大钊还是在1916年他到北京后不久。我的一位同学郭晓峰与大钊是同乡，他们同是河北乐亭人。经郭的介绍，我们认识了。当时，大钊从日本留学回来，在北京创办《晨钟报》（即后来《晨报》之前身），继后，他又主编《甲寅日刊》。1917年，我曾在此刊物上发表过讲“青年问题”的文章。十月革命爆发后，马克思主义迅速传入中国，给新文化运动增添了新的内容。李大钊最早接受了马克思主义。他思想敏锐，博学多识，广泛接触社会，热情传播马克思主义，宣传俄国十月革命，发表了《庶民的胜利》的演说和《Bolshevism的胜利》等著名文章。与此同时，他还组织演讲会，邀请名人讲演，推动新文化运动的发展，使民主和科学的口号逐步深入人心。一次，大钊以“亚细亚学会”的名义组织讲演会，我也去听了，地点在当时有名的湖南会馆。邀请的讲演者有蔡元培、陈独秀、章士钊、李石曾、张继等人。这次讲演会听众很多，整个湖南会馆都挤满了。每个人讲演的具体内容，我已经记不清了，但是大钊组织这次讲演会不久，就到北京大学任图书馆主任了。

大钊到任后，对图书馆的业务进行了一些重大的调整和改革，并开始注意收集有关马克思学说的书籍以及俄国十月革命以来的著作。是时，我在北大已经毕业，留校做助教，教预科。平时课程不太多，就在图书馆帮助大钊做些工作。我的工作室标为登录室，在主任室的旁边。其时，李大钊组织一些学生“勤工俭学”，课外帮助整理图书，翻译、编目、打印卡片等，我则负责检查和校对。毛泽东同志来北大时，一度也参加了这项勤工俭学活动，担任登录工作。由于工作之便，我得时与大钊聚谈。每年北大放暑假，大钊回家乡到五峰山休假，我就代理他在图书馆的职务。

在李大钊的领导下，图书馆成了北大校内一个研究、传播马克思主义的中心，许多激进的学生经常到图书馆和大钊讨论各种新的思潮，听他介绍新的思想。大家也常常在此聚会，探讨中国的出路，寻找救国拯民的方法。李大钊是马克思主义的传播者，北大红楼是“五四”运动的策源地。

少年中国学会

1918年6月底，由王光祈、李大钊等发起成立少年中国学会。这是一个带学术性的进步政治团体，其宗旨是“本科学的精神，为社会活动，以创造少年中国”。还有四条信约：一奋斗，二实践，三坚忍，四俭朴。学会总会设在北京，成都、南京等地还设立了分会。

少年中国学会会员很多，大多数人希望通过这个组织，扩大马克思主义的影响，团结进步青年，从事政治斗争和群众运动。一些小资产阶级知识分子也想通过它寻找中国的出路，但他们往往不能把握现实，陷在不切实际的空想中。邓中夏、高君宇、赵世炎、毛泽东以及杨钟健、周太玄、袁守和、朱自清等都是少年中国学会的会员，后来成了国家主义分子的李

1920年,少年中国学会部分会员在北京岳云别墅的合影。右二为黄日葵,右三为李大钊,右七为张申府,右九为邓中夏

璜、左舜生、曾琦等也参加了这个组织。由于学会组织成分很复杂，内部始终存在着明显的分歧。

少年中国学会北京总会正式成立于1919年7月。学会出版了《少年中国》月刊和《少年世界》。《少年中国》由北京会员编辑，一至七期，由王光祈负责。从第八期起，组织了少年中国编辑部，由李大钊、康白情、张申府、孟寿椿、黄日葵五人担任编辑事宜。上海亚东图书馆办理印刷发行。

学会经常在中央公园（今中山公园）来今雨轩和北京大学图书馆举行常会，内容多是研究学会的日常工作、与各地分会进行交流等等。

1920年8月，天津觉悟社为了联合进步团体，采取共同行动，全体社员到北京，邀请北京的进步团体举行座谈会。少年中国学会、人道社、曙光社、青年互助团等五团体20余人参加了这次座谈。

8月16日，座谈会在北京陶然亭慈悲庵举行。觉悟社社员刘清扬主持会议并报告了开会宗旨，继由邓文淑（颖超）报告觉悟社的组织经过和一年多来的活动，接着周恩来发表演说，说明觉悟社提出联合进步团体、共谋社会改造的意义。李大钊代表少年中国学会致答词，他提出各团体有标明主义的必要。认为近年以来，世界思潮已有显然的倾向，一个进步团体，如不标明主义，对内既不足以齐一全体之心志，对外就更不能与他人有联合的行动。我也在会上发表意见，极力赞成改造联合。会议决定，由各团体各推代表三人，再次开会讨论联络办法。

8月18日，各团体的代表在北京大学图书馆继续开会，议决定名为“改造联合”，并公推我起草“宣言”和“约章”。根据会议的决定和大家提出的意见，我草拟了《改造联合宣言》和《改造联合约章》。后经过各团体的讨论，得到正式通过。《改造联合宣言》的第一段是这样的：

> 我们集合在“改造”赤帜下的青年同志，认今日的人类必须基于相爱互助的精神，组织一个打破一切界限的联合。在这个联合里，各分子的生活必须是自由的、平等的、勤劳而愉快的。要想实现这种大

同世界——人类大联合的生活，不可不先有自由人民按他们的职业结合的小组织作基础。我们为渴望此土的各种自由组织一个一个的实现出来，不能不奔走相告，高呼着“到民间去”！

以后《改造联合宣言》和《改造联合约章》发表在《少年中国》杂志的第二卷第五期上。

随着革命形势的发展，少年中国学会的内部斗争日益激烈，以致发展到不可调和的地步，最后终于公开分裂了。

离校赴法

1917年，我在北大毕业，留校三年后提为讲师，继续教逻辑和数学。在这期间，学校从教育部得到一笔经费，决定陆续资送四个教员、四个毕业生到国外学习深造。教员四人是朱家骅、陈大齐、周作人、刘半农，学生中第一人就是我。我报的学习专业是美学，学校却指定我学图书馆学。但是还没有等到学校资送，就又有了别的出国学习的机会。

第一次世界大战后，中法人士为沟通中法文化交流，组织了华法教育会，倡议中国学生赴法勤工俭学。蔡元培、吴稚晖、李石曾等人参加了发起和组织工作。“五四”运动以后，由于华法教育会的鼓吹和倡导，逐渐形成了勤工俭学运动的高潮。许多进步青年为探求彻底改造中国的真理而踊跃报名。当然有许多人是因为国内军阀长期混战，民不聊生，到欧洲去寻求生活出路的。

李石曾、吴稚晖等人在法国巴黎筹办了一所中法大学，但是很缺教授。经别人推荐，他们找到我，我是受聘教逻辑的。其时，蔡元培先生正准备赴欧美考察教育及学术研究机关状况，遂约定与蔡同行。我用“蔡先生秘书”的名义办理了出国手续。

1920年11月下旬，我离开了母校，离开了祖国，登上了旅法教书的征途。

1985年6月2日

中国共产党建立前后情况的回忆

一

俄国十月革命胜利后，马克思主义迅速传入中国，给正在寻求解放道路的中国人民提供了思想武器，也为新文化运动增添了新的内容。北大成了传播马克思主义的一个中心，一支以具有初步共产主义思想的知识分子和革命的小资产阶级知识分子为主体的文化新军开始组成。

1919年，爆发了轰轰烈烈的“五四”青年爱国运动，继而发展成为全国各阶层群众参加的一场规模宏大的政治运动。工人参加了斗争，显示出这个阶级的巨大威力。“五四”运动开拓了马克思主义的传播与工人运动相结合的道路，为中国共产党的建立奠定了阶级基础和思想基础。

1920年4月，共产国际东方局的代表魏金斯基来华，考察中国革命运动的实际状况，帮助中国建立共产党。他来到北京后，经北京大学俄籍教员柏烈伟的介绍，见到李大钊和我，他与我们就中国的问题进行了广泛的交谈，特别希望我们建党。在北大，魏金斯基还召开过几次座谈会。后李大钊又介绍他到上海去见了陈独秀。

记得这一年的8月，我收到陈独秀的一封信，内容主要是讲建党的事。信中说:建党的事在北京只有李大钊和你两个人可以谈。陈独秀所以这样讲,我理解一是陈独秀曾任北大文科学长,了解情况,认识的人也多,但有些人不搞政治,不宜于谈此事,况且建党一事又是秘密进行的;二是陈独秀在北大时,和大钊、我接触较多。那时,李大钊任图书馆主任,我除了教书,也在图书馆做点事情。陈独秀常出入李大钊的办公室,这样,我们三人经常见面,聚在一起谈论时事,交换看法,彼此的观点许多是一致的。陈独秀主办《新青年》,大钊和我经常投稿。1918年底,我们又一起创办了《每周评论》,工作接触多,关系也很密切。陈独秀在信中还就党的名称与我们商议:是叫共产党,还是叫社会党,希望听听我们的意见。当时我们还很幼稚,虽然认为名以"共产党"为最好,但又不敢作最后决定,后来魏金斯基说:还是叫共产党。我们都同意了。

对于建党一事,我们有了统一的认识,便开始分头活动。陈独秀热情极高,他说干就干,在上海首先找了一些从日本留学回来的人,其中有周佛海、田汉、李达等,还发展了当时在沪的施存统、沈雁冰、沈玄庐等。此外,陈独秀同胡汉民、戴季陶、张东荪等人也谈过此事,他们没有同意。由于陈的多方推动和组织,终于成立了上海共产主义小组。

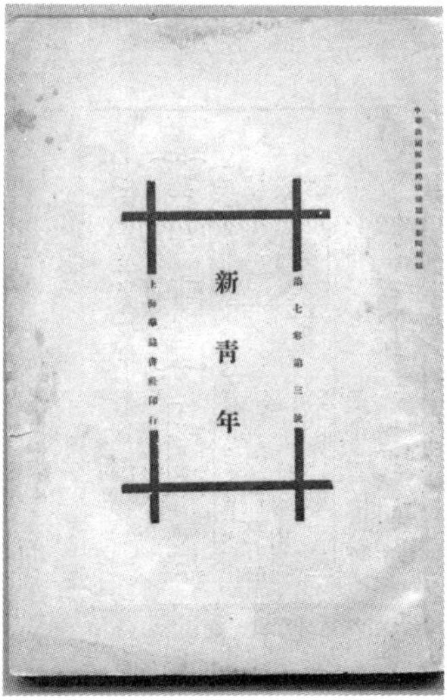

《新青年》封面

北京也在同时进行筹组活动。大钊同志性情温和,乐于与人交往,然而又不善空言,他和陈独秀一样具有热情和信心,但工作起来又较细致谨慎,因此北京的发展工作稍缓慢了一点。

9月中旬,英国哲学家罗素偕勃拉克女士到中国讲学,我因久慕罗素大名，又曾为罗素来华作过大力的鼓吹，所以立刻动身前往上海迎接。到沪后，我住在环龙路渔阳里2号陈独秀的家里，当时这里就是党的机关办事处。在沪期间，我一方面听罗素的讲演，一方面与陈独秀就党的筹组问题多次交换了意见。

陈独秀是一个热情爽快的人。他信仰马克思主义并且对之探讨追求，但在当时来讲还未必能说得上深入的研究。他所表现的是极大的热情，甚至有点激进。他很喜欢提问题，谈起话来，口若悬河，滔滔不绝。当然更多的时间，我们是用来探讨党的组织建设工作。陈独秀向我介绍了上海的建党工作。我们一致认为，既然组织起来了，就要发展，能入党的人最好都吸收到党内来。我还见到了上海的早期党员周佛海、田汉、沈雁冰等，结识了不少新朋友。

罗素在上海讲学后，便由北大哲学系教授、英国留学生傅铜陪同到长沙讲学。我也在9月下旬回到北京。

1920年摄于中央公园。左起：邓中夏、李大钊、刘清扬、徐彦之、张申府、张国焘

回北大后，我把见到陈独秀的全部情况告诉了大钊同志。他非常高兴，而且赞同陈独秀关于建党问题的意见。之后，我们便进一步商量发展党员的事，并首先想到了刘清扬。

刘清扬是天津人，在天津严氏小学教书。她曾积极参加“五四”运动，组织天津妇女界爱国同志会，并参加、领导了天津青年界的进步团体“觉悟社”，是天津学生运动中的积极分子。1919年，她和马骏代表天津学联到上海出席了全国学生联合会的成立大会。1920年六七月间，她又参加了学联组织的到南洋募捐的工作。刘清扬在天津的学生运动中起了很大的作用。

9月底，刘清扬到北京后，大钊和我在图书馆主任室找她谈话，希望她加入共产党，但她当时却表示对党的组织还不太理解，没有同意。我们认为入党一事不能勉强，只能待将来有了认识再说。以后，李大钊找了张国焘。张是北大的学生，在学生中表现积极，热情很高。除了大钊和我，他成了北京的第三个党员。

后来北京又发展了高语罕、刘仁静、邓中夏、罗章龙等，他们都是北大的学生，这些都是我离开北京以后的事了。

二

第一次世界大战后，中法人士为沟通文化交流，组织了华法教育会，倡议中国学生赴法勤工俭学。蔡元培、吴稚晖、李石曾等参加了发起和组织工作。“五四”运动后，由于华法教育会的鼓吹和倡导，逐渐形成了勤工俭学运动的高潮。

李石曾、吴稚晖等人在法国巴黎里昂大学筹办了一所中国学院，他们聘请我去教逻辑。这样，1920年11月，我离开北大，登上了赴法的征途。

1920年底，我们乘法国“高尔基”号船，到了法国马赛。同船到达的有蔡元培、汤尔和、陈大齐、刘清扬等。蔡先生是赴法考察教育的，另外还有广东的郑毓秀，她是个法国通，此次出国，她带了二十几个女学生。

1921年至1922年，张申府旅欧时居住的巴黎爱歌里路50号

一个多月的海上航行，开阔了眼界。站在甲板上，望着无垠的大海，心情十分激动。大家常常聚拢在一起，热情地交谈，互相倾诉自己发奋读书、立志报国的理想。途中，我向刘清扬介绍了俄国十月革命，讲了共产主义，也讲了共产党的性质，她对党的组织有了新的认识。

抵达马赛，我们坐火车到了巴黎。当时中国学院尚未开学，我便常去巴黎大学听数学、哲学、逻辑学等课程，住在巴黎大学对面的学校街50号。

一到法国，就见到了周恩来同志。异国相逢，倍感亲切。提起和周恩来同志的相识，还得追溯到1920年的8月……

“五四”时期全国各地出现了许多社团，知识分子特别是青年学生组织起来，研究问题，寻找出路，一些进步的社团进行广泛的革命活动，团结了进步青年，成为具有战斗性的革命组织。著名的有湖南的“新民学会”，天津的“觉悟社”等，“少年中国学会”也是这一时期著名的社团组织。“五四”运动进一步促进了广大青年思想的解放和对国家命运的关心，也推动了许多进步团体的活动发展和相互交流。

1920年的暑假，天津“觉悟社”的成员在周恩来、邓颖超、刘清扬的率领下，来到北京，邀请北京的“少年中国学会”“曙光社”“人道社”等团体举行座谈，希望各方进步团体联合起来，采取共同行动，改造旧的中国。

8月16日，“觉悟社”“少年中国学会”等团体二十余人，在陶然亭慈悲庵举行座谈，李大钊、陈愚生和我作为“少年中国学会”的代表出席了会议。会上，周恩来同志代表“觉悟社”发言，主要讲了“觉悟社”提出联合进步团体，共谋社会改造的意义。他气度不凡，侃侃而谈，其深邃的目光和坚毅的表情引起了我的注意。

还在这次聚会之前，我曾听李大钊同志谈到过恩来。那时大钊经常往来京津进行讲演，熟悉周恩来同志，屡次向我介绍他的情况，并且也对恩来同志讲到过我。这使我们虽未曾相见，却先相知了。

陶然亭聚会，我和周恩来同志认识了，我们畅叙理想，热烈交谈，共同讨论中国的前途，交换各自的看法。以后由于工作之便，我们经常见面，往来越发亲密。周恩来同志头脑清醒，思维缜密，对于中国的现状和前途有着清醒的认识和独到的见解。他待人诚恳，对工作兢兢业业，一丝不苟。

周恩来同志是比我早一个多月到法国的，他告诉我：他曾有意到英国去学习，但英国生活水平高，且不宜读书，所以只住了一个月便回到法国。周恩来同志住在巴黎南郊的哥伦布，从这里到巴黎坐火车大约用一个小时，他在一个补习学校补习法语。

离国赴法前，李大钊、陈独秀分别与我谈过党组织的发展问题，他们希望我到法国后继续发展党员，建立党的组织。因此当我的生活安顿下以后，便着手进行这项工作。我认为刘清扬同志对党的认识已有了显著的提高，便介绍她加入了中国共产党，时为1921年初。接着我又与刘清扬商量一起介绍周恩来同志入党之事。

"五四"运动时期，刘清扬在天津教书，周恩来在南开中学读书，他们一起领导学生运动，彼此很熟悉。我与恩来同志认识的时间虽然不长，但是他却给我留下了深刻的印象。周恩来同志谦虚且热情，积极而肯干；他坚信马克思主义，全身心地投入中华民族的解放事业。我和刘清扬一致认为，周恩来同志是一位有远见卓识、具有非凡组织能力的同志。我们与恩来同志进行了一次长谈，主要内容是讲俄国十月革命，讲中国的发展趋势，讲中国共产党的使命。其时，周恩来同志对十月革命已作过认真的研究，他十分向往社会主义，立志献身于国家民族的解放事业，他非常高兴地接受了我们的介绍。1921年的二三月间，周恩来同志加入了中国共产党。

事后，我把介绍周恩来同志入党一事写信告诉了国内的陈独秀，他回信表示同意。那时，党组织刚刚建立，发展党员只要有人介绍就行了，并没有其他的手续。

此后，赵世炎、陈公培相继来到法国，他们是通过国内关系入党的。到法国后他们便立刻与我联系，这可能是陈独秀介绍他们来找我的。于是，我与周恩来、刘清扬、赵世炎、陈公培五人在巴黎成立了共产党小组，大家都明确是共产党员，但对外不公开，我与国内的陈独秀常有书信往来。

1921年7月，中共“一大”召开前，我曾收到国内寄来的通知，并在党小组内进行讨论，但因时间紧，路途远，不能回国出席。我即给陈独秀写信，作了答复。不久，我们便知道中国共产党已经正式成立了。

三

巴黎共产党小组成立后即在留学生中开展活动，其中具体做了两件事：一是筹备出版了《少年》，这是一份内部刊物，具有党刊的特点。筹办初期，没有经费，有一位名叫谢成瑞的学生，在天津时与周恩来是同学，他与章士钊先生关系密切，恰好章士钊正在欧洲游历。这样周恩来通过谢成瑞向章士钊募捐，得到1000法郎的资助，用此购买了机器纸张，解决了初期的困难。

1922年8月1日，《少年》在法国巴黎正式创刊。该刊是油印本，封面是红色的。我和周恩来经常为《少年》写稿，并负责编辑工作。刻写蜡版和油印的工作主要是由陈延年和陈乔年二位同志负责。

当时我们写文章都用笔名，我是以“R”为 名的。原因是英文的“俄国”（Russia）和“红”（Red），以及英国哲学家罗素（Russell）三个字的第一个字母都是“R”，那时我信仰马克思主义和罗素的哲学，取“R”为笔名就是

"我是红色的罗素"的意思。

《少年》以宣传共产主义为主要内容。一方面,它大力阐扬马克思主义和无产阶级专政的理论;另一方面,同勤工俭学运动中的无政府主义及各种错误思潮作斗争。此外《少年》还登载共产国际的文件,报道世界工人、青年运动和中国青年的消息。因为《少年》具有鲜明的特点,所以吸引了广大青年。

在1922年9月1日出版的《少年》二号上,我写了一篇题为《胡适等之政治主张与我们》的文章,主张必须要组织一个强固的共产党,党是"先驱",是"前卫",有了党,才能使中国达到富强,才能实现共产主义。文中说:"我们主张即刻要有的只是一个共产党,公开的共产党,强有力的共产党,极有训练的共产党,万众一心的共产党。……俄'沙'也未尝容许过共

1921年春,张申府和天津"觉悟社"部分成员在法国巴黎合影。
第二排左起:张申府、陶尚钊、周恩来、张家俊、赵光宸。第一排左起:刘清扬、李锡智

产党，然而强有力的共产党竟能成立，因之而有1917年11月的空前革命，又赖实力，维持至今，根基日固。共产党是劳动阶级的代表，是劳动阶级的先驱，是要使人人都得其所的，是不许一人逾其分的，共产党主张的，因此绝不是少数人的利害。共产党的人必须是劳动阶级或同化于劳动阶级的。必须有死也不改的信仰，必须了然于同阶级人彼此利害的共同，且以除此共同的利害，别无利害。必须对于现世的恶，誓死不相容。这样的人，中国是有的。必须由这样的人，当仁不让，造成强固的共产党，中国事乃有可为。”

在同期《少年》我写的另一文《中国共产党与其目前政策》中，我对共产党的终极目的，发表了个人见解，认为：“自己（即共产党）的正手段乃是劳动会议式的无产阶级专政；自己的本目的乃是生产共有，分配共管，无阶级，无国，无家，无政府的共产社会。更要不忘为一种行动与终极目的不同的党派，结成统一前敌时，必须保持住自己组织的独立！必须得机即把自己的终极目的向大众标示！”

当时，在留欧学生中，思潮纷杂，派别林立，各派都出版刊物，宣传自己的政治主张，其中有无政府主义者的《工余》，国家主义派的《先声周报》等。《少年》在宣传共产主义的同时，对一切反马克思主义的理论予以驳斥。针对胡适等人的“好政府”主张，我曾在《少年》第二期《胡适等之政治主张与我们》一文中指出：“他们的主张与活动方向，总而言之，不外趁机、改良，无根本不可变的主张，而随机会迁化，不察病原，早晨头疼，早晨医头，晚上脚痒，晚上又来治脚。”我认为：一个人或一阶级的政治主张，总是为其人、其阶级自身的生活利害而发。胡适等是知识阶级的人……倘其主张能成功，他们的生活与事业固然应能得安了……可是至于一般小民，至于农工，生活如何，则犹难必，不但不能必其利，至少一部分要适得其反。根本原因即在士绅与农工生活方法不同。知识阶级原来是资本阶级的附庸，必不敢过于得罪资本阶级，利害如何能与农工小民相容？

在《少年》上，周恩来同志曾以“伍豪”为名写了许多文章。

巴黎小组成立后做的另一件事是发起共产主义少年团(后来改名共青团)。1922年4月26日,赵世炎在致吴明(陈公培)的信中说:"欧洲方面决定成立一个'青年团'。"我们曾就这一问题多次酝酿讨论;但由于党小组是不公开的秘密组织,因此,在整个筹建工作中,我们从未用党组织的名义。

旅法五人小组中,除陈公培于1921年10月因里昂事件被驱逐回国外,其余四人都投入了组织旅欧青年团的工作,尤其是周恩来和赵世炎做了大量具体、细致的组织工作。其时我在德国,曾就这个问题与赵世炎多次通信,和国内党中央也通过信。

已经发表的赵世炎同志通信录中,在1922年4月30日致吴明的信中,谈到了成立共青团一事:"日前德国诸友联名——寿康、申府、伯简、恩来、清扬、子暲、披素——给我信促于五一告成……""申府现在德,应该常有信来。他给我信最密。我在法国方面事事审慎,故进行很迟,因此常遭他的责备与催促。"从这段话中,不难看出,在筹建少共问题上,党小组成员彼此沟通意见,互相配合,开展活动,其联系是相当紧密的。由此也体现了旅欧党组织的领导作用。

关于旅欧青年团的名称,照我现在的回忆,我始终是叫"少年共产团",这样称呼的原因是区别"共产党"。当时周恩来同志也是坚持这样叫的,但据说青年团中有相当一部分人坚持叫"少年共产党",因此现在一些回忆文章也都沿用此名了。

1922年6月下旬,旅欧少年共产团在巴黎西郊布伦森林中小广场召开了成立大会,德国方面由周恩来同志出席了会议。会上选出了中央执行委员会,并决定出版刊物《少年》。会后恩来回到柏林,把会议情况告诉了我和其他同志。

四

我从法国转往德国的原因和前后经过是这样的:

1921年9月下旬，发生了留法学生要求开放里昂大学的斗争。事情的经过是：李石曾等人曾在国内大力提倡勤工俭学，但事实上，学生们到了法国，找工作不容易，上学更不容易，生活困难，也没有固定的住处。中法当局又指使中国少年监护委员会宣告，从1921年9月15日起，停发勤工俭学生的维持费。与此同时，以照顾勤工俭学生的名义建立的里昂中法大学也拒绝勤工俭学生入学，而去向国内官僚贵族、军阀中的纨绔子弟招收学生。学生们对此非常愤慨，决定进占里昂中法大学。

在赵世炎、陈毅等同志的带领下，100多名学生冲进里昂中法大学，占驻了一部分宿舍。可是中法当局无视勤工俭学生的合理要求，派来武装警察，把100多名学生押往法国兵营囚禁起来。记得赵世炎同志不知是用了什么办法从关押处跑了出来，到处办交涉；奔走活动。有一天，他到巴黎找到我，由我代他拟了一个英文的电稿，发出一份呼吁电报，但是发向何处现在却记不得了。我又同他一起去向吴稚晖交涉，也毫无结果。在中法当局的阴谋策划下，陈毅、蔡和森等104人，被武装押送回国。

占领里昂大学的斗争，在中法当局的联合迫害下失败了。对此我感到无比的愤慨，盛怒之下辞去了教书之职，离开了里昂大学中国学院。为此当然也就没有收入了，随之生活出现了困难。于是，1922年3月我和刘清扬、周恩来一起转到德国。

德国是第一次世界大战的战败国。战后的德国经济萧条，外国人到了德国生活是很容易的。我们三人是坐火车赴法的，离法时走得很匆忙，差一点误了火车，火车是经过比利时到达柏林的。

在德国，我住在柏林东的维廉区，周恩来开始住在氏尔姆村区，我和刘清扬仍分住着，但相距很近。

我住的房子是租一位德国老太太的，房屋旁有一条河，景色很美。我和周恩来、刘清扬经常在一起。

那时我非常崇拜三位犹太人，把他们称为“犹太三杰”：一位是马克思，社会科学家；一位是弗洛伊德(Freud)，心理学家；另一位是爱因斯坦

(安斯坦,Einstein),他提出了"相对论"。这些经常成为我们讨论的话题。记得当我详细地谈了马克思的家庭和一生的经历,他的巨著《资本论》以及他的理论,马克思对人类作出的伟大贡献时,周恩来曾经谦称我是他的师兼友,由此可以看到当时我们的关系是非常亲密的。

当时在德国的党员除了我们三人外,还有张伯简。这样我们四人组成一个党小组,开展活动。后又有高语罕、郑太朴、章伯钧等,这些人分住在两个地方,一部分住在柏林,另一部分住在哥廷根。哥廷根在德国很有名气,是德国的教学中心,而且是一个景色宜人、环境整洁的地方。我们每周大约总有一次要聚在一起学习、讨论和研究工作。在柏林召开党的会议,多是在我租住的地方。

1922年10月底,朱德和孙炳文到了德国,朱德过去是军人,但他抛弃了优裕生活,到欧洲寻求新的革命道路。他谦虚诚恳,热情很高。朱德向我叙述了自己的曲折经历并委婉地表示了入党的要求。他的革命愿望是

旅欧期间在德国柏林和朱德(前排右一)等人合影(前排左一为张申府)

强烈的，对党十分忠诚，对同志也是一样，特别是他事事走在前头。许多时候，大家坐在一起说话，他却悄悄地忙着做事或是忙着做饭了。不久我和周恩来一起介绍朱德同志加入了中国共产党。

在德国的党员中还有谢寿康，此人岁数稍大一点，是专门搞德国文学的。他是由张伯简介绍入党的，但不久因对政治不感兴趣便退出了。谢回国后在南京政府干过事。另外还有一位名叫李季，他到德国比我们早，大概是在国内入党的。李季住在德国南部的福兰克府，专搞马克思传。

1922底，已加入党组织的党员，组成中共旅欧支部，支部设在法国巴黎。它和少共机关是重合的，党员都参加了少共组织。我和周恩来、赵世炎等同志在其中负主要责任。当时赵世炎在法国，我住德国，周恩来常常往来于德、法之间。虽然我们不能常常见面，但始终保持着密切的联系。和国内的陈独秀、李大钊也是经常通信，沟通情况。

翻阅1922年的日记（其实并不是天天记），从依稀的记录中，也可看出当时的一些情况：

2月2日：仲甫来信。寄陈仲甫挂号信。

2月9日：仲甫来信（C.P.C纲）。

2月18日：寄仲甫译稿及修改C.P.C纲。

3月7日：函复仲甫。

3月27日：赵世炎来信。

8月31日：函陈仲甫、李守常。

11月6日：陈仲甫自莫来信，复陈。

…………

从上述摘录的日记看，虽然是寥寥几笔，没有信的具体内容，无法说明更多的情况，但却能看出我们之间的联系是密切的。

1923年暑假时（大约七八月间），我曾由柏林回到巴黎，参加过一次少年共产团的大会。少年共产团是公开的，所以我们法国党小组五人的身份都是少共团员，并在少共中起一些指导作用。少共成立时，周恩来、赵世炎都担任了少共的领导职务，我没有直接参加领导工作，只是有时与周恩来、赵世炎商量一下，出点主意。有一个名叫任卓宣（叶青）的人，是少共负责人之一，他非常自负，也很独断，他说我干涉少共，把我开除了（少共开会时我并未在场，这些都是后来知道的）。后来，第三国际给我平了反，第三国际负责人说，张崧年是共产党员，你们没有资格开除他。

到德国后，我的薪金没有了，只能靠卖稿子生活。我给商务印书馆翻译了一本爱因斯坦著的《相对论》，得到一些稿酬（后未见此书出版），同时也给北京《晨报》写些短稿，赖以维持生活。周恩来赴欧后一直兼任天津《益世报》的记者，也曾写了不少文章。时间长了，我的生活开始出现问题。因此，我经请示党中央批准后，便在1923年年底和刘清扬、孙炳文一起回国了。

筹办黄埔军校点滴

1923年底，我结束了旅欧生活，回到了日夜思念的祖国。到北京后，见到李大钊同志，久别重逢，分外喜悦。我向大钊同志讲了在法国、德国的工作、生活以及党组织的情况；也讲了回国时途经俄国的见闻。大钊同志向我介绍了国内的形势，尤其兴奋地告诉我国共合作前景喜人，我们都为之欢欣鼓舞。言谈中，我表示希望继续回北京大学教书。大钊点头称是，并愿意从旁协助，在胡适面前代为推荐。之后，他即致信胡适，但未获准。也许是胡适认为我与他思想不一致，不便合作，拒绝了我。后来李大钊同志告诉我，广东形势很好，建议我去广州。随后于1924年初，他亲自介绍我前往。

在北京度过春节，我即启程赴粤，先到上海，改乘轮船南下。一路上，见到许多青年学生情绪激昂。他们三三两两聚在一起畅谈国事，各自抒发其爱国情怀。

我到广州已经是2月初了。这时，国民党第一次代表大会刚刚开过，孙中山先生在中国共产党的帮助下，改组国民党，确定了联俄、联共、扶助农工的三大政策，开创了国共合作的新局面。为了培养革命军事人才，广州正在筹办陆军军官学校。因地点设在黄埔岛上，人们习惯称之为黄埔军校。我到粤后，马上参加了黄埔军校的筹备工作。

与此同时，作为国共合作的另一产物——广东大学（中山大学的前身）正在筹办，邹鲁任校长，我受聘任教授兼图书馆馆长。

当时，廖仲恺同志在黄埔军校负责实际筹备工作，后担任军校党代表。戴季陶是政治部主任。他们对我非常热情，常请我吃饭，谈军校工作。廖先生身材不高，十分干练。他为人谦和，对工作一丝不苟。谈话之间，他们希望我能够推荐一些在国外学习的优秀学生到黄埔军校来。于是我开了一个十五人的名单给廖仲恺，名单上的第一名就是周恩来，记得还有周佛海等人。我告诉他们：周恩来人才出众，但是个穷学生，希望能汇些路费给他。他们当即表示没有问题。

四五月间，我给周恩来同志写信谈了此事，不久他回信表示同意。

8月初，周恩来同志从法国回到广州，其时我正在北京度假，回粤后才见到他。他显得非常高兴，认为黄埔军校大有可为，表现出极大的热情。11月，他接任政治部主任工作，以其非凡的才干为黄埔建军建立了不朽的功勋。这是后话。

在军校，我参加了招考学员的工作。来广州参加考试的学生大都通过了本地区的初试，但人数仍然很多。学生们热情很高，认为报国有门，踊跃报考。我记得复试要经过笔试和口试，我主要负责学生的口试。在众多的口试学生中，一个叫“贺衷寒”的学生我始终没有忘记。此人进入军校后，逐步变成一个右派分子，他在军校参与组织孙文主义学会，谩骂攻击共产党，充当了反共的先锋。

4月底，入学考试发榜，第一期学生陆续进校，我亦被任命为军校政治部副主任。同时任命的还有管理部主任林振雄、军需部主任周骏彦、军医部主任宋荣昌、教练部副主任兼总队长邓演达等。

说到邓演达同志，我们过去未曾相识，见面后却如同老友。邓先生说话风趣，谈吐文雅，作风严谨，深得学生们的喜爱。由于工作关系，我们经

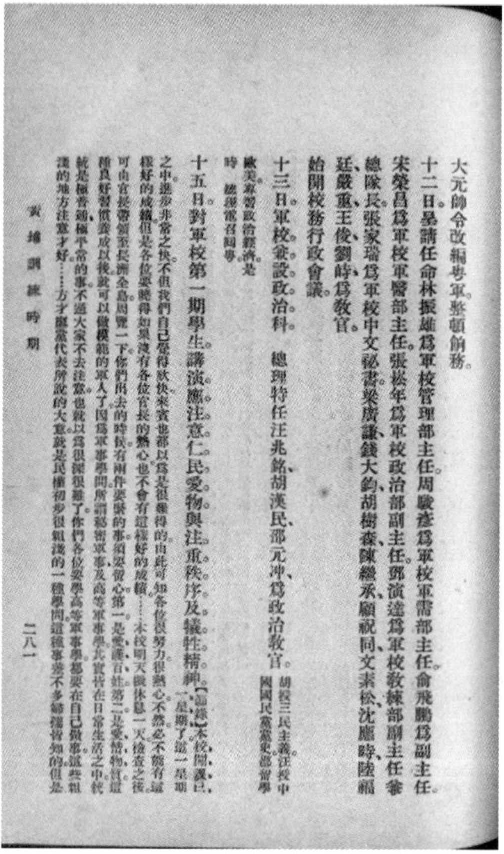
大元帥令改編粤軍整頓餉務。
十二日。呈請任命林振雄爲軍校管理部主任。周駿彥爲軍校軍需部主任。俞飛鵬爲副主任。
宋榮昌爲軍校軍醫部主任。張崧年爲軍校政治部副主任。鄧演達爲軍校教練部副主任兼
總隊長。張家瑞爲軍校中文祕書。梁廣謙、錢大鈞、胡樹森、陳繼承、顧祝同、文素松、沈應時、陸福
廷、嚴重、王俊、劉峙、爲教官。
始開校務行政會議。
十三日。軍校添設政治科。 總理特任汪兆銘、胡漢民、邵元沖、爲政治教官。胡授三民主義。汪授中國國民黨黨史。邵留學歐美。專習政治經濟。是時 總理嘗召同學
十五日。對軍校第一期學生講演。應注意仁民愛物。與注重秩序及犧牲精神。【講詞】本校開課已一星期了這一星期
之中。進步非常之快。不但我們自己覺得狠快。來賓也都以爲是很難得的。由此可知各位很努力很熱心。不然必不能有這
樣好的成績。但是各位要曉得如果沒有各位官長的熱心。也不會有這樣好的成績。……本校明天放假休息一天。檢查之後
可由官長帶領至長洲全島周覽一下。你們出去的時候。有兩件要緊的事須要留心。第一是愛護百姓。第二是愛惜物質。這
種良好習慣養成以後。就可以做模範的軍人了。因爲軍事學問。所謂秘密軍事及高等軍事學。其實皆在日常生活之中。就
就是極普通極平常的事。不過大家不去注意。也就以爲很深很難了。你們各位要學高等軍事學。都要在自己做事這些粗
淺的地方注意才好。……方才擬黨代表所說的大意。就是民權初步很粗淺的一種學問。這種事差不多歸很普通的。但是
黃埔訓練時期　二八一

《民国十五年以前之蒋介石先生》第281页记载了当时任命张申府(张崧年)为黄埔军校政治部副主任的情况。该书毛思诚主编,台北出版,现藏于国家图书馆

常见面，他总是让我推荐在国外留学的有志之士到军校来，我告诉他已经写了名单给廖先生。嗣后，每次谈话，他总又提起推荐名单一事，可见他对军校工作是十分认真的。以后我离开了军校，也就与演达同志暂时分手了。

回忆这一段经历，最不能忘怀的是孙中山先生的亲切接见。具体的时间、地点记不太清楚了，只记得是孙中山先生一次讲演，孙夫人宋庆龄也陪同前往，当时在场的还有廖仲恺、戴季陶等。讲演厅外有一客厅，孙中山先生演说时，我们便在客厅内等候。讲演结束，孙先生、宋庆龄来到客厅，大家坐在一起，向孙先生汇报军校的工作。孙中山勉励我们：努力工作，任劳任怨，团结一致，挽救中国的危亡。孙先生态度和蔼，平易近人，他的音容笑貌给我留下了深刻的印象。

军校中还有一个重要人物，就是校长蒋介石。在我来军校之前，我与他有过一面之缘。那是1923年的12月，我从德国回国，取道俄国，住在莫斯科赵世炎处。时蒋介石正奉孙中山先生之命，与张太雷等四人在俄国考察政治及党务。经世炎同志介绍，认识了蒋介石，当时我们不过彼此寒暄几句，并没有谈什么别的。蒋介石倒是客气得很。

蒋回国后，孙中山委其以重任，在陆军军官学校的七人筹备委员中，以他为委员长。可是1924年2月，蒋介石突然提出辞职，不辞而别，溜回老家。几经劝告，直到4月下旬才返回军校，5月初被任命为军校校长。我感到蒋回校后对工作还算负责，要求学生极为严格，经常召集学生训话，日常事务一一过问，但我总觉他为人跋扈，刚愎自用，难于长期共事。遂借戴季陶辞职之机，离开了军校，专门从事广东大学的工作。

暑期我回北京度假，当我返回广州时，国民右派邹鲁突然翻了脸，他借故不再下聘书，我一下子失去了在广东大学的工作，这样只好告别广州到上海去了。

我在清华大学时的一段经历

一

1930年至1936年，我任清华大学教授，教逻辑和西洋哲学史。

“九一八”事变后，中国国内阶级关系发生了新的变化，中日民族矛盾开始上升为主要矛盾。1935年，日本帝国主义阴谋策动华北事变，妄图以“自治”的名义把华北五省变成它的殖民地，国民党政府对日本帝国主义步步退让，民族危亡到了千钧一发的关头。在中国共产党的号召和领导下，抗日民主运动在全国迅速地展开了。

我所知道的北平的抗日救亡运动是以清华园为中心的。学生中，姚克广（依林）、蒋南翔等都是共产党员，他们通过“民族武装自卫会”等组织，在学生中进行抗日的宣传活动，团结了广大进步同学。一些爱国教授十分痛恨日本帝国主义的侵略行径和国民党政府的卖国政策，利用课堂宣讲时事，宣传抗日，进一步激发同学们的爱国热情。这样，通过各种公开的和秘密的活动，爱国力量不断增长，清华园孕育着一场势不可挡的抗日风暴。

北平的救亡运动为什么是以清华为中心呢？原因之一是梅贻琦先生

上世纪30年代，在清华大学南院9号寓所前留影

任校长时，号称教授治校，政治比较开明，为学生的爱国活动提供了一些便利。

我记得，除了城外的清华大学外，在城内的接头地点多在东北大学、女一中、欧美同学会。此外，我在城里住的大乘胡同19号也是碰头处，地下党中蒋南翔和我接头的时候比较多。市中心南新华街一个小院子也是我们的聚会处。

当时北平的大学、学院聚集了许多名教授，有的教授兼课很多，经常往来于平津两地，因此平津的消息互通，行动是一致的。杨秀峰同志在天津法政学院教书，他是地下共产党员，参与领导了北方抗日救亡运动。在北平同我联系较多的有许德珩、陈豹隐、黄松龄、程希孟、白鹏飞、吴承仕、张奚若等，在反对日本侵略中国的问题上，大家的观点是一致的。还有两位爱国人士，帮助我作联系工作，一位叫潘怀素，是北师大教授，一位叫黄文山，是北大哲学系教授。另有女一中的孙祥偈（荪荃）校长，也利用他们的校址作救亡活动的场所。

当时清华大学的逻辑课开了三个班，第一班是金岳霖先生教，我教第二班，另有一位教第三班。我的课名为逻辑，其实多是政治评论，吸引了不少年轻人。每次上课之前或临下课时，我都要利用一点时间把当时的政治局势告诉给我的学生们，让学生们了解更多的时事。这样做，也令一些人反感。

那时，我住在学校南院9号宿舍里，每天到校上课，都从学校正门进来，走过学校礼堂正对的一座大桥。有一天早晨，我进了校门，就看见对面桥上贴满了反对我的标语，写着“打倒张申府”等等。显然这是一些反动的学生借此来攻击我的。当然，我并不以为意，继续去教我的课。不一会儿的工夫，那些标语就被洗刷干净了。

至于广大的进步青年，反对日本帝国主义的爱国热情却日益高涨，终于爆发了“一二·九”运动，公开喊出了“打倒日本帝国主义”的口号。

二

“一二·九”运动和“五四”运动一样，都是因为“对外”引起的。“五四”运动首先因于反对卖国的“二十一条”，把青岛割给日本；“一二·九”运动则是因为自“九一八”事变后，日本帝国主义对中国的侵略越来越扩大、越来越加紧了。“五四”运动时还没有成立共产党，但多少也受了1917年俄国十月革命的影响；“一二·九”运动时，中国共产党已经成立十余年，所以“一二·九”运动实际上也是对于党的“八一宣言”的响应。

我记得那次运动是以城外的清华大学为中心展开的，城内是从女一中开始的。女一中的校长孙荪荃思想很进步，她接近当时还处于地下的共产党，学生们也很拥护她。

1935年12月9日，广大学生的游行开始了。我记得那天上午，我同清华学生姚克广（姚依林）、女一中校长孙荪荃和学生郭明秋四人同到西单亚北咖啡馆楼上饮茶，看着游行队伍的行进。姚克广和郭明秋是“学联”的主要负责人，这个咖啡馆实际上也就算是组成了一个游行队伍的临时指挥部。队伍游行走过西单又往东走时，就有一个清华的学生骑着自行车跟着队伍走，并随时来把游行队伍的情形告诉我们。

一个星期以后，12月16日，北平学生举行了更大规模的示威游行，抗议“冀察政务委员会”的成立。国民党当局关闭了所有的城门，来阻止城外学生们进城继续进行正义游行示威行动。城外两千多名被激怒了的学

1976年"一二·九"纪念日午后留影，时年八十四(作者每年12月9日都会拍照留念)

生，用自己的双臂组成一股钢铁般的巨流，冲开了紧闭着的城门，在一阵震天撼地的欢呼声中，学生们冲进了西便门。

这一天，我是坐在一辆人力车上，在马路旁边随着游行队伍，从东往西走。一路上学生们群情激昂，口号不断。我坐在人力车上，看见几个军警拼命追赶一个女学生，这个女学生已经跑进王府井并往北进了路西的一家药铺，而军警们仍然紧迫不放。我目睹这一切，就从车上跳下来，对那些军警讲："她已经走了，还追她干什么？"他们一听我这些话，马上转过身来，对着我恶狠狠地喊起来："你是干什么的？"我便说："我是过路的。"他们看了我两眼，不像是参加游行的，也就没再说什么，无可奈何地转向别处去了。

"一二·九"运动开始于学生，轰动了全国，各阶层爱国人士纷纷响应，掀起了全国抗日救国运动的新高潮。各地的救国组织相继成立。1936年1月，北平学联和北平院校(包括东北大学)的师生成立了北平文化界救国会，我记得一些进步教授都参加了这一组织，其中有：吴觉先(武剑西)、潘怀素、程希孟、章友江、黄松龄、严景耀、杨秀峰、许德珩等和我；另外，一些进步的学生也积极参加了这一组织。我们几个教授经常在南河沿的"欧美同学会"聚会，讨论当时的时局，研究开展抗日救国活动等问题。

不久，北平文化界救国会与北平学联又共同组织了华北各界救国联合会，其中包括河北、河南、山东、山西、陕西、绥远、察哈尔等七个省，救国会设置了总务部、组织部、宣传部、工农部、妇女部。总务部由我负责，组织部和宣传部由进步学生分别负责，工农部由一位从唐山来的工人负责，妇女部由刘清扬负责。杨秀峰任顾问，他耳朵虽然不好，但是许多主意都是由他拿的，在救国会中起了指导作用。经杨秀峰的介绍，我认识了彭真同志，当时人们称他为“高先生”，并由此认识了林铁、萧明等人。

接着，在上海由著名的“七君子”等人筹划成立了全国各界救国联合会，是由七君子之长沈钧儒负责。我们组织之间，保持着密切的联系。上海召开救国联合会成立大会时，华北救国联合会适有一人在上海，曾参加了大会。

三

“一二·九”运动后，我仍在清华大学教书。

1936年2月29日（星期日），我突然被捕了。前一天的晚上，我进城听河北梆子，因天已晚，就住在大乘寺19号（这是我城内的住处，平时我住在清华大学宿舍里）。

星期日上午，我拟到西单坐清华大学的班车返校。我离开家，坐上洋车，可是刚走不远，就被两个穿便衣的人截住了。他们问我的姓名。我一看知道情况不妙，可是跑是跑不掉了，于是便将姓名如实地告诉了他们。他们又说，“北平市长请你去讲话！”就这样，我还是坐在原来的车上，他们也坐上车，我被带到西单北三条太仆寺街的侦缉队第三分队。

分队长重新又问了一遍姓名后，又问：“你是不是经常在北平开会？”我承认了，因为报纸上已经登了嘛。于是，他们把我拘留了，和那些侦缉队的人一起住在西屋里。那些抓我的人非常高兴，他们口称“抓住了共产党的大头子”，并扬扬得意地对同伙讲述着自己的“功绩”：“我们已经等了他几天了，他去听戏，我们也一直跟着。”“我们一直在他住处对面的门口里等着他。”我住的大乘寺19号的对面，是一个很大的门，可我却没注意到有人，而且对于他们的跟踪一点也没察觉到。其实当时我已经听到一点风声,《小实报》的主编管翼贤就曾打电话到清华园,告诉我情况不好,要我多加小心。我本是预备躲一躲的,可是还没有来得及躲就被捕了。到了当天晚上,我又听见屋外好像有女人的脚步声和嘈杂声:“我们把‘小铁角’给抓住了。”第二天才知道,刘清扬也被捕了。

第二天早晨,他们把我和刘清扬押解到宣武门外的侦缉总队。一到那里就把我关到木笼里,后来又把我放出了木笼。总队的队长姓马,他对我说,你太太给你求情了。原来这个姓马的是回民,刘清扬也是回民,刘清扬借此向那个姓马的求情,才把我从木笼里放了出来。

屋子很大,整个一个大炕,靠南全是一般的犯人,像小偷等;靠北边是政治犯,多是学生,也有教员,其中有一个名刘凯元的教员也关在这里。这些人主要是因为搞学生运动、参加“一二·九”游行被捕的。学生中有一些人知道我,他们给我腾出靠窗户的好一点的位置。这儿的厅长很厉害,人非常坏。他有一个姓陈的秘书倒总是客客气气地对待我。过了几天,他们又把我带到另一个房间,这是他们所谓的“优待房”。开始只有我一个人住,后来又加了两个人,其中一位是中国大学的穆松桥。据知情人讲,进了这个房间的人,都是重要的犯人,是预备要解走的。

我在警察局第三厅住到第十一天的时候,那个姓陈的秘书来找我,他拿来我刚进警察局时被他们扣下的钱、眼镜等随身带的东西,告诉我要换到另一个地方,并问我这些东西怎么办,要不要送回家去?我被捕时随身带了许多钱,一是因为生活宽裕,更重要的是为准备出走预防万一的,现在当然是用不着了,我便说:“不必了。”他们就留下了那些东西。

大约在三月十几号,警察局的人把我、刘清扬还有十几位学生,一同解到位于安定门内的陆军监狱,此地俗称炮局子。不久前,抗日将领吉鸿昌在这里被杀害。到了监狱,首先是队长“训话”,此人粗暴野蛮,他总是“张崧年”“张崧年”地喊着我的名字训斥,我非常憎恨他,所以出狱后,立刻把我的名字改为申府(申府原为号)。队长“训话”后,我被戴上脚镣,关进牢房。

我被捕后,地下共产党组织积极营救,家属和朋友也设法活动。当时任女一中校长的孙荪荃到南京找到冯玉祥,请冯从中帮忙,因为当时宋哲元任平津卫戍司令,统治北平,而宋曾是冯玉祥的部下。经过多方活动,局势有所缓和。后来梁漱溟又找到宋哲元托情。宋讲,托情不行,你可以去见见他。当梁漱溟来看我的时候,我被解掉了脚镣。随着形势的逐渐好转,终于在5月8日被释放恢复了自由。我在监狱中度过了整整七十天。

出狱后,我回到清华大学继续教书。不料到了暑假,有人提出我在哲学课堂上讲时事太多,学校借此把我解聘了。在此期间,学校还开除了一些参加"一二·九"运动的学生。听说学生们为此成立了"被处分同学后援会",声援被处分的同学,并要求校长收回解聘我的成命。但是,最终我还是被迫离开了讲坛,离开了可爱的清华园。

“七七”后的零散回忆

1937年8月10日(日本进兵北平是8月6日),我离开北平去天津。当时北平情况紧急,许多人外出避难,车站上的人特别多。我走时随身带了一个小箱子和一卷铺盖,可因为人多上不去车,只好从火车的窗口钻进了车厢。

到了天津,我住在英租界的一个大旅馆里。两天后,又坐船到了烟台,在那儿我遇到了许德珩、程希孟等几个熟人。接着我们又一同乘长途汽车到了济南。后我继续乘车到了南京。当时正值国共联合抗日,许多要人都在南京,我见到了董必武,他是作为共产党的代表驻在南京的。还遇见了沈钧儒,我们商定把沈领导的“全国各界救国联合会”和我负责的“华北各界抗日救国会”合为一体,成立全国性的抗日救国组织,以发挥更大的力量。周佛海也在南京,他已经做了官了,他热情地接待了我。此外我还遇见一个学生,他名叫张北海,我在北京大学教书时,他曾经听过我的课,后我在上海大陆大学教书时,他任该校的一个职员。当时他在陈立夫处做事,经他介绍,我认识了陈立夫。

在南京住了几天后,我突然病倒了,在一位南京教俄文的友人(早已相识，名字记不得了）的帮助下，我住进了医院。至于医院的费用，一些是我身边带的钱，另外张北海也帮着找了一些，他说是陈立夫帮助我的。病中我曾写信告诉了刘清扬，那时她已经从北平到了天津，并在天津与杨秀峰、王仲华等成立了华北武装自卫会。刘清扬叫王仲华到南京来看我，不久，她也到了南京。

随着日本帝国主义的步步逼近，南京也受到威胁。病基本愈后，我就同刘清扬一起，搭冯玉祥的专车（在南京时我曾看过冯玉祥），经徐州、开封，又走京汉路转到了武汉。在火车上，冯玉祥先生委派王冶秋照顾我们，王当时还是冯玉祥的部下。

1938年，国民政府成立了国民参政会，有各界人士参加，但实际上这都是国民党一手操办指定的。共产党方面有董必武、王若飞等，我是作为救国会的代表参加的。

到武汉大约是1937年的冬天。1938年9月时，一些军政团体推我去劳军，当时有两个人陪我同去，名字都不记得了。我们带了一些宣传品和慰劳品，到了驻在洛阳的抗日部队进行慰问。之后我到了西安，当时我是准备坐飞机去陕北的，便同驻西安的共产党代表习仲勋联系，随即他又与延安联系，后得到通知，因雾大飞机不能飞行，赴陕北的愿望未能实现。以后还有一次在重庆时，也预备去延安，当时和我们在一起的章伯钧、黄炎培等人已去延安，我、陶行知，还有一人（名字记不清了）也想去延安，便给延安打了电报，延安方面即回电表示欢迎。可是联系飞机等事宜都得经过国民党政府，他们却不准许我们去，不给我们派飞机，因此也未能成行。在西安去延安不成，我便乘飞机到了成都，几天后又坐长途汽车到了重庆。当时武汉受到日本帝国主义的威胁，国民党政府已转移到重庆，但对于抗战他们却采取消极的态度。武汉失守后，人心浮动。1940年，当时我任国民参政员和政治部设计委员，和各党派人士一道去见蒋介石。坐下之后，我第一个发言，言犹未了，蒋忿然作色，大骂我是“反对政府”，说什么：“你不但写文章反对政府，还在防空洞里反对政府！”并说是曾任山西财政厅长的某人在防空洞内亲耳听我讲的。我说根本不认识这个人，纯属无中生有。局面搞得很僵，陈布雷只好站出来打圆场，蒋才算下了台。告辞出来后，左舜生对我说：“你今天是代人受过。”原来在防空洞里讲话的是章伯钧。事后伯钧也感到过意不去，到我的住所来安慰我。我平白无故挨了蒋一通骂，怒气未平，就提出要离开重庆去打游击，当时政治部长是张文白（治中），听说后跑来一再慰留，我才未走。但后来改选参政员，我和伯钧都被除名。蒋介石器量的狭小，足见一斑！（后来伯钧的参政员又恢复了。）

以后我的政治部设计委员的名义也被取消，设计委员每月有200块薪水，这样我的生活没有办法了。这时党帮助我，周恩来出面让我在《新华日报》办一副刊《科学专页》，每月送给我150块钱编辑费，当然其他人投稿的稿费也包括在这些钱中，但我的生活总算没什么大问题了。

1939年10月，救国会领导人在重庆与叶挺将军合影。
左起：沙千里、邹韬奋、沈钧儒、叶挺、章乃器、张申府、王炳南

1942年11月间，我偶然碰到老同学袁同礼，他是我在北京大学预科时的同学，因为家境贫寒，大概没念完本科便去清华大学做工了。他很喜欢图书馆学，并努力向这个方向发展，后来逐渐升为北京图书馆副馆长、馆长。我那时住在重庆乡下，本拟乘车回住处，不想在一个车站意外地与袁碰上。老朋友见面，非常高兴。寒暄之后，他便问起我的工作。我告诉他现在的事情不多，只是编一个副刊。他马上说："我们图书馆正需要人，你来编一个刊物好了。"

经袁同礼的介绍，我到北京图书馆驻重庆的办事处编《图书季刊》。我是1942年11月去的，可是却从10月开始领取薪水，每月240块钱。那时图书馆隶属于教育部，袁请我去并没有通过教育部，后教育部得知此事，很是不满。他们知道我很接近共产党，便责备袁同礼，但是因为我已在图书馆，也无可奈何。这样我便做起了"编纂"。

我在图书馆编了两年多《图书季刊》，到了1944年，又把重心移到政治活动上，虽然还挂着图书馆的名，拿着图书馆的工资，却是由别人接替了我的工作，直到1946年离开重庆回北平才脱离了重庆的北京图书馆。

袁同礼是一位正直的老实人，他为人热情，却又很胆小。袁不太关心政治，一心钻研图书馆工作，而且英语很好，与国外有很多联系。解放的前夕，时局紧张，传言又很多，他非常害怕，要离国赴美，我一再挽留他："你是图书馆长，不会有什么事情的，是绝对不会出问题的。"可是他仍然走了。后来听说他在美国国会图书馆工作，任东方部主任，后死于美国。

我与陶行知先生

我认识陶行知先生并不很早。

民二十四年冬，北平各校学生为反抗日本帝国主义，在12月9日举行游行。全国学生继起响应，于是构成“一二·九”运动。

接着，各地学生感到要达到抗日目的，必须施行抗日教育。若干大学学生都与教授合作商讨改革教育问题。各校教授合组的文化界救国会也有同样准备。我初在北平文化界救国会负学术部责任，那时已被推草成非常时期教育方案。

同时上海文化界救国会也发表了救国教育方案。

后来晓得那个方案是行知先生拟的。这恐怕是我注意行知先生的开始。

二十六年抗日战起，我在8月下旬到了南京。但行知先生已出国去了。

我逢见行知先生大概是在汉口，参政会第一次开会的时候，现在已不大记得了。

但二十六年我还在南京的时候，行知先生生活教育社的朋友在上海办了一个《战时教育》(好像是旬刊),尤引起我的注意。后来在汉口续刊,始终为我所宝爱。

在汉口时,若干教育团体发起组织全国战时教育协会,我与生活教育社的朋友们,更加密切了合作的关系。

到了重庆以后,当然与行知先生比较常见面了。至少在救国会主脑会议的时候,常是可以见着的。

后来行知先生办起育才学校,我也被邀去讲过两次话,就在育才北碚乡下的部分,我也去过一次,住了一宿。

抗战结束后,彼此将分手,行知先生好像特别有殷勤之意。我也总觉似有负于他,总想对他应有所助益。只惜至今未能如愿。

三十五年夏(七月中),战后我第一次到上海,没住几天。行知先生曾

1946年12月1日,参加陶行知的安葬仪式。前立者为沈钧儒。

第二排左二起:周新民、董必武、张申府

函约我为若干中学讲讲话。我因回京期已定,也未能从。到了隔月第二次赴沪之时,行知先生便已辞离人间了。

行知先生是一个实行家,素常沉默寡言,但他那个干法,简直不知道还有什么人赶得上。很可以说:“今之墨者也。”

数中国今日的教育家,行知先生简直是一时无两。我虽有时也好谈教育,特别如前所说,在抗战以前与抗战初期,其实,我对教育,也只能说是外行,纵有理想,却未必有办法,比起行知先生,简直惶惭到无话可说。

行知先生在教育上,有理想,有办法,能创造,能奔走,而且尽力为之。因此在教育上,留下了辉煌的遗业,炳然在人间。继起有子,纵有困难,必会日上。

对于行知先生的教育理论,我也自愧未尝甚得研究。对于他的生活教育说,世人似殊多误解。照我所了解,教育不但不能,也不应离开生活;不但生活可以给人以教育,给人以直接的教育,而且教育正是为的生活,也应为的生活;教育应教给人生活,教给人一切生活所需,更教给人推进生活,使生活前进而上。

普通必以为,生活不得教。那实大错特错,误尽苍生。

我不相信,行知先生会说教育即是生活,生活即是教育。我相信,行知先生也相信,教育一定比生活,日常所谓生活,多点什么。只是生活,一定代替不了教育。

我相信,教育要教给人创造,或引导人创造,启发人创造,而且在创造上学创造,这才是行知先生的教育思想。

卅六年六月一日

忆守常*

李大钊同志，号守常。因他长我四岁，我一向以兄视之。他应说是现代中国的一个完人。不论他的思想，他的行动，他的为人，他的待友处家，都是无可訾议的。他的思想的前进，他的行动的积极，他的为人的纯洁，他的对人的温厚，他的道德的高尚，他的革命情绪的热烈，所有这些兼而有之，真可说是一时无两。他是死了，他是不幸而为事业为主义而以身殉了。

综守常同志的一生，就他的处人处事说，很可以称他为温文君子。但他却又是正气凛然，全不苟且的。他是一代论士，他的能文，本早有名。但他同时又是最前进的思想家，最前进的革命家。而他就是因为这个死了的。

守常同志本是中国共产党最早的党员中之一人，但他其实早参加过辛亥革命了。在共产党中他在北方负责任，一时曾有"南陈北李"之说。一九二四年初起，中国共产党曾一度与孙中山的中国国民党合作。守常

*原载《回忆李大钊》，人民出版社1980年出版。——编者

同志在北方所主持的，不但是共产党的党务，也有国民党的工作。他实是以一身而负一时北方全部革命事业之重者。而他就是因为这个而被张作霖绞死了的。

据我所知，就是国民党的同志，对于守常同志也都是很敬重的。我也曾想过，假使守常同志不死的话，以后中国革命的进程上也许会能少些挫折。固然社会历史上的大事变常有无可如何的背景原因，可是一个非常的人物，又常会有转变局面的力量。守常同志就是可以有这种力量者。

我认识守常同志，还是在一九一六年。他到北京不久，我的一位同学郭晓峰，他与守常同志是同乡，他们同是京东乐亭人，经郭晓峰的介绍，我与他相识了。当时，守常同志刚从日本留学回来，在北京创办《晨钟报》，即后来《晨报》之前身。继后，他又主编《甲寅日刊》，一九一七年，我曾在这个刊物上署名发表过讲"青年问题"的文章。此时，守常同志曾以"亚细亚学会"名义组织过一次讲演会，我也去听讲过，地点在当时有名的湖南会馆，邀请的讲演者有蔡孑民(元培)、陈仲甫(独秀)、章行严(士钊)、李石曾、张继等人。他们讲演的内容我已记不得了，只是蔡先生的演讲情况还有些印象，当时他讲得最生动，口齿最清楚，博得了听众的好评。其他人的演讲就较一般了，所以一点印象都没有了。这次讲演会的规模是很大的，听众很多，整个湖南会馆都挤满了。记得就是在这次演讲会后过了一个时期不久，守常同志就到北京大学代章行严先生担任图书馆主任，时间大概在一九一七年冬或一九一八年春，我已不很记得。

北京大学图书馆，原叫北大藏书楼，设在马神庙最后院有名的四公主梳妆楼。开始对外并不开放，本校学生也只有少数几个人与管理人员相熟悉，才能进去看书。自从蔡元培任校长后，将藏书楼改为图书馆。守常同志到任后，他的主任办公室先设在楼前院内三间东厢房里。他对图书馆的业务工作进行了一些重大的调整和改革，并开始注意收集有关马克思学说的书籍以及俄国十月革命以来的著作。这时，我在北京大学已经毕业，以助教名义留校教预科。我在学生时期，已很好书，与图书馆很熟悉，并知道一些管理图书馆的技术。这时教课，功课并不多，便在图书馆帮助守常同志做些有关图书的工作。我的工作室标为登录室，就在主任室的旁边，因此，我得时与守常同志聚谈。每年北大放暑假，守常同志照例要回家乡到五峰山休假，我曾两次代理他在图书馆的职务。一九一八年夏，马神庙左近沙滩的所谓沙滩大楼（一时也因其颜色称为红楼，亦即那时的北大一院）盖成，作为北大新兴力量的中心。图书馆也搬进了大楼，占了整个第一层楼，主任室设在东南角上的两大间。从此，那两间房子也就成了一时新思想运动的中心、大本营。前进的教员经常在那儿见面，一些进步学生有什么行动也常跑到那儿去讲说，有时晚上甚至借那儿去开会。

谈到“五四”，谈到中国的革命，是绝不可以忘掉那个地方的。大家都知道，“五四”以前，指导新思想运动的刊物，《新青年》以外，就是《每周评论》。这个刊物是在一九一八年冬创办的。一次，陈独秀来到李守常同志的办公室，当时我也适在那儿。我们三人谈起当前政治斗争的形势，须出一个刊物，与《新青年》配合，互相补充，密切适应政治斗争进行宣传鼓动，最后便商定再办一个周刊，即《每周评论》。初办时，集稿校印等具体工作，完全是由守常和我负实际责任。我还记得，创刊第一期出版的前夜，他同我曾亲自到印刷所里去校对。等校对完了，看了大样，改好印成，那时已到凌晨四点钟。我俩各拿着一张首先印出的《每周评论》创刊号，出印刷所进宣武门徒步回家，一路上真是说不出来的高兴！虽然那时正值冬天，但我们都忘记了寒冷。又有一次，即是在印第四期的时候，不知怎的，本来是印五号字的，印刷所擅自排了四号字。等我们去校对时发现了，对此，守常同志曾大闹一阵。此虽小事，也可看出他的认真不苟来。

在一般人的心目中，也许会觉着一个前进的革命家总是紧张严峻，斤斤躁急的。但守常同志则一方面在行动上可以说是紧张严肃的，另一方面在风度心情上又可说是超脱潇洒的。守常同志在《新青年》上发表的名文中，有一篇是在俄国十月革命后写的《布尔什维主义的胜利》，可以看出他的思想的前进、及时；还有一篇是《今》，又可以看出他的思想的超拔而切实。还有他在主编《甲寅日刊》时的一些社论里，告人春日作郊游，教人接近大自然，也使人感出他的与众不同的潇洒飘逸、悠闲自在、诗人般的风趣来。他也偶然写些小诗，也别有意境，不同凡响。中国古军人常以“好整以暇”相尚。守常同志这个革命战士，就大有“好整以暇”的气概。

守常同志在赴日留学之前，曾在天津北洋法政专门学校学习。他很有文采，主编过《言治》月刊，发表过不少诗词和文章，在天津教育、学术界颇有名气。我记得他在五四运动那年，应天津觉悟社的邀请，曾到天津讲演，并与觉悟社的青年们进行座谈。在讲演和座谈中，提到了北京学术界思想进步情况，有那些思想进步分子等。后来有几次听天津的友好向我谈及此事，说守常同志在讲演时曾怎样提到过我。因此，南开中学等方面有些人对我有所了解。

1919年，作者在中央公园（今中山公园）与李大钊（左二）、梁漱溟（左三）、雷国能（左一）合影

一九二〇年八月，天津觉悟社为了联合进步团体，采取共同行动，挽救中国的危亡，改造旧的中国，全体社员来到北京请李守常同志指导和帮助。守常同志对觉悟社的主张深表赞成，建议他们邀请北京各进步团体参加，开座谈会，共同商讨。

八月十六日上午，觉悟社在北京宣武门外当时称为南下洼子的陶然亭举行茶话会，北京的少年中国学会、曙光社、人道社、青年工读互助团都派了代表参加。李守常、陈愚生和我是少年中国学会的代表，到会者共二十多人，其中有觉悟社的社员十一人，其他社团的代表十几人。

座谈会由刘清扬同志任主席，她报告了开会宗旨，继由邓文淑（颖超）同志报告觉悟社组织经过和一年多来的活动，周恩来同志说明觉悟社提出联合进步团体，共谋社会改造的意义。我也在会上发表意见，极力赞成“联合改造”。守常同志在讲话中提出，各团体有标明主义的必要。认为近年以来，世界思潮已有显然的倾向，一个进步团体，如不标明主义，对内既不足以齐一全体的心志，对外就更不能与他人有联合的行动。守常同志所论极为深刻、透彻，大家都感到很受启发、鼓舞。会上当即决定，由到会各团体各推三名代表，继续开会讨论联络办法。

接着在八月十八日，各团体的代表在北京大学图书馆开会，议决定名为“改造联合”，并公推我起草“宣言”和“约章”。根据会议的决定和大家提出的意见，我草拟了《改造联合宣言》和《改造联合约章》。这两个文件经过各团体讨论后，得到正式通过，后来曾发表在《少年中国》杂志的第二卷第五期上。

一九二三年底，我从德国经莫斯科回到中国。那时，我一入国境，就看到我国的人民大众穷苦不堪，军阀统治腐败无能，实在使我内心万分悲愤。回到北京后，我见到守常同志时，感慨不已，曾愤愤地对他说：“像我们这样一个国家，上上下下，国没能治，民不能生，长此这样如不改好，我就只有去入外国籍。”当时守常同志听了我发表的议论，又见我那个气忿的样子，就沉着冷静地对我说，“这个国家还是由我们来改造它吧！”话虽不多，但他那坚定、有力的声音，充分表达了对革命事业的责任感。从那次谈话以后，我更感到守常同志为着救国救民，真正表现了“铁肩担道义”的伟大革命精神。

一九八〇年二月二十四日，时年八十七岁

纪念蔡元培先生

蔡元培先生,1940年3月5日病故于九龙。今年是他逝世40周年。

蔡先生生于1868年。清光绪十八年(1892),他为壬辰科翰林,时年才26岁。与后来有名的参加创办商务印书馆的张元济先生是同乡、同年。

蔡先生早年很有才名。他见清王朝已不能久,为适应时代潮流,便从事哲学、伦理学等新学的研究。他到过日本、德国等国。后在日本参加了同盟会,从事民主革命运动。

1911年辛亥革命成功以后,蔡先生曾任过教育总长、大学院院长(南京国民政府初成立时,教育部改名为大学院)、中央研究院院长、北京大学校长、北京图书馆馆长等等。在北京图书馆馆长任内,一度曾由李四光代理,当时副馆长就是袁守和(同礼)。

民国六年(1917),蔡先生任北京大学校长(那时我在北大数学系肄业),实行兼容并蓄的办学方针。旧学旧人不废,而新学新人大兴。他聘请陈独秀任文科学长(即文学院长),章行严(士钊)、刘半农、钱玄同、周作人、陶孟和等任教授。后又聘任马寅初、陈豹隐等。章行严先生最初还兼任图书馆主任;但他以事忙不能兼,乃推荐了李守常(大钊)同志。

当时，北京大学气象一新，声名赫赫。影响全国的“五四”运动也就从北大而起。“五四”时期的民主与科学的口号，是在蔡先生的影响下提出来的。

蔡先生在学术上，是以治美学而闻名的。他刚到北大不久，我送他一大本新出版的讲述法国19世纪美学家居友（J.M.Guyau，1854～1888）学说的日文书，他很快就看完了还给我。

蔡先生提倡“以美育代宗教”，对许多人都很有影响。从那时起，在常说的德育、智育、体育三者外，便又加上了美育，为从事教育者同应记取。

蔡先生的讲演，高低抑扬，清楚有条理，凡曾听过者都感到可佩！在一次讲演会中（李大钊同志组织），除蔡先生外，同讲的还有陈独秀、章行严、张溥泉（继）、李石曾，却少有人能比得上他的。

蔡先生的著译作：在哲学上，有《哲学要领》（1916年译）、《哲学大纲》（1918）、《哲学纲要》（1924）；在伦理学上，有《伦理学原理》（1909年译）、《中国伦理学史》（1917）；其他还有早年的《石头记索引》，以及《妖怪学讲义录》（1917年译）和《文变》等等。

蔡先生的一生，以教育为事业，以道德为榜样。对于青年，他总是循循善诱，殷勤教导。他本号鹤卿，后乃改为孑民。由此也可以想见他如何自视、自处。“开明正直，笃厚诚挚，博大谦抑”，或者可以作为蔡先生一生的总评。俭约也是他可羡的习惯。有人也以为他的特点就是“中正”二字，这他当然当之无愧。又有人称他为“唯理主义”者，这也道着了一面。我早年实深受过蔡先生的提拔、教导，至今仍不胜心怀感念！听说有人已编有《蔡孑民先生言行录》《蔡孑民先生传略》等书，惜我老来迄未得见。今只略述平日所感及所理解、所记忆而已。

写于1980年3月4日，时年八十有七

纪念邓演达同志

今年(1981)11月29日,是杰出的民主革命战士邓演达同志殉难50周年。邓演达同志从青年时代就追随孙中山先生,始终不渝地执行和捍卫三民主义的三大政策。他一生忠勇奋发,顽强战斗,他的革命精神,始终鼓舞着我们胜利前进!

我与邓择生(演达)同志相识是比较早的。1924年初,我从德国回国,遂到了广州,当时正值国共合作,革命形势轰轰烈烈,黄埔军校也正在创办中。

我一到粤便参加了军校的筹备工作,并认识了择生同志。我们一见如故。他的音容笑貌给我留下了深刻的印象。由于工作的便利,我们经常见面,并常常交换对军校工作的看法。他多次让我推荐在国外留学的人中有才识的,请他们回国到军校来工作。我告诉他,我刚到广州,廖仲恺和戴季陶就曾找我谈过这个,我已经写了一个15人的名单,其中第一即周恩来,其次有周佛海等。不久周佛海即到了广州,先被派在香港办了一个报,后任广东大学教授。暑期周恩来也从法国回到广州。当时择生被任命为军校教练部的副主任兼总队长,我亦被任命为军校的政治部副主任(戴季陶是主任),并参加了军校招考学生的一些具体工作。

蒋介石当时任黄埔军校校长。在工作中,我已感觉到他过于刚愎自用,甚难长期共事,便借戴季陶辞职之机也离开了军校,这样就与择生同志暂时分开了。

1926年,择生任北伐军总政治部主任。军抵武汉时,由于他的才能过人,又加以所居很优的地位,已经是声势赫赫了。在他任职国民党军事委员会委员兼总政治部主任期间,我曾在总政治部下设的编审委员会中任委员,我们又在武汉见面了。可是没过多久,汪精卫公开叛变了革命,使轰轰烈烈的大革命遂告失败。择生同志严斥蒋介石、汪精卫违背了孙中山先生的遗教,毅然脱离了汪精卫为首的武汉政府,离国赴欧洲考察。

1930年择生同志回国,寄居上海,先后到天津、北京、东北等地进行活动。在北京时他住西城,曾到清华大学去看我。择生坚决反对蒋介石的反动统治,认为国民党太右,同时又觉着共产党太左,想走一条非国非共的路,便与章伯钧、谭平山等人在上海发起成立了中国国民党临时行动委员会——中国农工民主党前身,即所谓第三党。他发表政治主张,表示坚决继续孙中山先生的未竟事业,但不幸于1931年8月,被蒋介石反动集团勾结帝国主义者逮捕,并于同年将他秘密杀害于南京麒麟门外沙子岗,终年仅36岁。

邓演达同志是中国民主革命的伟大革命家,早年曾参加孙中山先生领导的同盟会和辛亥革命。他是黄埔军校的一位卓越负责人,是大革命时的杰出领导者。他德才兼备,文武双全,革命一生,战斗一生,对中国民主革命事业作出过不可磨灭的贡献。

我们纪念邓演达同志,就要学习他的革命精神,更加努力地发展革命的统一战线,促进祖国安定团结的统一大业,争取早日稳步、实事求是地把我国建设成为现代化的、高度民主、高度文明的社会主义的伟大强国。

我对罗素的敬仰与了解

说到我对罗素的赞佩、敬仰，首先应提到我对罗素的发现，而这又必须先从北大图书馆对我的启蒙和帮助说起。

1913年，我考入北京大学预科。这个时期北大的图书馆，只是藏书楼，设在马神庙校舍后院的所谓四公主梳妆楼里，藏书楼的书可以外借，但没有阅览室。第二年，我考入北大本科，藏书楼也开始辟出阅览室来了，西文书摆在阅览桌四周的书架上，但平常总是锁着，中文线装书则放在楼上。对于我，因为经常来这里，跟管理员十分熟悉，所以使我得就架恣意快读。那时书本来无多，除了工程书籍以外，几乎架上的书我都翻看过。一天，我发现一本十分有意思的书。这是一本精装书，1914年美国出版，书名为《我们的外界知识》，是英国罗素所著。翻看一遍，觉得很有新意，又接连看了两遍，由此对罗素发生了浓厚的兴趣。

第一次世界大战前夕，芝加哥一个德国人所办的公开法庭书店（出版公司）盛时，该店出版迦耳士所编的两个期刊《一元家》（*Monist*季刊）与《公开法庭》（*Open Court*月刊），这两个期刊经常登载罗素的文章，这都是我所最喜读的。

1910年,英国著名的《家庭自学大学丛书》(*The Home University Library*)计划出版一套丛书,由英国著名学者编写。罗素应约写了《哲学问题》一书,于1912年出版。这本书在当时深深吸引了我。《哲学问题》系统地论述了哲学的基本内容及其基本方法。

在《哲学问题》一书中,罗素先生举例道,画家想要知道事物的外表,而实际的人则想要知道它是什么。但是哲学家比实际的人更强烈地想要知道它的本质。按照罗素的意见,研究哲学不是为了寻找那些问题的具体的、确定的、这样或那样的答案,如同物理学家所作的那样,而是只为了这些问题本身。因为这些问题扩大了我们所使用的那些概念的范围,丰富了我们智慧的想象力,并且减少了我们的"独断的自信"。据罗素说,这种自信,常常使我们的心灵无法进行正确的推理。但是,更重要的还在于:由于哲学思维的对象——宇宙总体——是非常伟大,所以我们的心灵也变得更加伟大。用我们一般容易理解的语言来说,我们就可以获得真理,而这真理乃是伟大的、客观的绝对真理的一个组成部分。

《哲学问题》以极其通俗的形式讲述了非常深刻的问题,所以,它既适合于一般读者,又有重要的学术价值,对于我这个刚刚涉身哲学领域的年轻人,是发生了重要的影响的。

我广泛搜集罗素的文章、著作,并把它推荐给我的同学。1915年,芝加哥《公开法庭》(月刊)登载了罗素新著《战时的正义》的一则广告,我见后马上转告给同学好友。

与此同时,我开始醉心于罗素的研究,并翻译一些罗素的文章。1919年至1920年间,我先后翻译了罗素《我们所能做的》《哲学之价值》《梦与事实》《民主与革命》等文章,并写了几篇介绍罗素的文章,这些大都登载在《新青年》和《每周评论》上。

1920年10月,罗素偕同勃拉克女士来到中国,8日抵达上海。为了迎接罗素先生,我在9月中旬就离京到了上海。

罗素曾任英国剑桥大学及美国哈佛大学等校讲师,是一位著名的数理哲学大师。第一次世界大战后，他大力宣扬和平，反对战争，论英国外交之谬，触政府之忌，受到禁锢，置囹圄半年之久。他在剑桥大学三一书院的数学原理讲席也被革掉。以后他漫游欧洲，考察战后各国社会情况，尤其是对俄国进行了认真细致的考察研究。罗素这次来华，是应梁启超所办“学术讲演会”（每年请一位国际名家）与北京大学联合之邀前来讲学的。

罗素到沪的第二天，在大东旅社举行了热烈的欢迎晚会，宴请罗素先生及勃拉克女士。这次欢宴是由江苏教育总会、中华职业教育社、新教育共进社、中国公学、《时事新报》《申报》等六团体发起组织的，临时又增加

1920年，在北京与英国哲学家罗素（左二）等人合影（右一为张申府）

了基督教救国会,约有一百人出席。席间,罗素先生作了热情洋溢的演说,他主要讲了来华的观感和印象,他希望中国能够开创出一条新路,不要不分好坏而抄袭别国,并要警惕西方近代商贾主义。在谈到中国的改造问题时,他认为各种改造之中最应注意以教育为第一。这是罗素来华后的第一次演说,是由赵元任先生翻译的。

此后罗素又在上海的中国公学等地分别作了“教育之效用”“改造社会的基本原理”等内容的讲演。他的演说,平易畅达,语皆中的,既富有充实的逻辑性,又幽默诙谐,饶有风趣。在分析问题时,罗素先生深入浅出,说理透彻,有时也未尝无刺,但却不酸不刻,读来听去,使人发生快感。我曾这样说过,他的讲话“很像玉泉山水的爽人宜人,清洌甘脆”。

结束了在上海的讲演,罗素先生由傅铜、赵元任等人陪同转往长沙讲演,我便回到了北京。

傅铜是北京大学的教授,曾在英国留学七年,但他曾讲从来没听说过罗素这个人。这次罗素讲学,他倒表现得十分积极。

从长沙,罗素一行又到了北京,这大概是1920年的11月了。罗素先住在大陆饭店,后又搬到东单北路东的一条胡同(胡同名称记不清了),住在一个四合院中。赵元任也陪同住在那里,我曾多次前往罗素住处去看望他。

罗素出身于英国世家贵族,并袭继了他祖父因功而封的伯爵爵位。但是我与他交谈起来,却毫无拘束之感。

我们的谈话是很随便的,我向他介绍北京大学,讲校长蔡元培先生,“五四”运动后,民主与科学的口号深入人心,特别是蔡元培先生实行的兼容并包的办学方针,使北京大学气象一新,声名赫赫。对此,罗素先生很感兴趣。他认为,今日遗传之旧教育,日见衰败,新教育自必起而代之。无论前人已发明多少事物,我人仍宜用科学方法自力研究,以求最良之新教育。他说世界进步是无止境的,人类希望也是无穷的,新教育不但应用便利,而且其人生观也可较为高尚。罗素对中国在文化上的自由活动表示赞赏,他希望中国能创造一种极好的新文化,以补西洋文化之不足。

罗素的谈话坦率、透彻，并可以从中见其才思的敏捷，对此我是敬佩不已的。

罗素先生还向我谈起了他的俄国之行。来中国之前(1920年5月)，他曾以非正式观察员的身份参加了一个工党代表团，考察俄国革命情况。在俄期间，罗素见到了高尔基、托洛茨基，并与列宁进行了会谈。他认为托洛茨基有点像拿破仑的形象，列宁待人很友善，没有一点傲慢的痕迹，同时列宁又是一个很严峻的人。这一点，托洛茨基是正好相反的。罗素对布尔什维克颇多贬辞，他说俄国之行使他的政治信仰受到影响。以前他是称赞俄国革命的，并曾写文表示支持新的布尔什维克政府(发表在纽约的《解放者》*Liberator*杂志上)，但是考察俄国后，罗素一改过去的态度。他曾这样讲，他对苏联人民的贫困生活感到震惊。当时俄国经济面临着严重危机，再加上帝国主义的封锁，使老百姓为了一点面包不得不排长队。由此罗素对诞生在饥饿与痛苦中的革命能否对人类智慧作出贡献发生了怀疑。

遗憾的是，罗素把战后苏联出现的一系列问题，完全归结于俄国共产党。他把俄共的宣传看成是宗教的鼓吹，故此他开始站出来反对布尔什

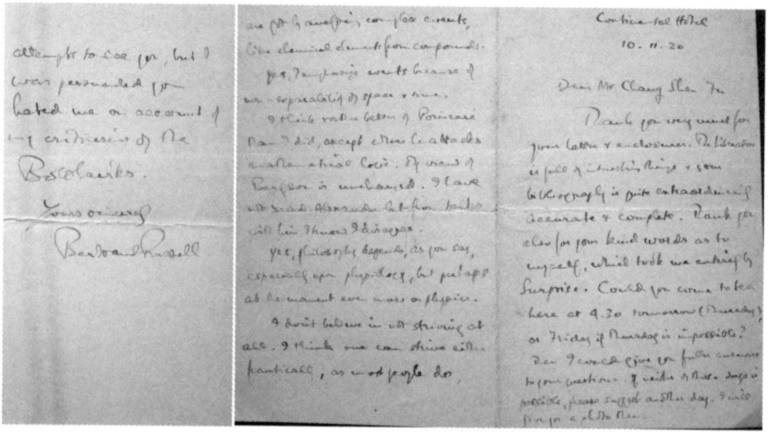
Continental Hotel
10. 11. 20

Dear Mr Chang Shen Fu

Thank you very much for your letter & enclosures. The Liberator is full of interesting things & your bibliography is quite extraordinarily accurate & complete. Thank you also for your kind words as to myself, which took me entirely by surprise. Could you come to tea here at 4.30 tomorrow (Thursday) or Friday if Thursday is impossible? Then I could give you fuller answers to your questions. If neither of these days is possible, please suggest another day. I will [illegible]

are got by analysing complex events, like chemical elements from compounds.

Yes, [illegible] events because of non-separability of space & time.

I think rather better of Poincaré than I did, except where he attacks mathematical logic. My view of Bergson is unchanged. I have not read Alexander but from talks with him I know I disagree.

Yes, philosophy depends, as you say, especially upon physiology, but perhaps at the moment even more on physics.

I don't believe in not striving at all. I think one can strive either fanatically, as most people do,

attempts to see you, but I was persuaded you hated me on account of my criticism of the Bolsheviks.

Yours sincerely
Bertrand Russell

1920年3月，罗素致张申府信

维克，并进而厌恶共产主义。事实上，他把俄国革命完全理想化了，到苏联后，并没真正深入细致地进行考察，不过是走马观花而已。实际上是他的私人的感情与主观的立场、观点使他根本无法实事求是地看待当时的历史现实。

罗素曾把他的访俄之行写成一本书，题为《布尔什维克主义的实践与理论》，此书概括了他对布尔什维克主义的看法。罗素的这种态度，遭到了许多人士的反对。正像他在《回忆录》中所说："然而第一次世界大战的结束，并不是我孤寂的结束，相反的，它是我更进一步孤立的前奏。过去同情我的和平主义者的人们，现在亦开始疏远我了，原因是我在访俄归来之后，写了一部《布尔什维克主义的实践与理论》。在这本书中，我不但不赞美他们所同情的苏俄的新的革命政府，反而对共产主义与苏俄国家大加抨击。"看来，罗素也不得不承认在俄国革命的问题上他所感受到的孤立了。

在与罗素先生交谈的过程中，更多的时间我们是用来研究哲学问题。作为一个学生，我认真地听他讲述哲学观点，虚心求教并与之一起探讨，这是我们最有兴趣的。

这期间，我已办好了去法国的手续。为此当我见到梁启超先生时，他曾叹息道："唉，罗素来了，你却要走了。"梁启超时任财政部长，他发起讲学会，筹备资金，请来了罗素先生，这在前边已经谈到了。

我把即将赴法的消息告诉了罗素，他非常高兴，当即写了一封信，把我引荐给他的一个法国学生，嘱我到法后持这封信去找此人。可惜到法后，由于人地生疏，再加上琐事缠身，始终没能见到。

罗素在北京时，还给我写过一封亲笔信，我始终保留着，直到今日。

1920年11月中，我准备离国赴法了。在离京的前一天，我去向罗素道别。在他的住处，我们谈了很久。罗素先生对我倍加鼓励，并愿意继续通信，一起研究哲学问题。最后罗素先生和赵元任先生一直把我送到院门外。从此之后，再也没能见到罗素先生，但是我们始终保持着通讯关系，主要是研究哲学和逻辑问题，偶尔他也送一两本书给我。

1958年，在香山碧云寺举行孙中山先生的诞辰纪念会上，见到周恩来总理。谈话中，总理高兴地对我说，告诉你一个好消息，罗素又要到中国来讲学了。

可是由于罗素年事已高，此次讲学，未能成行。

1970年，罗素先生逝世了。在人生的道路上，他走过了九十八年的历程。记得在庆祝罗素七十诞辰时，我曾祝愿他"由七十而八十，而九十，以至期颐地，更健在下去"。然而，他终于去了。

1973年，加拿大成立了一个"罗素研究会"。他们写信给我，希望我能将罗素给我的信件送给他们，但当时"四人帮"横行，政治形势动荡，更由于罗素的信件是我最珍贵的东西，我终未舍得献出。

我赞佩罗素，敬仰罗素，最主要的是他在哲学上的伟大贡献——数理逻辑深深地吸引了我。我从小喜欢数学，以后又搞哲学、逻辑学，然而罗素的逻辑不是普通逻辑或传统逻辑，而是一种新的逻辑，即数理逻辑。这门学问正式开始于19世纪中叶，罗素则是它的集大成者。他一生最喜欢说也最郑重说的话之一就是他坚信不用数理逻辑解决不了问题(特指哲学问题)；他一生最大的著作，开辟新时代的旷世不刊之典《数学原理》*Principle Mathematical*，是与阿尔费德·诺斯·怀特海博士 Alfred North Whitehead 合写的，见誉为崇闳的金字塔的天书；还有一部《数学原理》*The Principles of Mathematics*，都是讲的这门数理逻辑或数理哲学。

一个大哲学家必然知识渊博，必然有所创辟，必然深切关心人生问题，而且有一个新的高尚的人生观或人生理想。这三个条件，可以说罗素无一不充分具备。综述罗素的一生，他不仅是伟大的哲学家，也是著名的教育理论家。他拥护正义自由，显扬科学理性，反对纳粹法西斯，对中国一往情深。尤其应该说，罗素以他伟大的造诣开创了世界的哲学新潮流，是数理哲学的一代硕师。

为了表达对罗素的赞佩和敬仰，写就此文，聊作纪念吧。

1983年2月20日

与周恩来总理的一段相处*

在《周恩来选集》下卷《论知识分子问题》一文中，总理谈到了自己的入党问题，他说："我感谢刘清扬和张申府，是他们两人介绍我入党的。"读到这段文字，心情十分激动，回首往事，周总理的音容笑貌又浮现在我的眼前……

这还得从认识总理说起，那已经是六十年前的事了。

1919年，爆发了轰轰烈烈的"五四"运动。这一运动促进了马列主义在中国的广泛传播，也推动了许多进步团体的活动发展和相互交流。1920年8月，天津觉悟社为了联合各方进步团体，采取共同行动，改造旧的中国，周恩来、邓颖超、刘清扬等人来到北京，与北京的少年中国学会、曙光社、人道社等团体的代表，借座陶然亭的慈悲庵，决议共同"改造联合"，李大钊、陈愚生和我作为少年中国学会的代表出席了座谈会。会上，周恩来同志代表觉悟社发言，主要讲了觉悟社提出联合进步团体，共谋社

---

*此篇为缅怀周总理而作，内容与前文有重复之处，为保持原貌，收入时未加删节。——编者

会改造的意义。他气度不凡，侃侃而谈，其深邃的目光和坚毅的表情引起了我的注意。

还在这次聚会之前，我曾听李大钊同志谈到过恩来同志，那时我已在北京大学留校任教，又兼做图书馆工作，大钊同志时任北大图书馆主任。因为他原是天津的学生，故对天津教育界尤其关心，“五四”运动时期，大钊经常往来京津进行讲演，认识了周恩来同志。他多次向我提起恩来，也曾对恩来同志讲到过我，这样使我与恩来同志未曾相见却先相知了。我特别得知恩来同志在天津学界非常突出，是一位具有远见卓识的学生领袖。

陶然亭聚会，我和周恩来同志认识了。我们一同讨论对于中国前途的看法，交谈自己的理想志向。以后由于工作的关系，我们经常见面，往来越发亲密。周恩来同志头脑冷静、思维缜密，对于中国的现状和前途有着清醒的认识和独到的见解。他待人诚恳热情，对工作兢兢业业，一丝不苟。

1920年春，共产国际伊尔库斯克远东局的代表魏金斯基来华到了北京，经北京大学俄籍教授柏烈伟的介绍，见到李大钊和我。他与我们就中国问题进行了广泛的交谈，特别希望我们建立党的组织，以后李大钊同志又介绍魏金斯基到上海去见陈独秀。

在共产国际的帮助下，上海、北京分头进行建党工作。陈独秀是一位很有活动能力的人，他说干就干，首先找了一些从日本留学回来的人，其中有周佛海、田汉、李达等，另外还有施存统、沈雁冰等，都是当时在沪的。由于陈独秀的多方推动和组织，终于成立了上海共产主义小组。

与此同时，北京方面也在积极进行筹组活动。大钊同志个性温和，乐于与人交往，然而又不善空谈，工作起来细致谨慎，发展工作较之上海稍慢一点。北京第一个发展了张国焘，以后又发展了高语罕、刘仁静、邓中夏、罗章龙等。这时我已离国赴法任教了。

第一次世界大战后，中法人士为沟通文化交流，组织了华法教育会，倡议中国学生赴法勤工俭学。“五四”运动后，勤工俭学逐渐形成高潮。李石曾、吴稚晖等人在法国巴黎里昂大学筹办了一所中国学院，我应聘去教逻辑。其时我在北大已升为讲师，此次赴法，与蔡元培先生同行。我就是以“蔡先生秘书”的名义办理出国手续的，同船赴法的还有刘清扬等。

1920年底，我们到了法国巴黎。在这里，我见到了周恩来同志。他比我早一个月到法国，异国相逢，十分高兴。我们兴奋地谈论着巴黎观感，又各自谈了对今后学习工作的打算。刘清扬和恩来同志早已熟悉，因此我们三人来往是很密切的。

出国前我曾受陈独秀的委托，在国外继续发展党的组织。于是在1921年2月左右，我即介绍刘清扬加入了中国共产党。之后，又一起作了恩来同志的入党介绍人。我和刘清扬曾一起找周恩来同志谈了共产党组织的性质和任务，也谈了俄国十月革命。我们说，中国总是要向前发展的，趋势是一定要走社会主义的路，但是要使形势发展得更快，就需要大家共同努力，并且要有个组织来领导。俄国建立了共产党，领导人民推翻了反动统治，取得了十月革命的胜利，我们也要成立共产党的组织，并且要吸收进步的同志，壮大组织力量，推动国家的进步。周总理对社会主义向往已久，一直渴望更快的进步，他非常高兴地接受了我们的介绍，加入了中国共产党。那个时候，党还处于创立时期，这些活动都是秘密进行的，也没有什么其他手续。事后我写信把介绍周恩来同志入党一事告诉了国内的陈独秀，他当然没有什么不同意见。

周恩来同志致力于国家、民族的解放事业，入党后他更是鞠躬尽瘁，委曲求全，在领导人民为建立新中国的几十年的浴血奋战中，他出生入死，把自己的一切奉献给了国家和人民。

往事如烟，几十年一晃就过去了。我最后一次见到周总理，是在1973年章士钊先生的追悼会上。因为参加会议的人很多，我和总理并没有说什么话，他委托罗青长同志来招呼我们。我看到总理的面容清癯，但目光仍是那样的刚毅。可是哪曾想到这竟是我最后一次见到总理！

1976年1月8日，天空阴霾，寒风透骨，就在这一天凌晨，总理与世长辞了。当我从广播中听到这一噩耗时，我惊呆了，然而这是事实，是不容否认的事实，总理永远离开我们而去了。一阵阵绞痛像有什么东西揪扯我的心脏，我的心脏病发作了。躺在病榻上，抚摸着和总理在一起的照片，脑海里总是闪现着总理年轻时的样子，我企望着，能得到一个机会，去向总理告别。

在北京医院，举行了隆重的群众吊唁活动，小女燕妮为此事四处奔走。她跑到朱蕴山先生家，当她悲咽着向朱老诉说我的心情和愿望时，朱老也暗暗掉下泪来，可是在那“四人帮”当道的日子里，朱老又怎能为我帮忙呢！一天过去了，又一天过去了，我只好在家中默默地向总理告别。

总理离开我们已经九年了。这些年来，我常常想起总理，几次在梦中与他见面交谈。周总理活在我的心里，也活在中国人民心里。

1985.4.

我所认识的章行严先生

照我现在所能记得的，我最初认识章行老大概是在1916年，在北京。大概是由于亡友李守常（大钊）先生的介绍。守常与我，一时曾称同志至友，他也是最景仰行严先生者。

即时章行老同守常先生大概先后刚从日本回国不久。记得守常在创办《晨钟报》（《新晨报》《北京晨报》《北平晨报》前身）并任其主笔之前，曾组织一个神州学会。1917年，他曾以学会的名义，在北京湖广会馆（在虎坊桥路南。民国元年以来，常被借作集会会场）举行过一次学术讲演会，请了几位被当时有思想的青年们仰为思想界名流的人来讲学，记得有蔡孑民（元培）、陈仲甫（独秀）、张溥泉（继）、李石曾（煜瀛），还有章行严（士钊）先生。我认识行老就在那时前后。

不久，行严先生在北京东城创办《甲寅日刊》，由守常先生主编，写社论。报社我是常去的。守常当时好像即住在里边。我也写过一篇讲青年问题的长文登在报端，可惜再觅不见了。

1917年夏，我在北京大学毕业，留校做助教。暑假开学后我曾在北大听过一次行严先生讲逻辑，这时我已和行老熟识了。

我认识行严先生虽在1916年顷，我知道行严先生，却早在那时以前。在民国初元(1912)，他在《民立报》上写社论时，我已知道他了。《民立报》原是辛亥革命以前于右任先生继《民呼》《民吁》之后，在上海所办，实为当时鼓吹排满反清革命的一个最有力中心。当时凡是有民族兼民主革命思想的青年无不爱读。我最爱读的尤其是署名“骚心”的短文，骚心就是当时于髯翁的一个笔名。那时我已十七八岁，还在中学读书，记得是在清宣统二三年(1910—1911年)也曾写过一两篇不成熟的东西投去。是否曾被发表，却再不记得了。到了辛亥革命时期，报为一位徐血儿所主持，报上登了他不少激昂慷慨的文字，也曾使我很激动。到了1912年民国建立以后，行严先生被邀进报馆作主笔，他写的那些精辟绝伦的社论，我篇篇必读，尤其是鼓吹逻辑的，更给了我极深的印象。我知道“逻辑”两字，大概就是从那时开始的。

行严先生当时在《民立报》上对于逻辑的提倡，特别使我留下了极深的不可磨灭的印象，实在对全国也有不少的影响。现在“逻辑”二字，可以说已经家喻户晓，几乎人人会说能用了。但推原其初提倡最力者，却是章行严先生。转眼已是一周甲了！

当时不久行严先生就脱离《民立报》了，大概是由于和报馆一些激进分子不能相谐的缘故，接着就自办了《独立周报》，明白公开地表示出自己的信念旨趣。此刊我当然是期期必读的，但是印象不深。只记得纸劣，印得也不精，每期薄薄的一册。

到了民三甲寅年，行老在日本创刊《甲寅》，和前一年在国内出的《独立周报》大大不同了。不但纸佳印精，厚薄也大大不同了，一时风行全国，产生了难以估计的影响。特别是那简洁精炼、有法有力的文字，不但使我，且能使读者人人爱读。从此《甲寅》与行严先生遂长期结合在一起。

到了民六(1917年)，行老从日本归国后，在北京创办《甲寅日刊》，交李守常先生主编，前已提及了。民国十四年，又创办《甲寅周刊》。行老办期刊一向仿照英人期刊的惯例，特设“通讯”一栏。我对《甲寅周刊》确似也只投过一次信，好像是与人论数学中无穷大无穷小问题。

行严先生文体的简洁有法，铿锵有力，句斟字酌，语无虚说，文无空落，那种古体式的新文格，也是前无古人，并世无双的。我初学为文，很喜欢章太炎（炳麟）的文字。对于严几道的翻译文字，也深喜；对其所成各书，例如《英文汉诂》《群学肄言》《群己权界论》《穆勒名学》半部，以及《名学浅说》以至《天演论》等，至今宝爱着。同时对于梁任公（启超）流畅的所谓报馆式的文字，则所深不喜。既而乃大受了行严先生简洁有法、一字落地千斤重、为文必己出的文字的影响。可惜学而不会，又不甘为剽贼；文力求简，意力求新，反而落于诘屈晦涩，难于索解！近年对太炎先生的文字，是不怎样喜欢了，觉着不必那样故为古奥，或习为深邃，绞人脑筋。但对行老的语省而意畅的文字，却及今依然喜爱，常不由得目读而心自策励。

对于译名，行老是不肯费精劳神的。在我侍侧时，尝以译名为问。我是小循通行可用的旧译名，如刻白尔、伽离略、奈端、来本之等，以便相承有续、前后联系，也减分歧混乱。对译新名，则也与严几道与顾养吾（澄）有同癖。甚且加甚。我不但为译一名竟日踌躇，甚至经年回绕脑中。常是考于字源，征于旧典，以至于联系到私人的爱好，也极好音义双关。我一生于学，除了嗜书，多年来有些海阔天空。有关人生的玄想、方法上的私见外，深愧别无所成。但对哲学，对逻辑，对数学，对物理，以及为当代不少特超拔的学者名人姓名，曾译造了些新名，有些已被通用，偶尔思及，也竟私心窃慰，当然用者必不知是创始于我！

行严先生的特立独行，也是举世所共闻共知。办刊物而标名“独立”，自号为“秋桐”或“孤桐”，盖也意在表示自己的不尚依傍、不偏不倚的独特风格。

行严先生一生没参加过任何党派，也立意不参加任何政党。早年在日本不论有人怎样劝说他参加同盟会，终于不肯。以后更谈不到参加国民党。在俄国革命，建立苏维埃政权以后，约飞（通译越飞）来中国，曾同守常先生劝说行老参加共产党，他也是婉拒了。可是他虽未参加共产党，却对于有关共产运动革命事业，但凡有可以为力处，总是唯力是视的。我愿只述一件我亲自经历的事。

1921年，我在巴黎同周翔宇（恩来）、赵世炎等五个当时的党员，发起组织了一个共产主义少年团，在当时旅法勤工俭学生中广泛发展，并拟出一个机关刊物。但是我们几个穷学生，无力自出印费。当时行严先生也正旅法。闻知立即捐助一千法郎，使这个题名《少年》的刊物得以印出。

像这样赞助革命运动的事，我曾听说的，行老还作过不少次，非我所亲历，不多说了。

总括想来，我所最景仰行严先生，时常想起而不能忘的，主要实有三事：首在他对于逻辑的鼓吹；次在其简洁有法、精炼有力的文华；三在他特立独行的风格。

1970年章士钊先生赠照片

照片背面章士钊先生题字

当然,我所钦仰行严先生的,也不止这三事,他对学问的毅力,对著作的精勤,也非系我这样的一般人所能及。主编期刊杂志上的零文不待言,以成本书说,早年的一套《汉文典》大概早已不易得见。行老不但发扬《墨经》名理,写有不少文字,蔚成一时治学风尚。就在抗日战争时期,在不无艰难的情况下,还刊行了一本《逻辑指要》,裒然巨著,融会中西,新格独标,有裨后学。全国解放后,在1961年,又由三联书店重刊为《逻辑丛刊》中的一编,实是丛刊中的白眉。

行严先生1922年在德国时对茀罗乙德(通译"弗洛伊德")的心理分析(原译《心解》)大感兴趣,可是我对茀罗乙德略略心知其义之后,不久便已弃去,以为还不过一偏之见,纵然新尚可赏,究未能概事理之全。而行老1929年第二次在德时,乃译成茀罗乙德精彩的自传,并采用了我对"茀罗乙德"及"心解"的两个译名。同时行老还译出斯辟伯的《情为语变之导源》一书中与茀罗乙德的学说有关的小册子,两书同时在国内出版。行老于著书的勤奋,遇折不挠,必期于成,实在不能不使我钦服,实在不能不自感到惭愧不已!不能不又常为于他人不为之时,藉以自警自励!

行老晚年勤于填词与散文,谨严精彩,风格独具,大为知者所称。我从未学词,不能赞一辞,至行老的爱重柳柳州文,而柳文的简练,也是我所深喜,远胜于韩文,这也应说是与行老具同好,有同感。

以行老的笔力,生活的多方面,交往的繁众,倘坦率地写一些自传,一定会同样受到许多人的喜爱。许多人当不胜跂而望之!当然不必须刊版行世!

(张燕妮整理)

整理者附记:

章士钊先生是1973年7月1日逝世的。7月8日父亲从广播中听到了这个噩耗,在日记中写下了这样一段话:

早由广播中听得章行严先生是本月1日在港逝世,7日在港举行了公祭。行严先生是5月25日从京飞往香港,当时京欢送,港欢迎,都破格隆重。刚旅港37天,遂因老病而逝。以旧算法是93岁,已生满92年。先有人已虑到恐不能再归,竟然果然,以原已在老病中!伤矣!

父亲接着记录了民国元年初知章行严先生和以后在北京大学听他讲演逻辑的情景,又写道:

从民五六年以来,我与章行严先生的关系是不断的,纵然并非总在一起,闻其故去,不能不感到十分悲悼伤恸!较我长一辈的学人或近乎学人的,国内盖已无一个了!宁不可叹!一时思及的,拟挽以"一代国老,百世名宗"八字。

前年秋冬间本曾草写一篇《行严先生与我》,第二年因某种原因,遂而搁置,未予理董誊清。现在再思及理董誊清,也无所用人了。因那原是听了他愿我写自传的话而写的。

行严先生显著的大缺点之一,即是用的亲信人不当。一个最显著的例子,即是民十四五时女师大事件,从此乃造成了他人"谈虎"的材料!我是曾在那时他人方面的《京报副刊》上投了一长篇文章为他分析的。……

当时,父亲是很少有机会参加社会活动的。为此,他曾给有关领导同志写信,要求参加章士钊先生的吊唁活动。

7月12日,父亲参加了章士钊先生的追悼会后,在日记中写道:

又一一代人物休矣!成了骨盒中的东西了!乌乎!

编者后记

近年来，研究中国思想史的学者开始关注父亲张申府，并且取得了一批学术成果。2004年，河北人民出版社出版《张申府文集》，收录父亲从1917年至1985年的重要政论杂文、学术译述、散文随笔等近400篇文章，比较翔实地反映了父亲在各个历史时期的思想观点，为研究张申府思想乃至近现代思想文化史提供了重要资料。

2011年，河北师范大学成立“张申府张岱年研究中心”，先后召开“张申府、张岱年与马克思主义中国化”学术研讨会和“张申府与20世纪中国”学术研讨会，把对张申府先生的学术思想研究推进了一步。

学者认为，张申府、张岱年先生在中国近现代思想文化史上具有重要地位，是马克思主义中国化的代表性学者。“二张”提出的“中、西、马，三流合一”“综合创新”等学术主张不但具有学术价值，而且对建设中国未来的新文化也具有现实意义，值得大力研究。学者们建议，要推进对“二张”思想的研究。目前，张申府思想的研究相对薄弱，要加强向大众、向社会的普及。

由此我产生一个想法，选录父亲的部分文章，再附上若干历史照片和手稿资料,汇编成辑,为读者了解其学术思考和政治主张,以及他所处时代的社会动态提供生动具体的第一手资料。

重读父亲的旧作,常常感觉穿越于历史和现实之间。那些跨世纪的文字,不时叩击着我的心灵,给我强烈的震撼。

90多年前,中国共产党成立之初,父亲提出:“共产党是劳动阶级的代表,是劳动阶级的先驱,是要使人人都得其所的,是不许一人逾其分的。共产党主张的,因此绝不是少数人的利害……这样的人,中国是有的,必须由这样的人,当仁不让,造成强固的共产党,中国事乃有可为。”

80多年前,父亲提出:“中国人必须相信,中国以前对于世界文明或文化,是有过极大贡献的,对于将来世界的文明或文化,必更有更大的贡献,以跻人类于天人谐和之域。”

70多年前,父亲提出:“改革中国总要就中国找办法,虽然一般大法不妨借资他人,借镜他国。因此,许多外来的东西,我们以为,用在中国就应该中国化,而且如其发生效力,也必然地会中国化。”

透过这些发表于半个世纪前的文字,我们看到了历史先行者在创建开天辟地伟业中的追求和思考、在中华民族面临生死存亡关头的抉择和承担,以及在中国思想文化建设上的视野和创见。

本书书名选自父亲写于全面抗战初期的一篇同名文章。1937年10月4日,父亲在《金陵日报》上发表了《我相信中国》一文,提出:“我相信对于文化,中国有其特殊的贡献。我更相信,中国有其可以立国处,有其特别值得立国处。”在日寇大举侵华、国家存亡系于一线、中华儿女奋起反抗侵略者的特殊时刻,父亲提出了中华文化在世界文化版图中的特殊地位,以此来坚定国人抗战必胜的信念,这反映了他强烈的民族自信和文化自信。“我相信中国”不仅在抗战时期具有特殊意义,在当下中华民族走向伟大复兴的征程中也有积极作用。经与出版社商量,遂以此作为书名,并以父亲自己书写的题字作为本书的书名题字。

本书得以编辑出版,首先要感谢广西政协文史和学习委员会副主任黄健同志。交谈中我说起编书的想法，黄健同志非常赞同，并且给予了很多帮助。

中国社会科学院学部委员、中国哲学史学会名誉会长方克立先生倡议成立“张申府张岱年研究中心”，对于推进“二张”思想研究起了重要作用。方先生在繁忙的工作中俯允撰写序言，并多次和我联系询问有关情况，对本书的选编也给予了许多指导。方先生严谨的治学精神和学者风范令我十分敬佩。为此，我特别要向方先生致以诚挚的谢意。

与广西师范大学出版社的合作非常愉快。出版社领导、汤文辉副总编对本书的出版给予很大支持。出版社有关编辑，从篇目设计到出版宣传等，都做了精心策划并提出许多建议。在此，对为本书编辑出版付出辛苦和努力的所有同志一并表示感谢。

张燕妮

2017年5月

新旧译名对照表

	旧	新	页码
A			
Abelard	阿白腊德	阿伯拉尔	69
Anatole France	安那佛郎西	阿纳托尔·法朗士	20
A.Ransome	兰萨慕	亚瑟·兰塞姆	36
Argentina	阿尔然丁	阿根廷	30
B			
Bacon	倍根	培根	52
Berkeley	柏克雷	贝克莱	52
Berkeley	柏克立	贝克莱	69,97
Breslau	布累斯劳	布雷斯劳	215
C			
Canada	坎拿大	加拿大	30
Carnap	嘉讷朴	卡尔纳普	99
Cassirer	卡塞黎	卡西尔	169
Cecil Delisle Burns	本斯	塞西尔·德莱尔·伯恩斯	214

M

M.Cachin	加善	马赛尔·加香	322
McManus	马克马那	麦克马纳斯	20
Mendelssohn	曼德尔森	门德尔松	170

N

Norway	瑙威	挪威	31

O

Occam	欧坎	奥卡姆	69,83
Occam´s razor	奥开亩剃	奥卡姆剃刀	10
Occam´s razor	欧坎薙刀	奥卡姆剃刀	67
Otto Neurath	诺乙拉特	奥托·纽拉特	172

P

Parmenides	巴弥匿智	巴门尼德	69
Peano	帕诺	皮亚诺	9
Pierre Bayle	白勒	比埃尔·培尔	170
Pierse Janet	耶讷	皮埃尔·雅内	20
Prague	波拉哈	布拉格	50
Pythagoras	毕达哥拉	毕达哥拉斯	69

S

Sorbonne	索尔朋	索邦	320
Spinoza	斯辟诺萨	斯宾诺莎	52,69,97
Stalin	史达林	斯大林	101